FARBE

Für Rufus *(ˈru:fəs)*, meinen kleinen »Rotschopf«.

Laura Perryman

FARBE

Der Guide für Design und Kunst

PRESTEL

München · London · New York

Die englischsprachige Originalausgabe erschien 2021 im Vereinigten Königreich
bei Ilex, einem Imprint von Octopus Publishing Group Ltd,
Carmelite House, 50 Victoria Embankment, London EC4Y 0DZ.

Deutsche Ausgabe

in der Penguin Random House Verlagsgruppe GmbH
Neumarkter Straße 28 · 81673 München

Projektleitung: Sabine Schmid
Übersetzung aus dem Englischen: B. le Coutre, Alexander Bick
Satz und Lektorat: bookwise medienproduktion gmbh, München
Umschlaggestaltung und Herstellung: Corinna Pickart

Gedruckt in China

ISBN 978-3-7913-8790-1

www.prestel.de

Vorwort

Farben sind ein intrinsischer Teil der menschlichen Wahrnehmung. Unterbewusst wird unser ganzes Leben durch Farbreize geprägt. In Kunst und Design dienen Farben dazu, Stimmungen und damit gezielt bestimmte psychische und physiologische Effekte zu erzeugen. Damit dies gelingt, muss man wissen, wie die Töne einer Farbe in unterschiedlichen Umgebungen wirkungsvoll eingesetzt werden können. Hier kommt der vorliegende Ratgeber ins Spiel.

Das vorliegende Buch gibt Ihnen Hilfestellung, sich auf modernstem Kenntnisstand in der faszinierenden Welt der Farben zu orientieren. Es bietet umfassende Informationen zu 100 Farben, die eine wichtige Rolle in der Welt um uns herum spielen: sei es bei industriellen Produktionsprozessen oder im Bereich sozialer Medien. Jedes der Profile beginnt mit dem Ursprung der Farbe und folgt dann der Geschichte ihres Gebrauchs bis zum heutigen Tag. Den Abschluss bildet eine Empfehlung für eine moderne und zeitgemäße Verwendung des jeweiligen Tons. Dieser Blick auf die Gegenwart ist unverzichtbar, denn als Designer und Berater tragen wir bei der Farbauswahl für die Gestaltung von Lebensräumen eine große Verantwortung dafür, dass Menschen sich darin wohlfühlen und die Umwelt keinen Schaden erleidet.

Die hier vorgestellte Auswahl der Farben resultiert aus meiner Forschungsarbeit und kann natürlich nur einen Bruchteil dessen umfassen, was wir wahrnehmen können. Ich studiere zum einen die materielle Basis der in Kunst und Design verwendeten Farben und zum anderen die Wirkung der fertigen Produkte. Jedes Kapitel verrät also auch viel über meinen eigenen Hintergrund sowie meine Methoden als Trendforscherin. Mein besonderes Interesse gilt der Beschäftigung mit den von Farben ausgehenden visuellen Reizen, die uns in unserem Alltag physisch wie auch digitalisiert ständig umgeben.

Farben sind viel mehr als lediglich Pigmentsubstanzen, denn sie prägen uns Menschen als kulturelle Wesen.

Dieser Ratgeber beschränkt sich nicht auf die Beschreibung einzelner Farben, sondern thematisiert auch, wie man wirkungsvolle Farbpaletten kreiert. Farben auszuwählen stellt viele vor große Herausforderungen, aber mit etwas Übung kann jeder lernen, Farbtöne passend zu kombinieren. Hierbei gilt es, grundlegende Prinzipien zu beherzigen. Dazu zählt etwa, kühle und warme Töne in Kontrast zu setzen sowie bewusst harmonische oder aber dynamische Farbzusammenstellungen zu wählen.

Das Ziel dieses Buches ist es, Ihnen als Inspirationsquelle auf der Reise in die Welt der Farben zu dienen und dabei zu helfen, in Kunst und Design auf Farbwissen basierende Entscheidungen zu treffen. Farben und ihre jeweilige Wirkung sind die Summe höchst vielfältiger Faktoren. Sie zu kennen und richtig einzusetzen sollte sich nicht darauf beschränken, nur ein ästhetisch überzeugendes Ergebnis zu erzielen. Vielmehr geht es darum, nicht nur Gegenstände und Objekte, sondern auch Dienstleistungen, einzelne Menschen und Gruppen miteinander in Verbindung zu setzen. Werfen Sie deshalb mit mir einen Blick auf die Arbeit von Künstlern, Designern, Architekten, Tinten- und Pigmentherstellern, Wissenschaftlern und Bio-Designern, um das wahre Potenzial von Farben zu erschließen.

»Farben auszuwählen stellt viele vor große Herausforderungen, aber mit etwas Übung kann jeder lernen, Farbtöne passend zu kombinieren.«

Farbe & Licht

Wir sehen Farben, weil Objekte aufgrund ihrer jeweiligen materiellen Beschaffenheit unterschiedliche Wellenlängen von Licht absorbieren und reflektieren. Treffen die reflektierten Lichtwellen auf unsere Augen, leiten Rezeptoren über den Sehnerv Reize an unser Gehirn weiter, wo sie als Farben interpretiert werden. Wir Menschen zählen zu den Trichromaten, d. h. zu Lebewesen mit drei verschiedenen Typen von Zapfen auf der Netzhaut. Sie ermöglichen es uns, Lichtwellen des roten, blauen und grünen Farbspektrums wahrzunehmen und so theoretisch eine Million verschiedener Töne zu unterscheiden.

Isaac Newton gelang es 1666 als Erstem, weißes Licht mithilfe eines Prismas an seiner Zimmerwand in sieben Spektralfarben zu zerlegen: Rot, Orange, Gelb, Grün, Blau, Indigo und Violett. Später gelang es, die in Nanometern gemessenen Wellenlängen von Newtons Spektralfarben zu ermitteln, und mittlerweile wissen wir, dass das menschliche Auge nur einen Teil der gesamten elektromagnetischen Strahlung erfassen kann. Deshalb fällt es uns schwer, Farben an den Grenzen des für uns sichtbaren Spektrums zu identifizieren: Hierzu zählen vor allem Rot und Violett, während Gelb, Grün und Blau in der Mitte unseres Wahrnehmungsbereiches angesiedelt und daher leichter zu erkennen sind. Unsichtbar bleiben für uns die kurzwellige und besonders energiereiche Ultraviolettstrahlung (380 bis 450 Nanometer) sowie die langwellige und energiearme Infrarotstrahlung (620 bis 750 Nanometer).

»Farben und Licht stehen untereinander … in dem genauesten Verhältnis …«
– Johann Wolfgang von Goethe

Die einzelnen Spektralfarben gehen an den Randzonen ineinander über. So reicht Grün von gelblichen Grastönen bis hin zu einem blau geprägten Petrol, und daher gelingt es uns kaum, ein irgendwo im letztgenannten Übergangsbereich angesiedeltes perfektes Smaragdgrün präzise zu definieren. Die Faszination, die Farben auf uns ausüben, hat viel damit zu tun, dass wir bestimmte, in der Natur vorkommende Töne reproduzieren wollen oder sogar danach streben, solche neu zu erschaffen, die nur vor unserem geistigen Auge existieren. Die Entdeckung und Entwicklung von Farbpigmenten waren seit jeher ein Prozess, der ebenso durch glückliche Umstände wie durch gezielte Bemühungen gekennzeichnet war und noch immer ist. In jedem Fall aber hat die Geschichte der Farben immer wieder bewiesen, welche Überraschungen sie für uns bereithält.

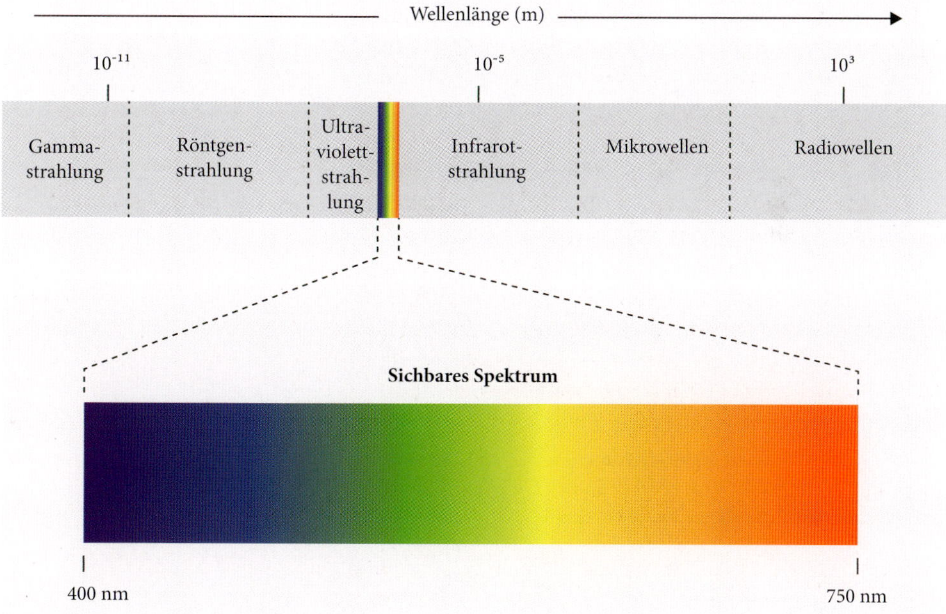

Farbaddition & Farbsubtraktion: Körper- und Lichtfarben

Wie wir Farben in Kunst und Design, beim Drucken oder auf Bildschirmen verwenden, hängt davon ab, wie die Grundfarben in Kombination zusammenwirken. Hierfür gibt es unterschiedliche Erklärungsmodelle. Zunächst einmal kommt es darauf an, ob es um selbst leuchtende Lichtfarben geht, die durch *additive* Farbmischung entstehen, oder um materielle Körperfarben (wie Lacke oder Druckfarben), die das Ergebnis *subtraktiver* Farbmischung sind.

Künstler und Designer, die mit Lichtfarben als Medium arbeiten, folgen dem Prinzip der Farbaddition. Hierbei werden mit den drei Grundfarben Rot, Grün und Blau (RGB) alle anderen Spektralfarben erzeugt. Überdecken sich rein rotes und grünes Licht, entsteht Gelb, grünes und blaues Licht ergeben Cyan, während rotes und blaues Licht zu Magenta führen. Addiert man alle Grundfarben, summieren sie sich an der Schnittfläche zu weißem Licht. Das auf diesem Phänomen beruhende RGB-Farbmodell wird bei der digitalen Farbwiedergabe auf Bildschirmen eingesetzt.

Das Prinzip der Farbsubtraktion basiert auf den Primärfarben Cyan, Magenta und Gelb (engl. Yellow), in der Kurzform CMY. Rot, Blau und Grün hingegen sind Sekundärfarben. Farbmischungen resultieren aus der Subtraktion, d. h. dem Herausfiltern oder Absorbieren von reflektiertem Licht. Werden hier mehr Farben gemischt, entsteht ein dunkleres Resultat. Bei vollständiger Überdeckung ergibt CMY aber bestenfalls ein Dunkelbraun, jedoch kein echtes Schwarz. Deshalb musste dieser als Key bezeichnete »Schlüsselton« für den Bedarf der Druckindustrie ergänzt werden, die den CMYK-Vierfarbdruck anwendet.

Den Regeln der Farbsubtraktion folgt auch das vor allem für Kunstseminare und die Malerei entwickelte RYB-Farbmodell, das auf die Primärfarben Rot, Gelb (Yellow) und Blau zurückgreift. Mittlerweile ist es allerdings weitgehend durch die RGB- und CMY-Paletten ersetzt worden, denn diese erlauben – modernen Bedürfnissen entsprechend – eine größere Bandbreite an Farbmischungen.

RGB-Modell der additiven Farbmischung
Bildschirmdarstellung

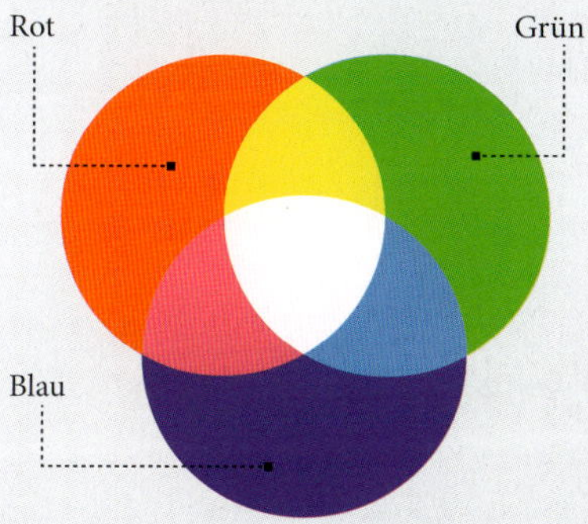

CMYK-Modell der subtraktiven Farbmischung
Vierfarbdruck

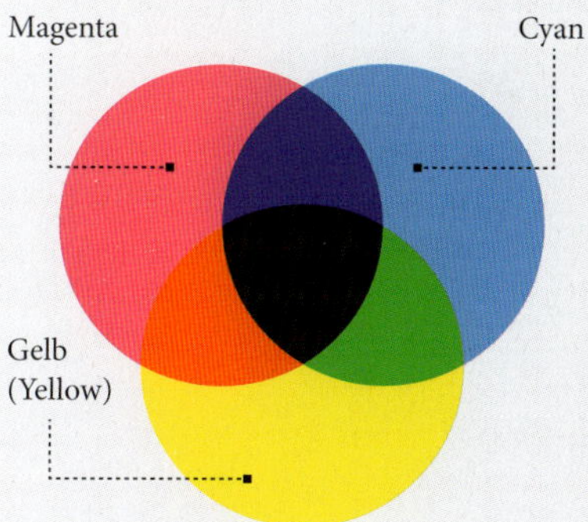

RYB-Modell der subtraktiven Farbmischung
Malerei

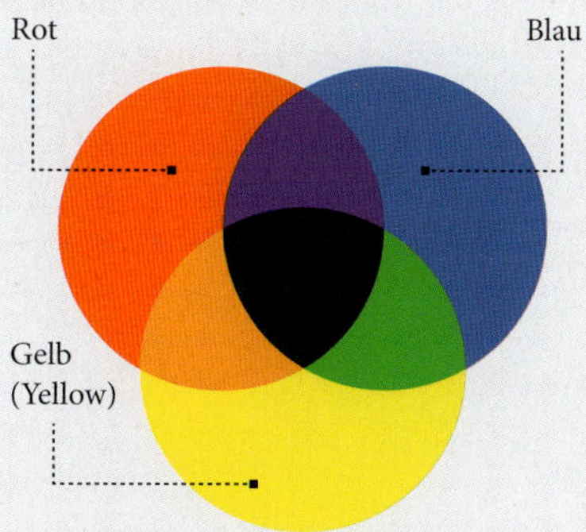

Farbe & visuelle Wahrnehmung

Es liegt in der Natur der Sache, dass wir bei dem Bemühen, Farbtöne präzise zu beschreiben, zu unterschiedlichen Ergebnissen kommen. Wie der Künstler Josef Albers einmal sinnierte: »Wenn jemand ›rot‹ sagt (als Bezeichnung einer Farbe) und wenn 50 Personen zuhören, darf man erwarten, dass 50 verschiedene Rot in ihrem Bewusstsein auftauchen.«* Ein Grund dafür ist, dass Farbreize in hohem Maße umgebungsabhängig sind: Das Sonnenlicht hat am späten Nachmittag eine andere Farbe als am Mittag oder in der Morgendämmerung. Und es ist ein großer Unterschied, ob Licht von einer farbigen Wand oder anderen Oberflächen reflektiert wird. Auch die Verwendung von LEDs, fluoreszierendem oder anderem künstlichem Licht ermöglicht keine präzise Wahrnehmung, wenn diese unter hellen Tageslichtbedingungen erfolgt.

Unsere Wahrnehmungsfähigkeit von Farbtönen wird zudem durch das Phänomen des Simultankontrasts beeinflusst: Wenn wir auf eine satte Farbe blicken, wirkt diese heller, wenn sie von gedämpfteren Tönen umgeben ist. Zu farbigen Simultankontrasten kommt es, wenn kontrastierende Farben aufeinandertreffen: So kann ein intensives Rot einen Orangeton annehmen, wenn es direkt neben einem Blau auftaucht.

»Wir nehmen Farben als Widerschein des Lichts wahr, das von der Oberfläche eines Objekts absorbiert und reflektiert und erst danach zu einem für uns konkret erfahrbaren Phänomen wird.«
– Hella Jongerius

*Albers, Josef, *Interaction of Color. Grundlegung einer Didaktik des Sehens.* Berlin: Hatje Cantz, 2021

Der Grund: Unser Auge ist darum bemüht, einen Kontrastausgleich vorzunehmen.

Wir sollten in diesen physiologisch bedingten Phänomenen eine Chance sehen, wie viele Maler es in der Vergangenheit getan haben. Ihnen folgt z. B. die zeitgenössische Designerin Hella Jongerius mit ihren Arbeiten, in denen sie – wie unten gezeigt – die Interaktion von Form, Farbe und Licht thematisiert.

Farbige Drucke werden auf weißem Papier hergestellt, aber in der Realität gibt es wenige makellos weiße Oberflächen. Die materielle und farbliche Beschaffenheit des Gegenstands, auf den Farbe aufgetragen wird oder aus dem die Farbe selbst – d. h. ein Farbpigment – besteht, kann erhebliche Konsequenzen für unsere Farbwahrnehmung haben (siehe auch Farbe als Material, Seite 30).

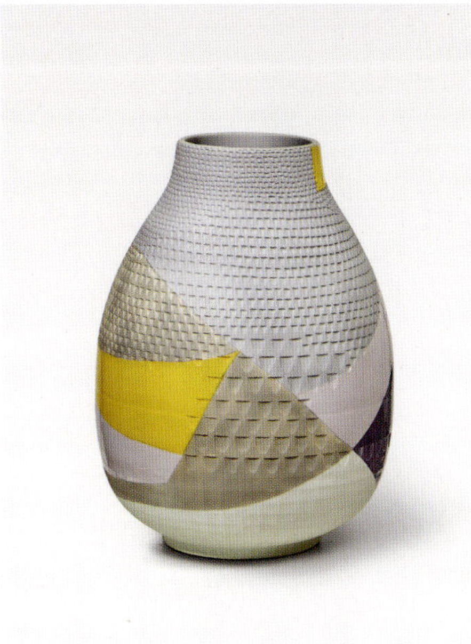

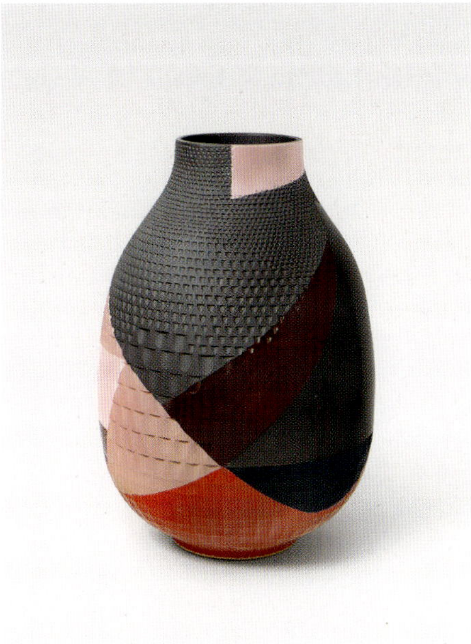

Diamond Vase, Day und *Diamond Vase, Night* von Hella Jongerius, 2019. Limitierte Auflage, Galerie kreo

Farbenlehre

Die Kenntnis grundlegender Gestaltungsprinzipien hilft, Farben wirkungsvoll einzusetzen. Der chronologische Überblick stellt die Erkenntnisse einiger Forscher dar, die unser Verständnis von Farben erheblich geprägt haben.

Ein Überblick über die Geschichte der Farbenlehre

Aristoteles (384–322 v. Chr.):
Von Aristoteles stammt das erste eindimensionale Farbmodell. Es beginnt beim Weiß des Mittagslichts und endet beim mitternächtlichen Schwarz. Zudem erklärte er, alle Farbtöne entstünden aus der Kombination von vorhandenem Licht (bzw. Weiß) und abwesendem Licht (bzw. Schwarz).

Isaac Newton (1642–1727):
Newton erkannte den Zusammenhang zwischen der Wellenlänge des Lichts und den sieben von ihm identifizierten Farben des sichtbaren Lichtspektrums. Er gab der Farbenlehre damit neue Denkanstöße.

Jacob Christoph Le Blon (1667–1741):
Le Blon erfand den Drei- und Vierfarbdruck, wobei er ein RYB-K-Farbmodell verwendete, das dem modernen CMYK-System ähnelt. Mithilfe der Mezzotinto-Technik gelang es ihm, mit wenigen Grundfarben eine große Bandbreite an Farbtönen zu drucken.

Moses Harris (1730–1787):
In seinem Werk *The Natural System of Colours* präsentierte der englische Entomologe und Kupferstecher zwei Farbkreise: Im Modell des prismatischen Kreises werden aus den RYB-Primärfarben 18 verschiedene Zwischentöne gebildet. Auf diesen basiert ein zweiter Kreis aus wiederum 18 Mischfarben.

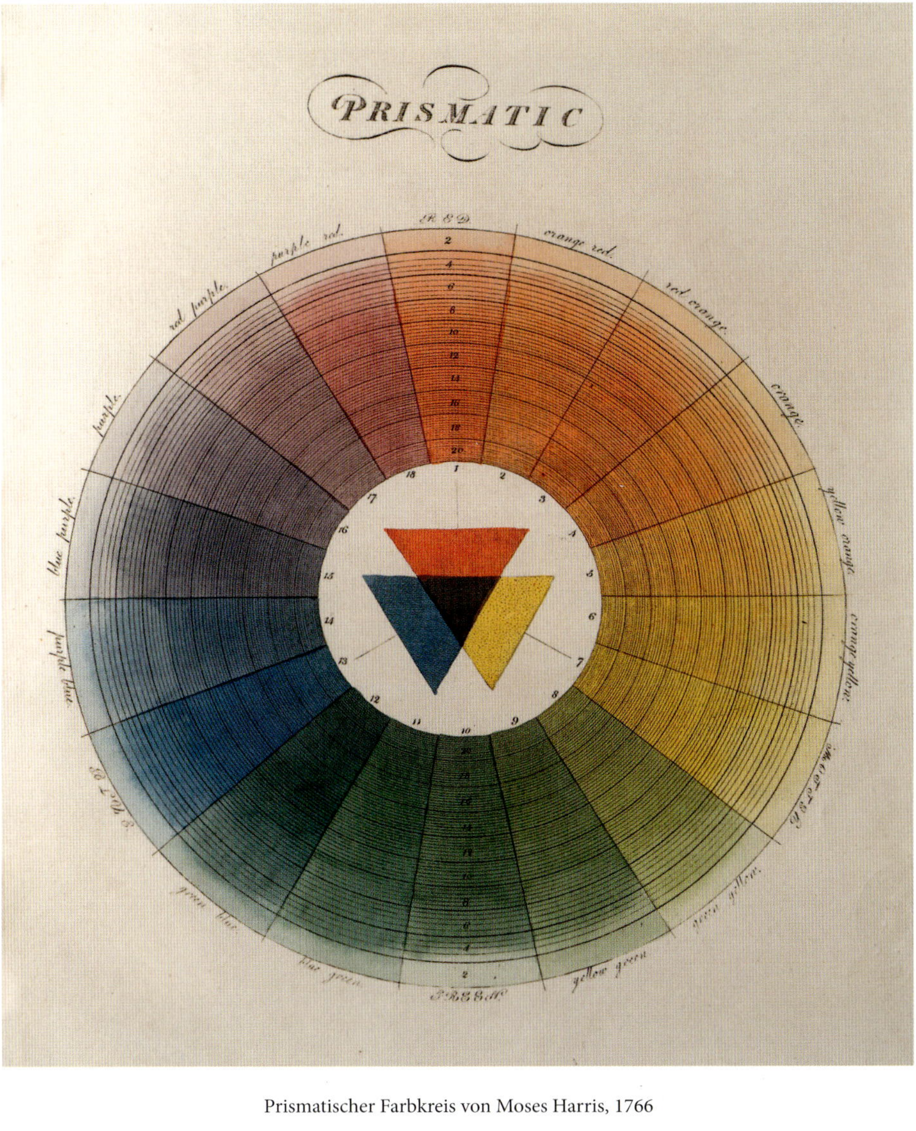

Prismatischer Farbkreis von Moses Harris, 1766

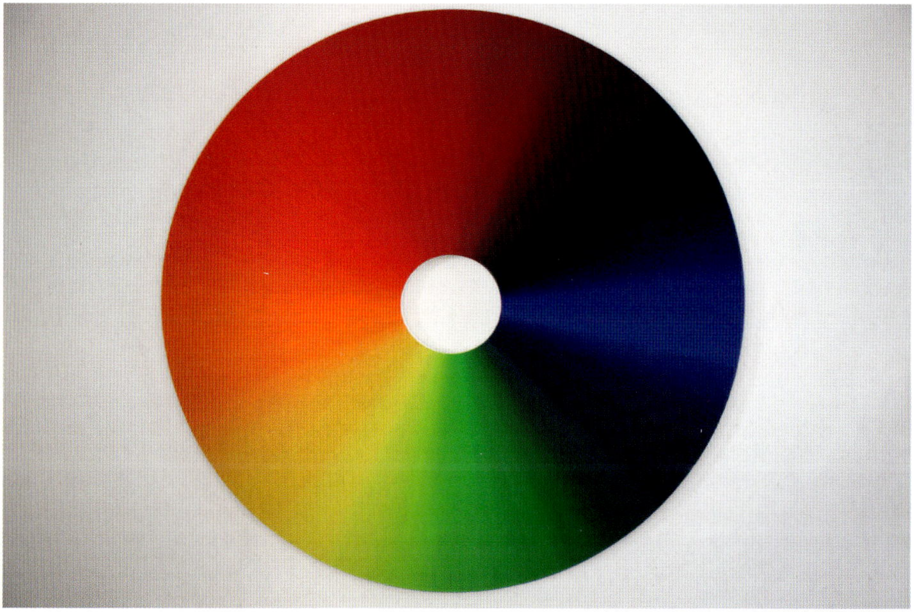

Colour Experiment No. 10 von Olafur Eliasson, 2010

Michel Eugène Chevreul (1786–1889):
Chevreul begründete mit seiner Abhandlung über das Gesetz des Simultankontrasts eine moderne Theorie der Farben. Ihm zufolge hängt die unterschiedliche Wahrnehmung einer Farbe von den jeweils benachbarten ab.

Albert Munsell (1858–1918):
Munsell schuf das erste und noch heute genutzte Farbsystem, das eine genaue Reproduktion einzelner Töne ermöglichte, indem er diese hinsichtlich der Kategorien *hue* (Farbton), *value* (Wertigkeit, Helligkeit) und *chroma* (Sättigung) mit Zahlenwerten definierte. Diese Standardisierung schuf die Grundlage für Farbkataloge wie Pantone, NCS und RAL (siehe auch Farbsysteme, Seite 42).

Bauhaus-Bewegung (1919–1933):
Aus der Lehrtätigkeit von Johannes Itten, Wassily Kandinsky, Paul Klee und Josef Albers gingen im Zuge der Bauhaus-Bewegung wichtige Beiträge zu einer angewandten Theorie der Farben hervor: etwa zu deren synästhetischen Qualitäten, wobei die Wirkung von Farben zu der von Formen und sogar von Musik in Beziehung gesetzt wurde. Albers setzte die Arbeit an seinem Lehrwerk *Interaction of Color. Grundlagen einer Didaktik des Sehens* (1963) fort, das Künstlern und Designern mit Beispielen von harmonischen Farbpaletten sowie durch Vergleiche und die Analyse von Simultankontrasten bei der Interpretation von Farben half.

Olafur Eliasson (*1967):
Seit 2009 arbeitet der dänische Künstler mit einem Chemiker an dem Projekt, für jeden Nanometer des sichtbaren Lichtspektrums ein exakt passendes Farbpigment herzustellen. Eliasson schuf mit Farben dieser Palette eine Serie kreisrunder Bilder, die unter der Bezeichnung *Colour Experiment Paintings* bekannt wurde. Modellhaft repräsentiert diese Palette, die aus der Transformation des von uns wahrgenommenen farbigen Lichts in materielle Pigmente hervorgegangen ist, eine systematische Farbenlehre.

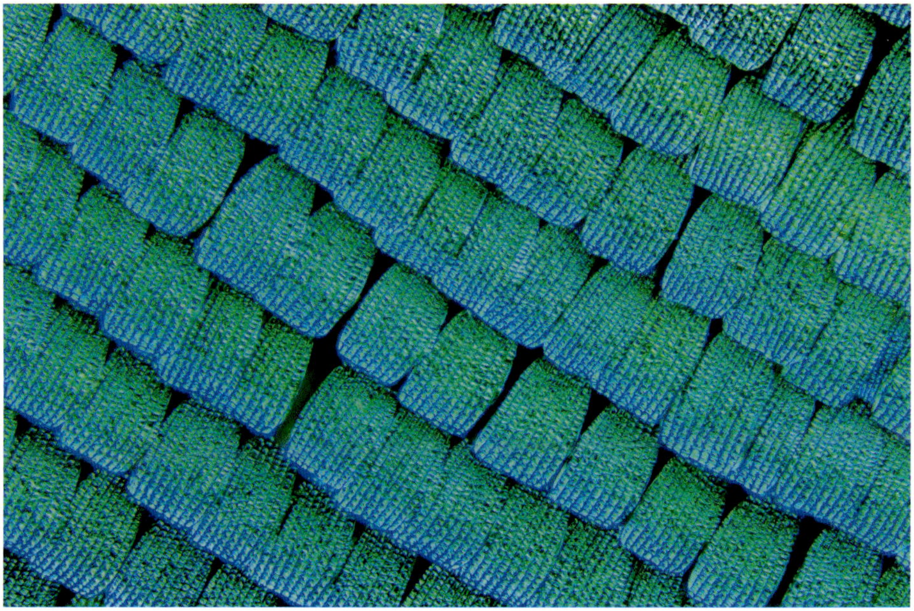

Photonische Kristalle in den Flügelschuppen eines Schmetterlings sorgen für schillernde Farbeffekte.

Die Farbforschung im 21. Jahrhundert

Die Fortschritte in Wissenschaft und Technologie bei der Herstellung immer neuer Pigmente haben unsere Sicht auf Farben und unser Verhältnis zu ihnen grundlegend verändert. In flüssigen Trägerstoffen aufgelöste Pigmente, hochglänzende Kunststoffe und die aus einzelnen Pixeln zusammengesetzten Rastergrafiken von Bildschirmen haben ganz neue Farbdimensionen eröffnet. So hat etwa das Structural Colour Studio, eine Forschungsplattform an der Aalto-Universität in Helsinki, bewiesen, dass man in der Natur vorkommende photonische Kristalle, die bei Kontakt mit Licht Farben annehmen, ohne selbst über Pigmente zu verfügen, auf künstliche Oberflächen übertragen kann. Diese zeigen dann nicht nur einzelne Farbtöne, sondern irisierende Effekte.

Je mehr wir erfassen, was Farben eigentlich sind und welche Wirkungen sie erzielen können, desto bedeutender wird die Frage nach ihrer stofflichen Beschaffenheit. In nahezu jedem der nachfolgenden Farbprofile taucht zumindest ein Pigment auf, das die Grenzen unserer traditionellen Vorstellungen von Farbe sprengt: angefangen bei natürlichen, äußerst effektvollen Pigmenten bis hin zu synthetisch hergestellten Substanzen, die ungeahnte Möglichkeiten eröffnen.

Der Farbkreis

Auch heute noch zählt der Farbkreis zu den nützlichsten Hilfsmitteln, um die Beziehungen von Farben zu verstehen. Anders als die meisten Kreise, die das subtraktive RYB-Modell zeigen, basiert der nebenstehende Farbkreis auf dem RGB-/CMY-Modell der additiven/subtraktiven Farbmischung, und das bedeutet: Mischt man die Primärfarben des einen Modells, ergeben sich die Sekundärfarben des anderen mit den dazwischen angesiedelten Tertiärfarben.

Obwohl der Kreis säuberlich in zwölf Farbsegmente unterteilt ist, umfasst das volle Spektrum eine Vielzahl unterschiedlicher Farbsättigungen zwischen den einzelnen Tönen. Die Kreisform zeigt uns zum einen, wie die Farben ineinander übergehen, zum anderen aber auch, wie sich Primär-, Sekundär- und Tertiärfarben deutlich voneinander unterscheiden. Komplexer konzipierte Farbkreise illustrieren noch die Farbwerte von hell zu dunkel, um uns so ein Bild der gesamten Dimension von Farben zu vermitteln.

Auf den Folgeseiten finden sich Erläuterungen der Schlüsselbegriffe, die in den späteren Kapiteln des Buches immer wieder auftauchen, um die im Kreis dargestellten Farben und deren Relationen zueinander zu beschreiben.

RGB-/CMY-Farbkreis

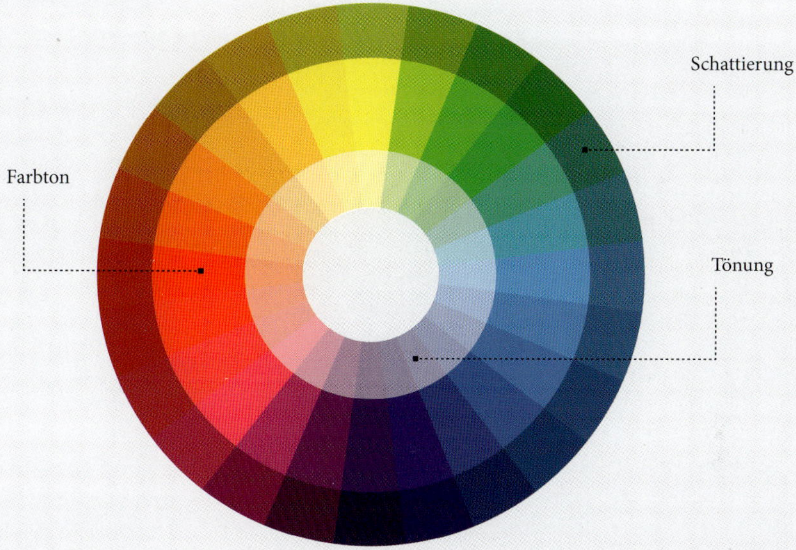

Fachbegriffe

Farbton: Bezeichnung für Varianten einer Farbfamilie, z. B. Blau, Gelb, Grün.

Farbsättigung: Reinheit oder Intensität einer Farbe, wenn diese nicht mit Weiß, Grau oder Schwarz gemischt wurde.

Helligkeit: Der relative Hell-Dunkel-Wert einer Farbe.

Tönung: Mischung einer Farbe mit Weiß zur Erhöhung der Helligkeit.

Schattierung: Mischung einer Farbe mit Grau oder Schwarz zur Erhöhung des Dunkel-Werts.

Weitere Definitionen finden Sie im Glossar ab Seite 46.

Primärfarben
Grundfarben, mit denen man alle anderen Farben mischen kann, die aber selbst nicht aus anderen gemischt werden können und deshalb als »rein« gelten. Je nach Farbmodell variieren die Primärfarben: Die unten gezeigten sind die des bekannten RYB-Modells.

Sekundärfarben
Farben, die aus zwei Primärfarben gemischt werden können, z. B. beim RYB-Modell Orange aus Rot und Gelb. Sekundärfarben wirken oft gefälliger und werden daher öfter mit hoher Sättigung eingesetzt als Primärfarben.

Tertiärfarben
Zwischentöne auf dem Farbkreis, die aus einer Primär- und einer Sekundärfarbe gemischt werden: z. B. ergeben Blau und Grün ein Blaugrün (Petrol). Tertiärfarben können jedoch auch aus dem Mischen zweier Sekundärfarben hervorgehen, z. B. Grünorange. Je mehr Farben man mischt, desto nuanceneicher wird theoretisch das Endprodukt: Mischt man Grünorange mit Rostbraun, erhält man einen Taupeton.

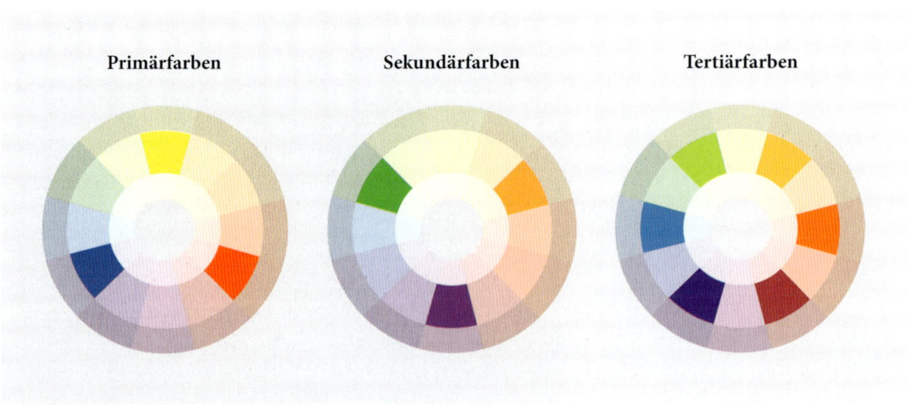

Monochromes Farbschema
Dieses Schema basiert nur auf einer Farbe in unterschiedlichen Tönungen und Schattierungen. Ein solche Palette wirkt dezent, zugleich ansprechend und betont Formen. *Siehe unter Cochenillerot (Seite 64), Indigo (Seite 168), Violett (Seite 210) und Kohlschwarz (Seite 278).*

Analoges Farbschema
Auf dem Farbkreis benachbarte Farben wie Grüngelb, Gelb und Gelborange ergeben ein analoges Farbschema, das harmonisch wirkt und sich besonders eignet, um eine entspannte, wohltuende Stimmung zu erzeugen. *Siehe unter Krapprot (Seite 70), Gelbrot (Seite 86), Flaschengrün (Seite 148).*

Komplementäres Farbschema
Gegensätze ziehen sich an – auch Farben, die sich auf dem Kreis direkt gegenüberstehen, wie etwa Blau und Orange. Kombiniert wirken solche Paarungen aktivierend und wecken Interesse. Unterschiedliche Effekte lassen sich kreieren, indem man z. B. eine der Komplementärfarben heller und die andere dunkler abstimmt, um so eine ruhigere Kombination zu erhalten. *Siehe unter Mandarine (Seite 92), High-Vis-Orange (Seite 102), Seladongrün (Seite 142) und Petrol (Seite 188).*

Teilkomplementäres Farbschema
Hier wird eine Farbe nicht mit ihrem Gegenüber, sondern mit dessen Nachbarn kombiniert. Ein solches Farbschema ist noch immer sehr kontrastreich, wirkt aber ein wenig ausgewogener als eine Paarung der direkten Komplementärfarben. *Siehe unter Smaragdgrün (Seite 146), Blassrosa (Seite 232) und Siena gebrannt (Seite 298).*

Dyadisches Farbschema

Kombiniert werden zwei Farben, die auf dem Farbkreis zwei Einheiten voneinander entfernt liegen, z. B. Blauviolett und Blaugrün. Diese Nähe verleiht einem dyadischen Paar eine natürliche Harmonie, während der wahrnehmbare Abstand visuell Spannung erzeugt. Bei diesem Schema können hellere und dunklere Varianten kombiniert werden. *Siehe unter Sonnenblumengelb (Seite 120) und Preußischblau (Seite 178).*

Triadisches Farbschema

Drei Farben bilden ein gleichseitiges Dreieck auf dem Farbkreis – z. B. Violett, Orange und Grün. Eine solch lebhafte Kombination funktioniert am besten mit einer dominanten Farbe und zwei Akzentfarben derselben Palette. *Siehe unter Blutrot (Seite 72), Koralle (Seite 100) und Heliotrop (Seite 214).*

Tetradisches Farbschema

Vier gleichmäßig über den Kreis verteilte Farben oder auch zwei Paare von Komplementärfarben: Dieses oft in der Mode eingesetzte Schema sorgt für ein kühnes Design, das zugleich kontrastreich und harmonisch ist, dessen Erfolg aber vor allem von den Farbproportionen abhängt. *Siehe unter Zitronengelb (Seite 112) und Weizengelb (Seite 122).*

Kühle & warme Farben

Mit Feuer und Hitze assoziierte Gelb-, Orange- und Rottöne gelten als warme Farben, mit Eis und Wasser verknüpfte Blautöne als kühle. Grau und Violett können beide Wirkungen erzeugen. Solche farbpsychologischen Effekte lassen sich allen Farben zuordnen: So kann etwa ein Gelbton kühler wirken als ein anderer, wenn er mehr Grün enthält. *Siehe unter Day-Glo-Limettengrün (Seite 160).*

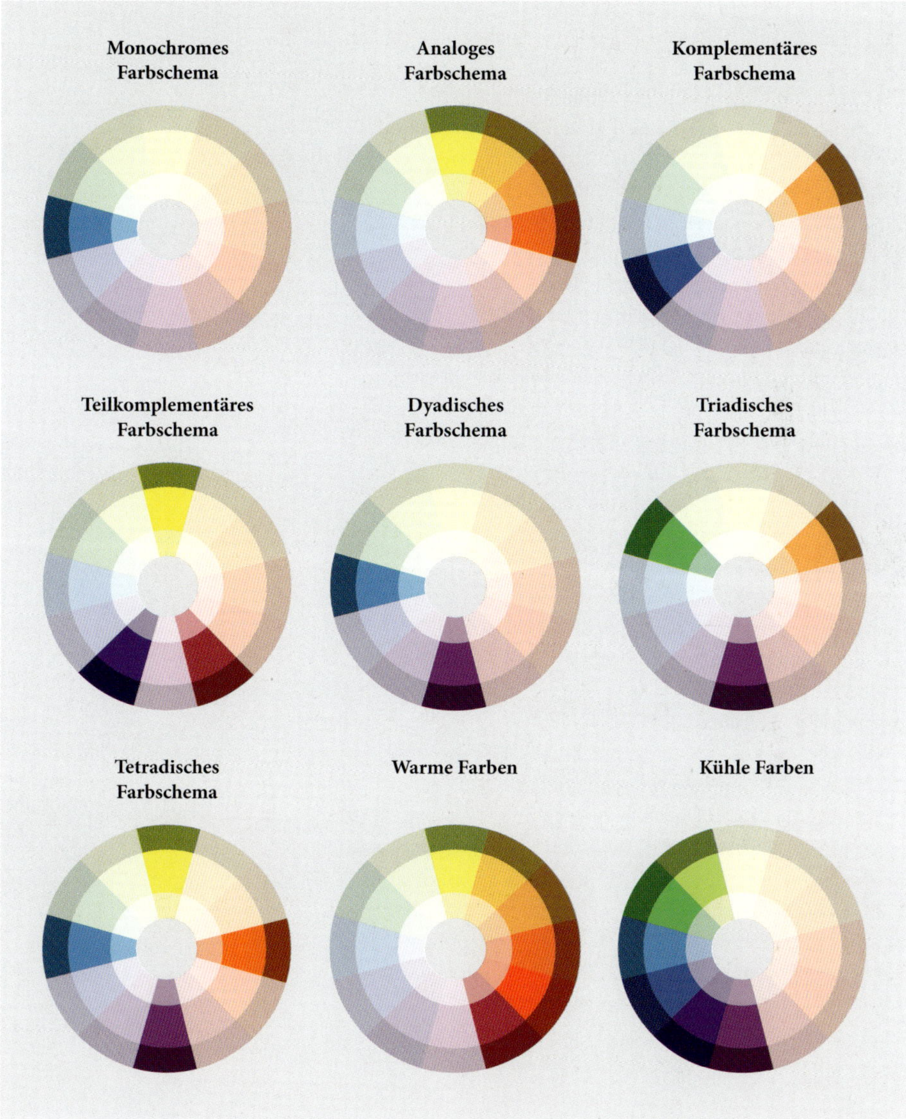
Monochromes Farbschema
Analoges Farbschema
Komplementäres Farbschema
Teilkomplementäres Farbschema
Dyadisches Farbschema
Triadisches Farbschema
Tetradisches Farbschema
Warme Farben
Kühle Farben

Farbkontraste

Man muss die Eigenschaften und Wirkungen verschiedener Farbkombinationen kennen, um gezielt effektvolle Kontraste gestalten zu können. Nicht nur die Zahl der Farben, die für eine bestimmte Palette ausgewählt werden, beeinflusst das Resultat, sondern auch die Größe der jeweils gestalteten Flächen sowie weitere Faktoren. Josef Albers' Bilderserie *Homage to the Square* ist das Ergebnis eines 26 Jahre umfassenden Experiments, bei dem er alle Kompositionsmerkmale unverändert ließ und nur die Farbpalette änderte, um so die jeweiligen Interaktionen der Farben studieren zu können. Da es unendlich viele Kombinationsmöglichkeiten gibt, stellen die nachfolgend umrissenen Kontrastformen nur einen Ausgangspunkt dar.

Quantitätskontrast:
Verwendet man zwei oder drei Farben auf unterschiedlich großen Flächen, entsteht eine Dynamik zwischen der dominanten und den untergeordneten Farben.

Intensitätskontrast:
Kombiniert man satte, reine Farben mit Tönungen und Schattierungen derselben Palette, kann man so das Auge des Betrachters auf einzelne Details vor einem zurückhaltend gestalteten Hintergrund lenken.

Hell-Dunkel-Kontrast:
Starke und großflächige Hell-Dunkel-Kontraste können dramatische Stimmungen erzeugen, einer Komposition eine räumliche Struktur verleihen und eine klare Fokussierung bewirken: eine Technik, die in der Malerei als Chiaroscuro bezeichnet wird. Gering ausgeprägte Hell-Dunkel-Kontraste wirken eher beruhigend.

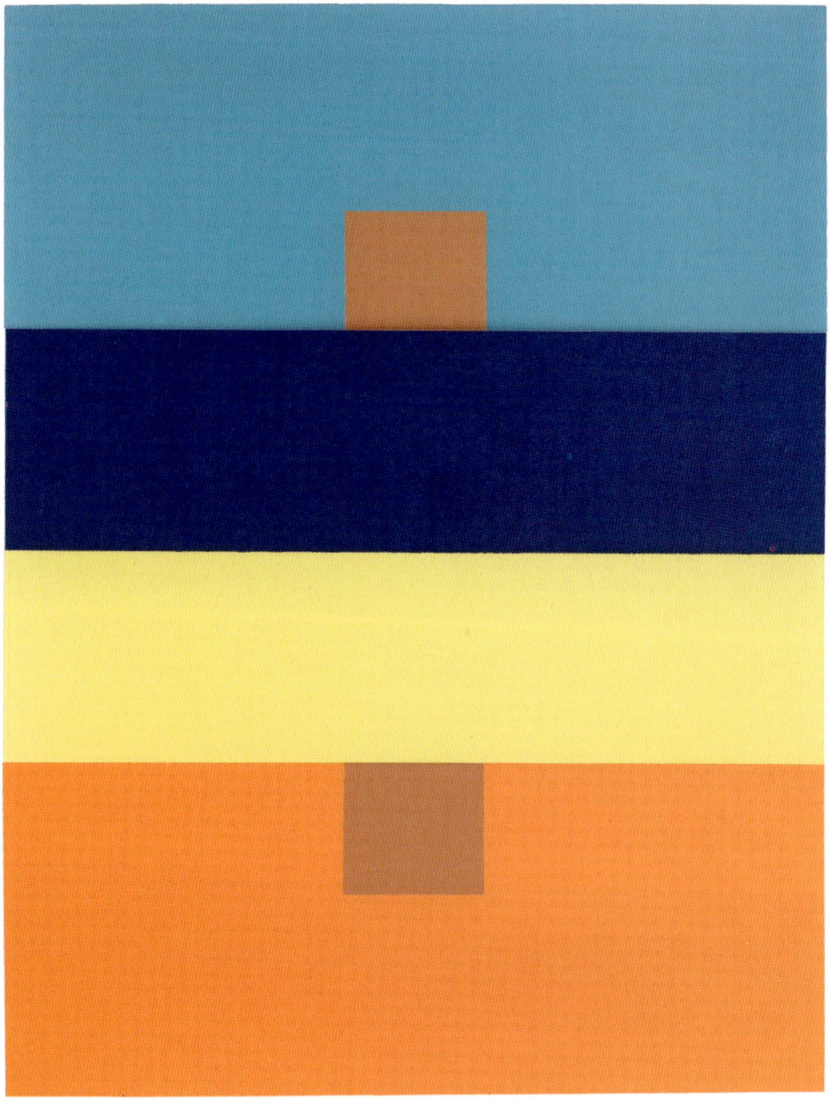

Farbtafel IV-1b aus *Interaction of Color* von Josef Albers, 1973

Quantitätskontrast *(siehe Flaschengrün, Seite 148)*

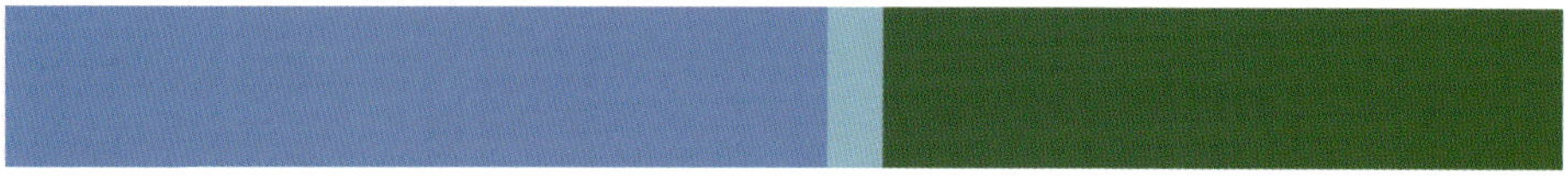

Intensitätskontrast *(siehe Indigo, Seite 168)*

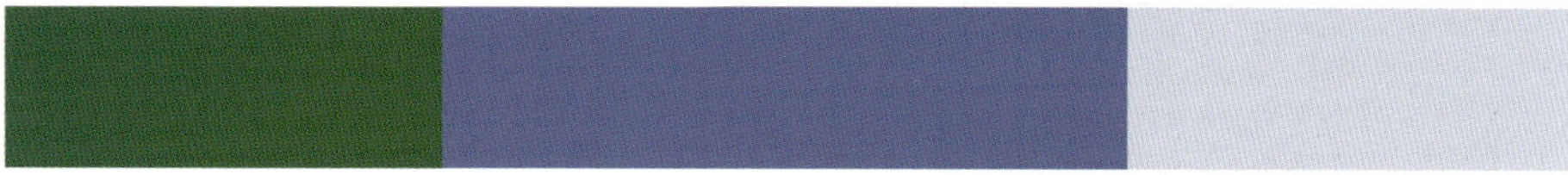

Hell-Dunkel-Kontrast *(siehe Van-Dyck-Braun, Seite 292)*

Farbe-an-sich-Kontrast *(siehe Factory Yellow, Seite 114)*

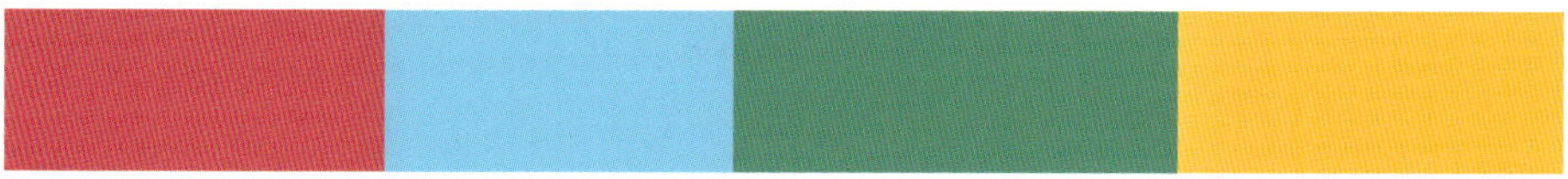

Qualitätskontrast *(siehe Vitalgrün, Seite 154)*

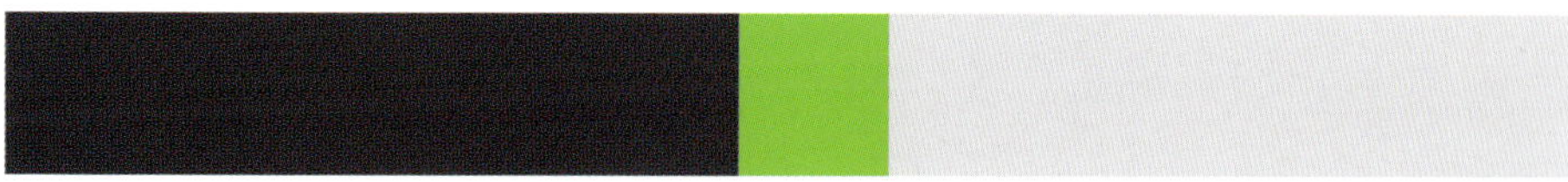

Kalt-Warm-Kontrast *(siehe Scharlachrot, Seite 60)*

Farbe-an-sich-Kontrast (auch Buntkontrast):
Kombiniert man Farben gleicher Intensität, resultiert hieraus ein kraftvoller, aber harmonischer Eindruck. Verwendet man hierbei drei oder vier hochgesättigte Farben, müssen diese allerdings sorgfältig ausgewählt werden, damit sich zwischen ihnen keine disharmonischen Spannungen aufbauen.

Qualitätskontrast (auch Bunt-Unbunt-Kontrast):
Ein leuchtend satter Farbakzent wirkt in einem überwiegend neutral gestalteten Schema belebend und zieht den Blick magisch an. Umgekehrt können achromatisches Schwarz und Weiß eingesetzt werden, um eine dominante Farbe zu zügeln und ihr einen zurückhaltenden Rahmen zu geben.

Kalt-Warm-Kontrast:
Die Kombination von warmen und kühlen Farben führt zu wirkungsvollen Effekten. Platziert man z. B. ein warmes Orange vor einem blauen Hintergrund, wird das Auge des Betrachters unwillkürlich vom wärmeren Orange angezogen. Solche Kontrastbildungen empfehlen sich auch bei wenig gesättigten Farben, um zwar Interesse zu wecken, aber das Auge nicht zu ermüden.

»Als das am wenigsten definierbare Medium der Kunst zeigen Farben unendliche viele Gesichter. Sie in ihren jeweiligen Interaktionen und Interdependenzen zu studieren bereichert unser ›Sehen‹, unsere Welt – und uns selbst.« – Josef Albers

Farbe als Material

Von den ersten Mineralien, aus denen Pigmente hergestellt wurden, bis zu den heutigen technisch ausgefeilten Farbverwendungen in Kunst und Design: Will man die Entstehung und Geschichte von Farben verstehen, muss man sich mit ihrer materiellen Seite beschäftigen.

Die ersten Pigmente wurden von Hand hergestellt. Bis ins 20. Jahrhundert hinein war es üblich, sie durch Ausschwemmen, Verdünnen, Schmelzen und Zermahlen zu gewinnen sowie mit Kreide, Öl, Fett oder Ei zu mischen. Pflanzen lieferten tiefe Gelbtöne, Insekten ein Scharlachrot, Schnecken ein begehrtes Purpur. Farben gab es oft nur in Regionen, in denen pigmenthaltige Rohstoffe vorkamen oder Techniken zu ihrer Herstellung bekannt waren. Die Fortschritte in Wissenschaft und Technik sowie Kunst und Design bewirkten zu gleichen Teilen eine sprunghafte Entwicklung neuer Farben. Die wachsende Nachfrage nach ihnen begründete die moderne Farbindustrie. Verwendete van Dyck noch torfige Erde als Lieferant eines Pigments, mit dem er tiefe Schatten darstellte, konnte Yves Klein auf Erkenntnisse der angewandten Chemie zurückgreifen, als er seinen faszinierenden neuen Blauton erschuf.

Naturbelassene Materialien

Manchmal ist es die natürliche Farbe eines Werkstoffs, die von Designern geschätzt und gefeiert wird. Viele zeitgenössische Künstler wie Max Lamb und Donald Judd arbeiten mit Rohmaterialien, die sie wegen ihrer ästhetischen Qualität entweder unbehandelt lassen oder höchstens mit Hitze bzw. Chemikalien in ihrer Wirkung noch weiter aufwerten. *Siehe unter Kupfer (Seite 98), Smalte (Seite 180), Silber (Seite 266) und Aluminium (Seite 268).*

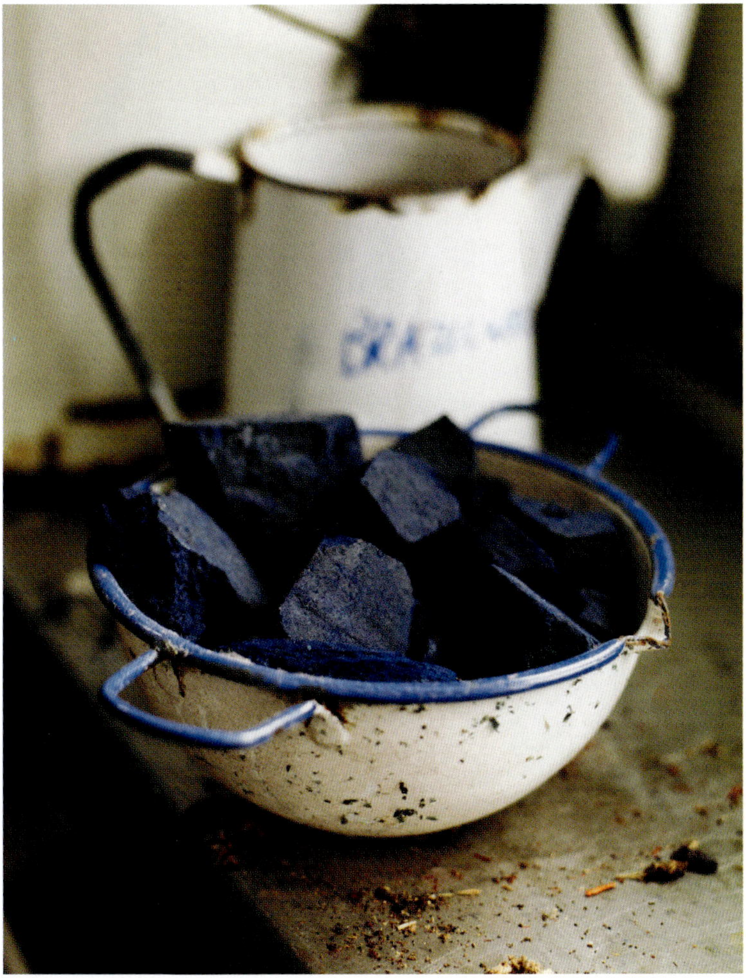

Blöcke von natürlichem Indigo

Licht als Medium

Schimmerndes Licht wirkt auf uns wie ein Magnet. Malern wie Jan van Eyck gelang eine wirklichkeitsgetreue Wiedergabe, indem er Edelsteine zermahlte und als Pigment verwendete. Darauf verzichten zeitgenössische Künstler mittlerweile: so z. B. James Turrell, der mit seinen Lichtinstallationen die wechselnden Beleuchtungsverhältnisse von Tag und Nacht nachgestaltete. Zudem verändern neue 3D-Projektionen und die digitale Kunst immer mehr unsere Wahrnehmung von Farbe. *Siehe unter Signalrot (Seite 80), Vitalgrün (Seite 154), Neonpink (Seite 226) und Mondweiß (Seite 254).*

Wissenschaftliche Farben

Die moderne Wissenschaft hat Zusammenhänge zwischen Farben und Materialien enthüllt, die weit über Fragen der Ästhetik hinausgehen. So produzieren natürliche Farbstoffe wie Chlorophyll durch Fotosynthese Energie, dienen winzige Nanopartikel als schwarze Pigmente und schonen mit Bakterien erzeugte, lebende Farben, die auf die Oberfläche von Materialien reagieren, die Umwelt. *Siehe unter Chlorophyllgrün (Seite 162), YInMn-Blau (Seite 198), Lebendes Violett (Seite 238) und Vantablack (Seite 286).*

Recyclingfarben

Viele Designer greifen zu innovativen Farben, die umweltfreundlich aus Haushalts-, Industrie- und Landwirtschaftsabfällen hergestellt wurden. Beispiele hierfür sind diverse biologische Farbstoffe sowie bei der Aluminiumherstellung entsorgte Eisenoxidpigmente. *Siehe unter Roter Ocker (Seite 54), Rote Bete (Seite 236) und Schlacke (Seite 276).*

Materialoberfläche
Auch das Material, auf dem eine Farbe verteilt werden soll, ist von großer Bedeutung. Generell lässt sich feststellen, dass die Grundfarbe des Materials Einfluss auf die Wirkung des Pigmentauftrags hat: Ein silbriges Aluminiumblech wird niemals ein tiefes, neutrales Schwarz aufweisen, weil das Metall zu viel Gelb enthält. Umgekehrt wird ein bereits blaues Gewebe sich nicht durch transparente Färbemittel in ein gelbes verwandeln lassen.

Es gibt allerdings auch einige trickreiche Herstellungsverfahren: Beim Vierfarbdruck ist es möglich, einen Punkt zunächst weiß und dann mit einer anderen Farbe zu bedrucken, um so Farbverfälschungen zu vermeiden. Derartige Maßnahmen sind allerdings nicht immer wünschenswert. In einer Welt, die an ihrer Abfallproduktion zu ersticken droht, empfiehlt es sich, auch der natürlichen Farbgebung eines Materials eine Chance zu geben und sie für sich sprechen zu lassen.

»Die Fortschritte in Wissenschaft und Technik sowie Kunst und Design bewirkten zu gleichen Teilen eine sprunghafte Entwicklung neuer Farben.«

Farbpsychologie

Die Farbpsychologie ist eine relativ junge Forschungsdisziplin, die davon ausgeht, dass Farben nicht nur unser ästhetisches Empfinden ansprechen. Die Psychologin Angela Wright hat festgestellt, dass farbige Lichtwellen als Reize durch unsere Augen zum Gehirn geleitet werden und »schließlich zum Hypothalamus gelangen, der die Drüsen für unsere Hormonproduktion steuert. In einfachen Worten: Jede Farbe – bzw. die entsprechende Wellenlänge des Lichts – spricht einen bestimmten Teil unseres Körpers an und bewirkt dort einen physiologischen Reflex, der wiederum eine psychische Reaktion auslöst.«*

»Bald kam die Dämmerung, eine weintraubenblaue Dämmerung, ein violettes Dämmerlicht über Tangerinenhainen und langgestreckten Melonenfeldern; die Sonne von einer Farbe wie ausgepreßte Weintrauben, durchbrochen von Burgunderrot, die Felder in den Farben von Liebe und spanischen Mysterien.«
– Jack Kerouac, *Unterwegs*

*Sevenic, Kurt, und Kelechi Kingsley, Osueke, »The Effects of Color on the Moods of College Students«, *Sage Journals*, 2014
https://journals.sagepub.com/doi/full/10.1177/2158244014525423

Sowohl unsere Sinneswahrnehmungen als auch unser bewusstes und unbewusstes Verhalten werden durch Farben beeinflusst. So lassen Farben wie Signalrot *(siehe Seite 80)* unser Herz schneller schlagen, weil unser Gehirn es als Gefahrensignal interpretiert, während etwa der Farbreiz des Baker-Miller-Pinks *(siehe Seite 224)* uns beruhigt. Bestimmte Farben lösen also bestimmte sensorische Assoziationen aus. Diese können einerseits bei jedem Individuum unterschiedlich ausgeprägt sein, andererseits aber kollektiv mit bestimmten Erfahrungen oder auch Produktmarken verknüpft sein. Die Wahrnehmung von Farben wird darüber hinaus oftmals durch Religion und andere kulturelle Traditionen stark mit beeinflusst. Einzelne Farben verfügen deshalb in bestimmten Kulturen über eine symbolische Bedeutung: So steht Weiß in China für Reinheit und den Tod, während Ringelblumengelb in Mexiko als Farbe der Wiedergeburt gilt. Darüber hinaus sind unsere Farbassoziationen noch von weiteren Faktoren abhängig: etwa vom herrschenden Zeitgeist, von unserem individuellen Selbstverständnis als Teil unseres sozialen Umfelds, vom jeweiligen Kontext der Farbwahrnehmung sowie von den unzähligen Einflüssen, denen wir tagtäglich ausgesetzt sind und die unsere Farbempfindungen direkt oder indirekt mitprägen.

Auf den nächsten beiden Seiten finden Sie einige der psychologischen Effekte und Assoziationen, die bestimmten Farben zugeordnet werden. Da Farben jedoch in verschiedenen Zeiten, Kulturen und Kontexten unterschiedlich interpretiert wurden und werden, sollen die Hinweise Sie vor allem dazu anregen, Ihre Fantasie spielen zu lassen und sich näher mit Farbpsychologie zu beschäftigen.

Leidenschaft, Verehrung, Kraft
Die wärmste und dynamischste aller Primärfarben wirkt aktivierend und stimulierend. In voller Sättigung eignet sich Rot ideal zum Hervorheben von Details.

Energie, Aufgeschlossenheit, Vitalität
Ausgewogener als Rot oder Gelb, wirkt Orange freundlich, warm und authentisch. Die vielseitig einsetzbare Sekundärfarbe eignet sich gut, um wichtige Informationen zu kommunizieren.

Fröhlichkeit, Hoffnung, Utopie
Wäre Optimismus eine Farbe, wäre er gelb. Gelb stimuliert und erfrischt uns visuell und kann in kontrastreichen Kombinationen ganz unterschiedliche Stimmungen hervorrufen.

Frische, Fülle, Beruhigung
Mit seiner entspannenden und zugleich regenerativen Wirkung ist Grün die ruhigste aller Farben. Blasseres Grün wirkt stärker ausgleichend, leuchtendes eher kontemplativ.

Ruhe, das Göttliche, Meditation
Die tief in der Natur verwurzelte Farbfamilie ist uns allen sehr vertraut. Hellere Töne erweitern den geistigen Horizont, sorgen für innere Ruhe und Frieden; dunklere signalisieren Verlässlichkeit und Vertrauenswürdigkeit.

Herrschaftlichkeit, Kreativität, Spiritualität
Durch seine assoziative Verknüpfung mit Spiritualität ruft Violett zur Achtsamkeit und inneren Einkehr auf; hellere Töne evozieren Kreativität, während dunklere mystisch und verführerisch anmuten.

Ruhe, Jugendlichkeit, Modernität
Die sanfte, ansprechende Farbe hat zugleich auch eine kraftvolle, rebellische Seite. Schwach gesättigte Rosatöne drücken Empathie aus und senken den Puls, ein kräftiges Magenta strahlt Energie aus.

Humanität, Eleganz, Sanftheit
Es gibt eine Vielzahl sanfter und gedämpfter Weißtöne, die unser Gemüt auf subtile Weise ruhig und friedvoll stimmen.

Reinheit, Sauberkeit, Minimalismus
Pures Weiß bildet die Basis vieler Farbgestaltungen und wird von uns vor allem als rein wahrgenommen. Doch im Übermaß erleben wir Weiß auch als steril und unterkühlt.

Tristesse, Konservativität, Universalität
Auf den ersten Blick etwas fade und wenig dynamisch, kommunizieren Grautöne gelassene Neutralität und wirken beruhigend: wohl ein Grund, warum sie in unserer immer komplizierteren modernen Welt häufig zum Einsatz kommen.

Rätselhaftigkeit, Eleganz, Innovation
Intensive Schwarztöne können einerseits ebenso wie reines Weiß schroff und nüchtern wirken. Andererseits signalisieren sie einen sicheren Rückzugsort und können eine besinnliche innere Einkehr fördern.

Natürlichkeit, Ganzheitlichkeit, Regeneration
Als Erdfarben repräsentieren Brauntöne die Natur und biologische Kreisläufe. Geerdet und verlässlich, kann Braun uns ein Gefühl von Ruhe und Sicherheit verleihen.

Wichtige Vertreter der Farbpsychologie

Johann Wolfgang von Goethe (1749–1832):
Der Dichter und Universalgelehrte beschäftigte sich experimentell mit optischen Farbeffekten und deren Einfluss auf unser Gemüt. Seine *Farbenlehre* war hinsichtlich ihrer theoretischen Grundlage etwas verworren, übte jedoch lange großen Einfluss auf Künstler und Denker aus.

Carl Jung (1857–1961):
Der Schweizer Psychoanalytiker lieferte mit seiner Theorie des Archetypus, d. h. des persönlichen Unbewussten, das aus verdrängten Erfahrungen und Erlebnissen gespeist wird, eine grundlegende Erklärung für Phänomene der Farbwahrnehmung.

Johannes Itten (1888–1967):
Der Künstler und Bauhaus-Lehrer trachtete danach, Farben aus ihren festgefügten Assoziationsmustern mit Formen zu befreien, indem er auf der Basis der Psychoanalyse subjektive Farbwahrnehmungen untersuchte. Seine visuellen Experimente zum Zusammenhang zwischen Natur und den Jahreszeiten zielten auf eine Theorie der Farbharmonie.

Angela Wright (*1934):
Das von Angela Wright entwickelte »Colour Affects System« untersuchte die Wirkung von Farben zum ersten Mal mit wissenschaftlichen Forschungsmethoden. Die Ergebnisse zeigten, dass unterschiedliche Persönlichkeitstypen mit einzelnen Farben in Zusammenhang gebracht werden können, die bestimmte psychologische Reaktionen auslösen.

Karen Haller (*1961):
Die im kommerziellen Marketing tätige Farbpsychologin ist davon überzeugt, dass gezielt ausgewählte Farben das Verhalten von Konsumenten in allen Designbereichen deutlich beeinflussen können.

Bevil Conway (*1974):
Neuroästhetik ist ein neues und expandierendes Forschungsfeld, das Erkenntnisse der Psychoanalyse und Neurobiologie mit der Untersuchung ästhetischer Empfindungen verbindet. Durch Kartierung des Gehirns konnte Conway in Studien nachweisen, dass einzelne Farben spezifische Emotionen auslösen. Firmen wie Google und IKEA folgen bereits diesem Ansatz bei der Analyse der Präferenzen von Konsumenten.

»Man muss jede einzelne Farbe in den unendlichen Kombinationen mit anderen Farben sehen, fühlen und erfahren, um sie wahrhaft beherrschen zu können.«
– Johannes Itten

Farbsysteme

Die Aufgabe, eine optimale Systematik für die Anordnung aller Töne des Farbspektrums zu entwickeln, hat seit Aristoteles' Tag-Nacht-Skalierung im 4. Jahrhundert v. Chr. viele große Denker beschäftigt. Ab dem 18. Jahrhundert stand das Bemühen im Vordergrund, präzise und konsistente Bezeichnungen für Farben festzulegen, die man in der Natur feststellen konnte – so etwa bei Moses Harris' *Natural System of Colours*. Bei seiner Reise mit der *Beagle* griff Charles Darwin aus demselben Grund auf Abraham Gottlob Werners *Nomenklatur der Farben* zurück: einen Katalog mit Beschreibungen der Farben von Pflanzen, Tieren und Mineralien. An dieser Zielsetzung hat sich bis heute nichts geändert. Ein als Pantone 7652 C definierter Farbton soll überall auf der Welt exakt identisch sein.

Mittlerweile sind für uns Bezeichnungen von Farbsystemen wie »CMYK« oder »Pantone« selbstverständlich geworden. Trendfarben wie »Living Koralle 16-1546« und »Cool Gray 9« werden auf Kaffeebechern und T-Shirts gefeiert. Wenn man versteht, diese Codes wie geografische Koordinaten zu lesen, kann man alle Töne des Farbspektrums präzise definieren. Deshalb sind die in diesem Buch besprochenen Farben mit ihren entsprechenden Referenzwerten der verschiedenen Farbsysteme wie CMYK und RGB versehen, sodass man sie leicht online und in Farbkatalogen finden kann.

Munsell-Farbsystem

Im Jahr 1905 entwickelte Albert Munsell als Erster ein dreidimensionales und noch heute in verschiedenen Branchen verwendetes Farbsystem, das er anhand von drei Kriterien konzipierte: *Farbton, Sättigung* und *Helligkeit*.

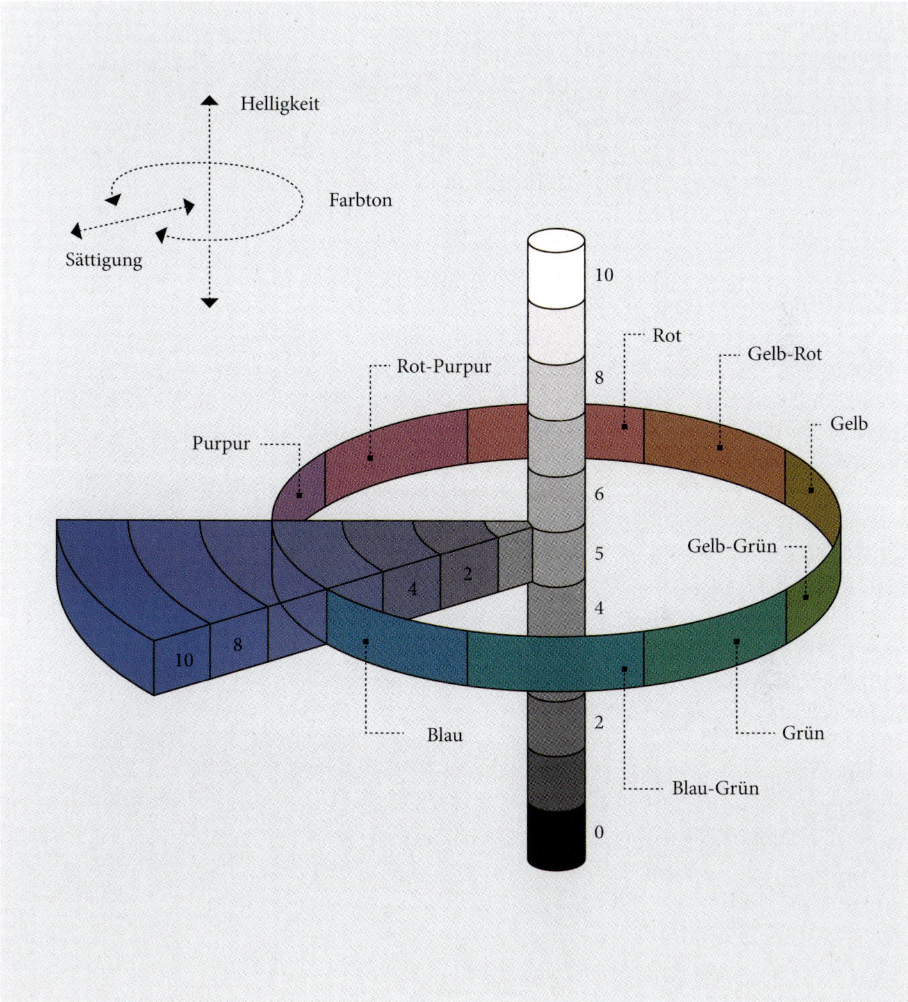

Das Munsell-Farbsystem

Pantone®-Farbsystem
Die Pantone-Farbchips werden von führenden Unternehmen in aller Welt als Standard verwendet. Das 1963 vor allem für den Grafik- und Druckbereich eingeführte System kommt inzwischen vielfach auch bei der Farbgestaltung in der Textil- und Kunststoffindustrie zum Einsatz.
→ *www.pantone.com*

NCS (Natural Colour System)
Das NCS baut auf dem Farbempfinden auf und findet vor allem bei Architekten und Innenraumdesignern Anwendung. Das dreidimensionale System in Form eines Doppelkegels basiert einerseits auf vier »reinen Grundfarben« (Rot, Grün, Blau, Gelb) und andererseits auf den beiden Polen Weiß und Schwarz. Jeder erdenkliche Farbton kann auf einem dreieckigen vertikalen Schnitt definiert werden.

Der Code »3055-B10G« (Petrol, siehe Seite 188) gibt z. B. einen Schwarzanteil von 30 Prozent und eine Sättigung von 55 Prozent an. Je höher der zweite Wert ist, desto satter der Ton. Die Angabe »B10G« bezieht sich auf die Position des Tons zwischen den Grundfarben: 10 bedeutet, dass der Ton näher zum Blau als zum Grün liegt, während »B90G« von den meisten als Grün wahrgenommen würde.
→ *www.ncscolour.com*

Dulux/ICI
Dulux, der Marktführer bei Farben und Lacken für den Innenbereich, definiert in seiner Codierung mit einer Zahl zwischen 00 und 99 sowie zwei Buchstaben die farbliche Zuordnung des Tons, der aus jeweils vier Primär- und Sekundärfarben gemischt wird. Der Wert 50 entspricht der reinsten Farbvariante. Bei »60YY-73/497« (Zitonengelb, siehe Seite 112) handelt es sich daher um ein nahezu reines Gelb. Die zweite Zahl (ebenfalls von 00 bis 99) gibt die Helligkeit an, hier (73) eines relativ hellen Gelbtons, die letzte den Sättigungsgrad, der von neutral (000) bis zur maximalen Intensität (999) reicht: 497 signalisiert, dass es sich um ein moderat gesättigtes Hellgelb handelt.
→ *http://www.icipaints.co.uk/colours/duluxtrade/palette/notation.jsp*

Hexadezimal-Codes

Das digitale Codierungssystem für Farben, die vorrangig zur Gestaltung von Websites verwendet werden, definiert Farbwerte z. B. unter Bezugnahme auf die RGB-Palette oder im Hexadezimal-Format. Es gibt viele nützliche Hex-Tools, hier sei nur auf eines verwiesen: → *www.colorhexa.com*

RAL-Farben
Auch wenn bei den in diesem Buch besprochenen Farben die RAL-Referenzwerte nicht angegeben werden, spielt dieses System vor allem bei der Standardisierung von industriellen Farbbeschichtungen eine bedeutende Rolle.
→ *www.ralcolorchart.com*

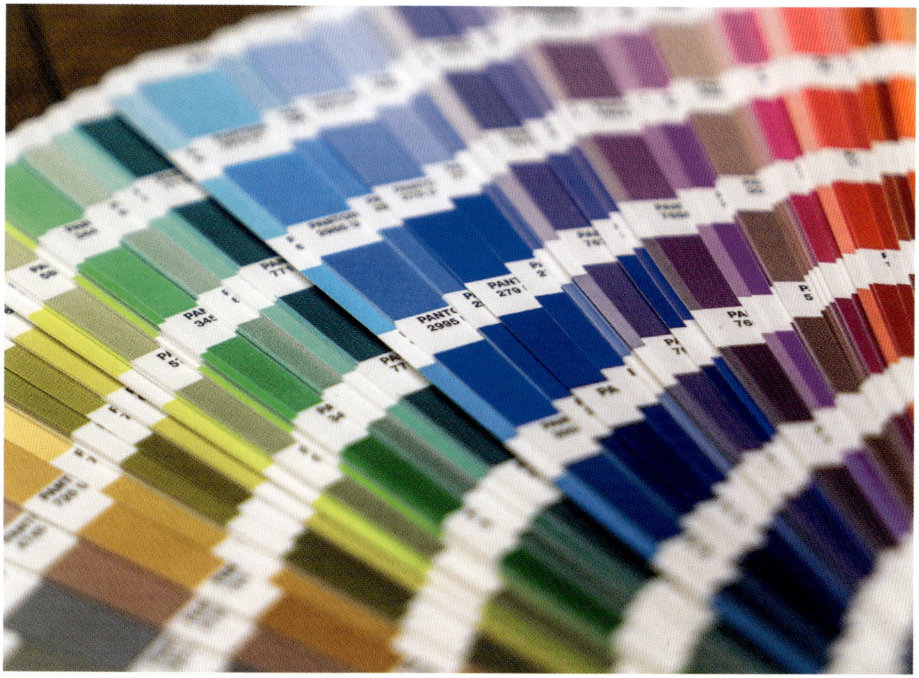

Ein Pantone®-Farbfächer, der nur einen Bruchteil des gesamten Farbsystems illustriert

Glossar

Achromatisch
Unbunte, d. h. schwarze, weiße und graue Farbtöne. Achromatische Farben sind neutral und weisen keine Sättigung auf.

Anorganische Pigmente
Nicht lösliche, aus Mineralien oder metallhaltigen Mineralgemengen gewonnene Pigmente.

Ausbleichen
Hierunter versteht man ein im Lauf der Zeit auftretendes Verblassen von Farben, das daraus resultiert, dass Farbpigmente aufgrund ihrer chemischen Beschaffenheit auf Umwelteinflüsse wie Licht und Sauerstoff reagieren. Der Effekt zeigt sich besonders bei historischen Gemälden; *siehe Sonnenblumengelb (Seite 120).*

Biologische Farbstoffe
Lebende biologische Substanzen wie Bakterien oder Algen, die ihre Pigmente auf Materialien übertragen; *siehe Lebendes Violett (Seite 238).*

Chromatisches Schwarz
Das durch die impressionistische Malerei berühmt gewordene chromatische Schwarz ist kein reines Schwarz, sondern wird aus verschiedenen anderen Farbtönen gemischt. Ein chromatisches Schwarz wie Obsidian *(Seite 284)* besteht z. B. aus dunklen Rot-, Blau- und Grüntönen.

Deckvermögen
Kennzeichnet das Vermögen einer Farbe, einen Untergrund komplett opak zu überdecken, ohne dass dieser nach dem Farbauftrag durchscheint (siehe auch Opazität).

Desaturierung
In der Malerei verwendete Kennzeichnung der matt-kreidigen Wirkung eines entsättigten Farbtons.

Duoton
Eine Palette, die nur aus zwei Tönen derselben Farbe besteht und beim echten Duplexdruck eingesetzt wird.

Erdfarben
Farben, die aus mineralhaltigen Böden gewonnen werden und häufig Eisenoxid enthalten; *siehe Roter Ocker (Seite 54) und Siena gebrannt (Seite 298).*

Farbmittel
Oberbegriff für farbgebende Substanzen, die z. B. löslich (Farbstoffe) oder nicht löslich (Pigmente), natürlich oder synthetisch sein können.

Farbstoff
Im Unterschied zu Pigmenten lösliche Farbmoleküle, die von einem Material nach dem Auftragen absorbiert werden.

Farbtiefe
Mit der Farbtiefe wird nicht die tatsächliche, sondern die scheinbare Sättigung dunkler und intensiv wirkender Farben – wie eines chromatischen Dunkelbrauns – gekennzeichnet.

Farbton
Definiert die Varianten einer Farbfamilie und wird häufig als Kompositum oder in Verbindung mit kennzeichnenden Attributen verwendet, z. B. Gelbgrün, sanftes Gelb oder giftiges Gelb.

Farbechtheit
Kennzeichnet insbesondere bei Textilien die Widerstandsfähigkeit eines Farbmittels gegen Ausbleichen und dessen Waschechtheit.

Glasur
Bei Keramikprodukten eingebrannter (halb) transparenter Überzug, der die Farbwirkung verändert; *siehe Tenmoku (Seite 296).*

Graustich
Farbton mit einem gewissen Grauanteil.

Graustufen
Eine begrenzte Skala an Grautönen zwischen Schwarz und Weiß.

Harmonie
Beschreibt das Verhältnis zwischen Farben, die in Kombination einen ausgeglichenen ästhetischen Eindruck vermitteln und auf dem Farbkreis gewöhnlich dicht beieinanderliegen oder eine ähnliche Sättigung haben. Harmonisch wirken vor allem analoge und teilkomplementäre Farbschemata.

Irideszenz
Durch Lichtbrechung bewirkter optischer Effekt, der Oberflächen in Regenbogenfarben schillern lässt (siehe auch Strukturfarben, Seite 49).

Kontrast
Ein visuelles Spannungsverhältnis zwischen zwei Farben, die sich im Extremfall auf dem Farbkreis gegenüberliegen, also den größtmöglichen Abstand zueinander haben. Je größer/geringer der Abstand, desto größer/geringer ist der Kontrast.

Lackpigment
Ein durch Kombination von organischen Farbmitteln und anorganischen Substanzen, bei denen es sich meist um träge reagierende Metallsalze handelt, hergestelltes Pigment.

Helligkeit
Beschreibt den relativen Hell-Dunkel-Wert einer Farbe, d. h. wie viel Licht eine Farbe in unsere Augen reflektiert. Blasse Farbtöne und Körperfarben, die wenig Pigmente enthalten, reflektieren mehr Licht und wirken heller.

Lumineszenz
Leuchteffekt bei Farbmolekülen, die mehr Licht reflektieren als absorbieren.

Metallicfarben
Farben mit einem Glanzeffekt, der auf der Elektronenkonfiguration von Metallen und der dadurch bewirkten Lichtbrechung beruht.

Monochrom
Farbgestaltung mit nur einer Farbe in unterschiedlichen Tönungen und Schattierungen.

Nuance
Ein feiner, gradueller Unterschied zwischen Farbtönen.

Opazität
Beschreibt die mangelnde Lichtdurchlässigkeit einer Farbe oder eines Materials. Je höher die Opazität einer Farbe, desto geringer die Transluzenz *(siehe auch Transluzenz* und *Deckvermögen*).

Organische Pigmente
Nicht lösliche, aus pflanzlichen oder tierischen Stoffen oder natürlicher Kohle gewonnene Pigmente.

Pigment
Kleiner, nicht löslicher Partikel einer farbgebenden Substanz. Mit Bindemitteln wie Öl vermischt, werden Pigmente auf Oberflächen aufgetragen.

Polychrom
Farbliche Gestaltung mit mehreren Farben. Als Ergebnis entstehen Flächen, die das Licht in mehreren Wellenlängen reflektieren.

Recyclingfarben
Farben, die aus industriellen oder landwirtschaftlichen Abfallprodukten hergestellt werden; *siehe Schlacke (Seite 276)* und *Roter Ocker (Seite 54).*

Sättigung
Beschreibt die Reinheit, Intensität und Brillanz einer Farbe. Maximal gesättigte Farben können hell sein, enthalten aber keinen Graustich.

Schattierung
Mischung einer Farbe mit Schwarz oder einer Komplementärfarbe zur Erhöhung des Dunkel-Werts.

Strukturfarben
Pigmentfreie Farben, die durch Interaktionen zwischen Licht und Nanoteilchen entstehen. Sie kommen z. B. in Vogelfedern und Insektenflügeln vor und können bionisch reproduziert werden; *siehe Perlweiß (Seite 260).*

Substrat
Material, auf das ein Pigment oder Farbstoff aufgetragen wird.

Synthetische Farben
Aus zwei oder mehr chemischen oder biochemischen Substanzen hergestellte Farben.

Tinte
Meist zum Schreiben oder Drucken verwendete Flüssigkeit mit darin gelösten Farbpartikeln.

Tönung
Mischung einer Farbe mit Weiß zur Erhöhung der Helligkeit.

Transluzenz
Kennzeichnung der partiellen Licht- und Blickdurchlässigkeit einer Farbe oder eines Materials. Transluzente Farben sind trüb und können eine Tönung oder Schattierung haben.

Transparenz
Kennzeichnung der Licht- und Blickdurchlässigkeit einer Farbe oder eines Materials. Eine transparente Farbe ist völlig licht- und blickdurchlässig, könnte aber eine Tönung oder Schattierung haben.

Unterton
Subtile Qualität eines Farbtons, die sich nicht auf den ersten Blick erschließt: So wirkt etwa ein dunkles, tiefes, satt aufgetragenes Grün eher kalt, entwickelt aber verdünnt und aufgehellt einen gelassen anmutenden Unterton.

Weißtöne
Auf Weiß basierende Farbtöne mit geringer Sättigung.

Die Farben

Rot

Leicht zugänglich als Pigment, war Rot die erste echte Farbe, die den Menschen der Urzeit zur Verfügung stand. Neben Schwarz und Weiß wurde Rot zur Höhlenmalerei verwendet. Seither verbinden wir zahlreiche, zuweilen ans Klischeehafte grenzende Assoziationen mit Rot: Blut, Leidenschaft, Gefahr, Wut, Liebe, Heiligkeit, Krieg ... und die Liste reicht noch weiter.

Als Komplementärfarbe zum beruhigenden Grün ist Rot eine anregende Farbe, die ins Auge fällt und nach Aufmerksamkeit heischt. Sie drängt andere Farben in den Hintergrund und lässt unser Herz buchstäblich schneller schlagen. So wurde die Hypothese aufgestellt, dass Teams und auch einzelne Wettkämpfer im Sport Vorteile hätten, wenn sie rote Trikots trügen; und eine 2013 veröffentlichte Studie stellt einen Zusammenhang zwischen Rot und »einer höheren Herzfrequenz sowie mehr Leistungsfähigkeit« her.* Da Grün die in der Natur vorherrschende Farbe ist, dienen dort Rottöne oft dazu, entweder Fressfeinde von einer scheinbar giftigen Beute abzuschrecken oder die Aufmerksamkeit paarungswilliger Artgenossen oder Bestäuber zu erregen. Kein Wunder, dass Rot sogar auf uns Menschen eine so starke Wirkung hat.

Rot tritt jedoch nicht nur als imposant leuchtender, sondern auch als subtiler, erdiger Farbton in Erscheinung, z. B. in den dunklen Schattierungen des Palisanderholzes. Besonders im asiatischen Kulturraum haben kirschfarbene und erdige Rottöne seit Jahrhunderten eine große symbolische Bedeutung. In Japan werden sie aus Pflanzen wie dem Asiatischen Krapp *(Rubia argyi)* oder aus Mineralien wie dem Zinnober hergestellt und versinnbildlichen den Vulkanismus als mystische

*Dreiskemper *et al*, 2013, zitiert in »Seeing Red at the Olympics«, Oxford Psychology Team, 1. September 2016

Feuerkraft der Erde. Zudem dienten rote Pigmente dort seit jeher als Make-up und zum Färben von Textilien, Steingut und Schmuck. Noch heute schützen zinnoberrote Tore den Zugang zu den Shintō-Schreinen.

Seit dem Aufkommen des Christentums symbolisiert Rot das Blut Jesu. Deshalb tragen katholische Bischöfe seit dem 13. Jahrhundert rote Kopfbedeckungen. Im Zuge der Reformation galt Rot jedoch als Farbe der Sünde und wurde insbesondere mit Fleischeslust und Prostitution in Verbindung gebracht.

Nichtsdestotrotz sind leuchtende Rottöne in Mode geblieben. Sie sind nach wie vor Insignien königlicher Herrscherfamilien und Berühmtheiten, die bei Empfängen über rote Teppiche schreiten, die Damen nicht selten in verführerischen, rot besohlten Louboutin-Pumps. Doch auch traditionelle erdige Rottöne behaupten sich in den heutigen Farbpaletten und signalisieren ausgewogene Vitalität.

Farben in diesem Kapitel:

Roter Ocker

Farbwerte
Hex Code: #963522
RGB: 59, 21, 13
CMYK: 0, 65, 77, 41
HSL: 10, 77%, 59%

Auch bekannt als
- Roterde
- Eisenoxidrot
- Rötel

Häufige Assoziationen
- Ursprünglichkeit
- Natürlichkeit
- Bodenhaftung

Früher
Als bereits in prähistorischen Zeiten verwendetes Farbpigment wurde roter Ocker aus eisenoxidhaltiger Erde gewonnen, um Grabstätten zu dekorieren, Felle zu gerben und Höhlenwände zu bemalen. Die steinzeitlichen Felsbilder finden sich auf der ganzen Welt und dokumentieren die Langlebigkeit dieses uralten Pigments. Angefangen bei Michelangelo und Rembrandt erfreute sich Ockerkreide unter Künstlern bis ins 19. Jahrhundert, als die Produktion synthetischer Farben begann, großer Beliebtheit. Während die Beschaffenheit natürlicher Pigmente mit dem jeweiligen Ort ihres Vorkommens variiert, konnten fortan künstlich hergestellte Farben identisch reproduziert und in ihrer Wirkung intensiviert werden. Bereits zu jener Zeit synthetisch produzierte Eisenoxidpigmente wie Marsrot, Indischrot, Venezianischrot und Englischrot sind noch heute gebräuchlich.

Heute
Dunkle Rottöne kommen in der modernen Architektur zunehmend zum Einsatz, oft um an landestypische Farbtraditionen anzuknüpfen. So verwendeten die Pariser Ateliers O-S im Jahr 2016 für den Bau eines Schulgebäudes im französischen Lugrin mit einer Rostschicht versehenen Stahl und mit regionalem Eisenoxid gefärbten Beton. Als Ergebnis entstand ein interessanter Farbdialog mit den rotbraunen Dächern der umliegenden Häuser.

Eisenoxidpigmente sind ein Abfallprodukt der Aluminiumherstellung und landen zumeist in Entsorgungsgruben. Indem die Designerin Agne Kucerenkaite hieraus ein Mineralgemisch zur Herstellung von Keramikfliesen und Glasuren gewinnt, demonstriert sie in einer Welt begrenzter Ressourcen den Sinn der Zweitverwertung von Metallabfällen.

Roter Ocker in Kunst, Design & Kultur

- *Exposed Painting Paynes Grey/Yellow Oxide/ Red Oxide on White* von Callum Innes, **Gemälde,** 1999
- »Tessera Earthscape«, Teppichfliesenkollektion von Forbo Flooring, **Bodenbelag,** 2019
- »Red Mud«, Projekt von Studio ThusThat, **Keramik**, 2020

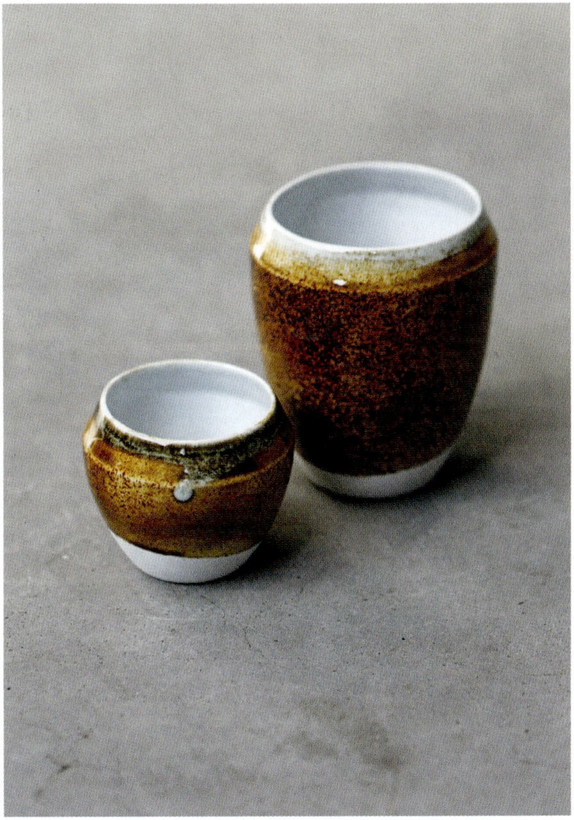

Ignorance is Bliss von Agne Kucerenkaite, 2016

Verwendung

Es lohnt sich, die Schönheit und Mannigfaltigkeit dieses erdigen Rottons zu erkunden. Mit sanften honig-, bronze- und rostfarbenen Schattierungen lässt sich eine harmonische Palette warmer Töne kreieren: ideal für eine geerdet-dezente Farbgestaltung von Einrichtungen und Objekten.

»Dunkle Rottöne kommen in der modernen Architektur zunehmend zum Einsatz, oft um an landestypische Farbtraditionen anzuknüpfen.«

Schulgebäude in Lugrin am Genfer See von Ateliers O-S, 2016

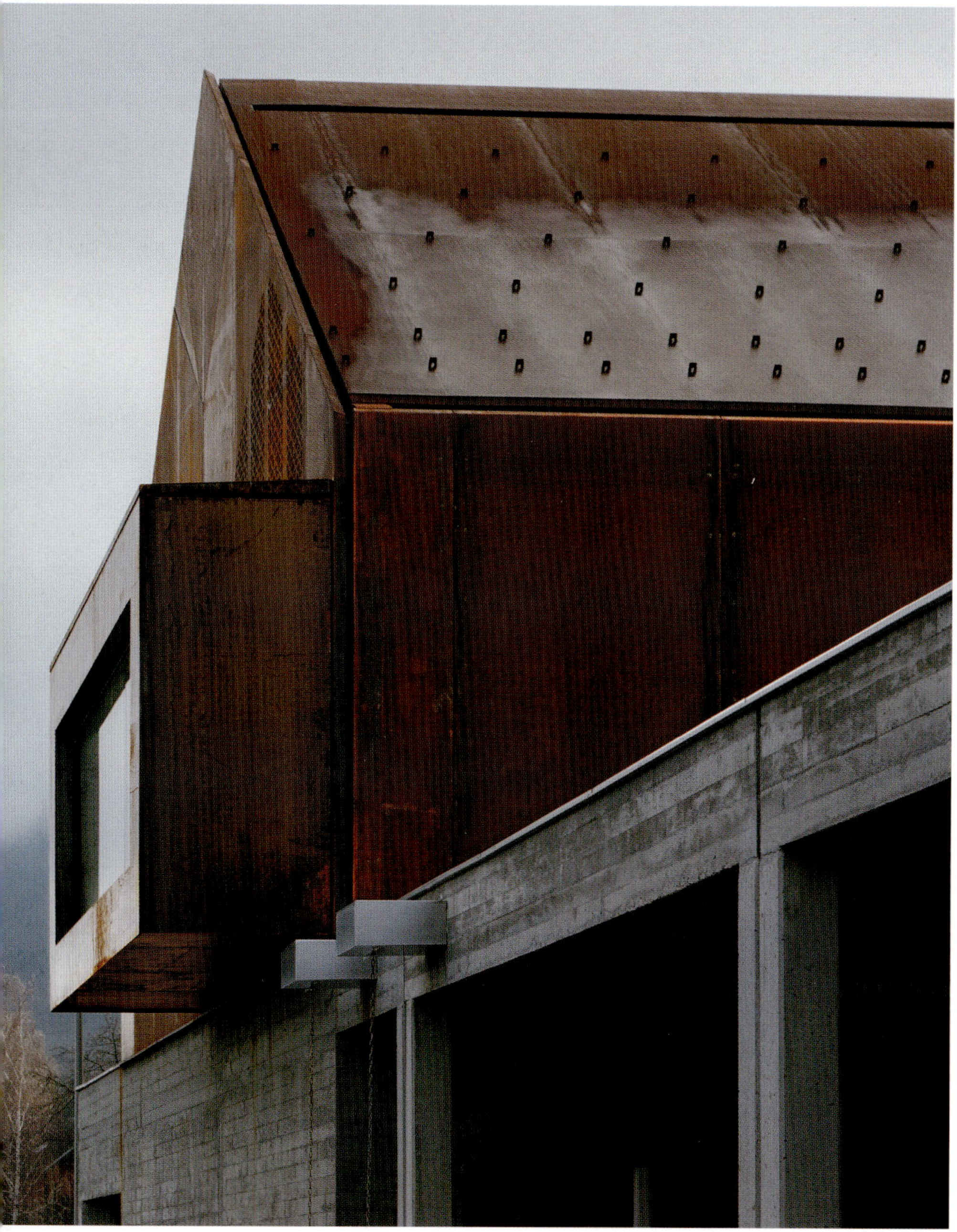

Saflorrot

Früher
Die Färberdistel ist eine Pflanze, die bereits 2500 v. Chr. in Mesopotamien kultiviert wurde. Die aus den Blättern gewonnenen gelben und roten Farbmittel dienten im alten Ägypten zum Färben von Textilien, und es wurden 4000 Jahre alte Mumien gefunden, die Girlanden aus Färberdisteln trugen. Unter der Bezeichnung Saflorrot oder auch Carthamin gelangten die kirschroten Farbpigmente nach Asien und schließlich über die Seidenstraße nach Europa, wo sie für Kosmetika sowie zum Färben von Teppichen und Lebensmitteln verwendet wurden.

In Japan diente das Pigment unter dem Namen »Beni« vor allem Geishas zum Schminken der Lippen. Hochwertige Beni-Kosmetika schimmern grünlich und nehmen erst, wenn sie in Wasser gelöst werden, ein strahlendes Rot an. Je nach Nutzerin konnte die Farbe der Lippen zwischen Orange und Pink variieren.

Heute
Wie viele auf Pflanzen basierende Pigmente ist Saflorrot nicht lichtecht, und so verlor es im Lauf des 19. Jahrhunderts wegen des Aufkommens synthetisch hergestellter Farben wie Magenta an Bedeutung. Mit der heutigen Wertschätzung natürlicher Farben erlebt es jedoch mittlerweile ein Comeback. Hieran beteiligt ist Sachio Yoshioka, der in fünfter Generation die Färberei Somenotsukasa Yoshioka in Kioto leitet und dort auch Beni-Rot verwendet. Traditionelle Beni-Kosmetika werden in Japan heute nur noch von Isehan Honten hergestellt, einer 1825 gegründeten Firma, die nach wie vor Lippenstifte produziert, deren Farbe sich beim Auftragen ändert. Auch Charlotte Tilburys limitierte

Farbwerte
Hex Code: #B7454D
RGB: 72, 27, 30
CMYK: 0, 63, 57, 28
HSL: 356, 62%, 72%

Auch bekannt als
- Carthamin
- Kirschrot
- Beni-Rot
- Geisha-Rot

Häufige Assoziationen
- Schönheit
- Leidenschaft
- Feierlichkeit

Saflorrot in Kunst, Design & Kultur
- *Ahornblätter* aus der Serie *Blumen von Edo* von Kitagawa Utamaro, **Druck,** ca. 1803
- *Japanerin* von Józef Pankiewicz, **Gemälde,** 1908
- *Job Parilux: Skin* von Li Edelkoort & Anthon Beeke, **Buch,** 1997

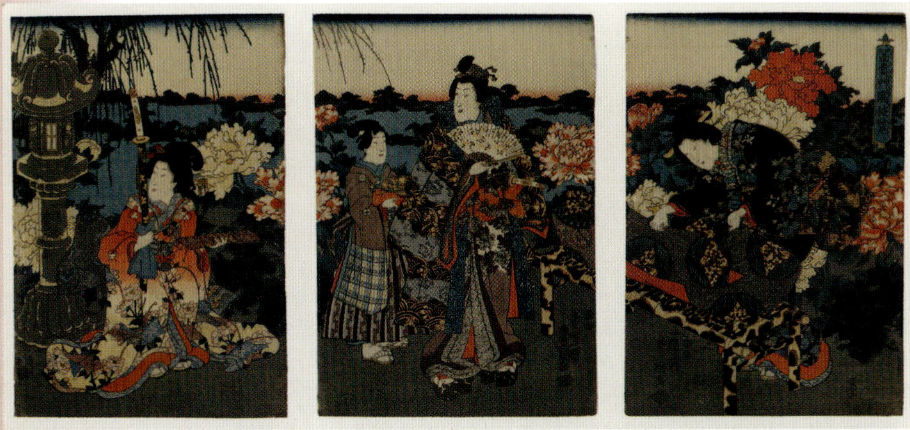

Betrachtung seltener Blumen im Park von Utagawa Kunisada, 1849–1852

Edition ihrer Glowgasm-Lippenstifte gibt es in zwei verschiedenen Tönen, die je nach Wärme, Feuchtigkeit und pH-Wert der Lippen eine individuelle Farbnote entwickeln.

Verwendung
Die jahrtausendealte Historie dieses noch immer verführerischen Rots inspiriert dazu, mit diesem Ton einen warmen und anregenden Kontrast zu kühleren Hintergrundfarben zu setzen – als Hommage an die japanische Tradition der Farbanpassung vielleicht sogar in verschiedenen Tönungen.

Scharlachrot

Früher

Das äußerst intensive Scharlachrot wird zumeist mit offensiv eingesetzter weiblicher Sexualität assoziiert. Historisch gesehen handelt es sich allerdings um einen beliebten Farbton, um Macht und Stärke zu signalisieren.

Scharlachrot ist ein relativ neuer Name für eine sehr alte Farbe. Im 13. Jahrhundert diente das Wort »Scharlach« noch nicht als Bezeichnung einer Farbe, sondern eines teuren und leuchtend eingefärbten Wollstoffs. Der ältere Name »Kermes« leitet sich von der weiblichen Kermesschildlaus ab, aus der der Farbstoff gewonnen wird. Dieser war bereits im alten Mesopotamien bekannt und wurde von den Ägyptern, Griechen und Römern als bedeutendstes rotes Färbemittel geschätzt. Dies änderte sich erst im 16. Jahrhundert mit der Entdeckung der Neuen Welt (siehe Cochenillerot, Seite 64).

Da der auch in der Malerei verwendete Farbstoff nicht lichtecht ist, sind die einst leuchtenden Töne der Gemälde von Künstlern wie William Turner und Pierre-Auguste Renoir mittlerweile verblasst.

Farbwerte
Hex Code: #d62220
RGB: 231, 20, 39
CMYK: 0, 97, 85, 0
HSL: 355, 91%, 91%

Auch bekannt als
- Kermes

Häufige Assoziationen
- Macht
- Zuversicht
- Begehren

Scharlachrot in Kunst, Design & Kultur
- *Red Canna* von Georgia O'Keeffe, **Gemälde,** 1924
- Dior-Kosmetik-Werbekampagne von Guy Bourdin, **Fotografie/ Design,** 1972
- »Mini-Crini«-Kollektion von Vivienne Westwood, **Mode,** Frühjahr/Sommer-Kollektion 1985

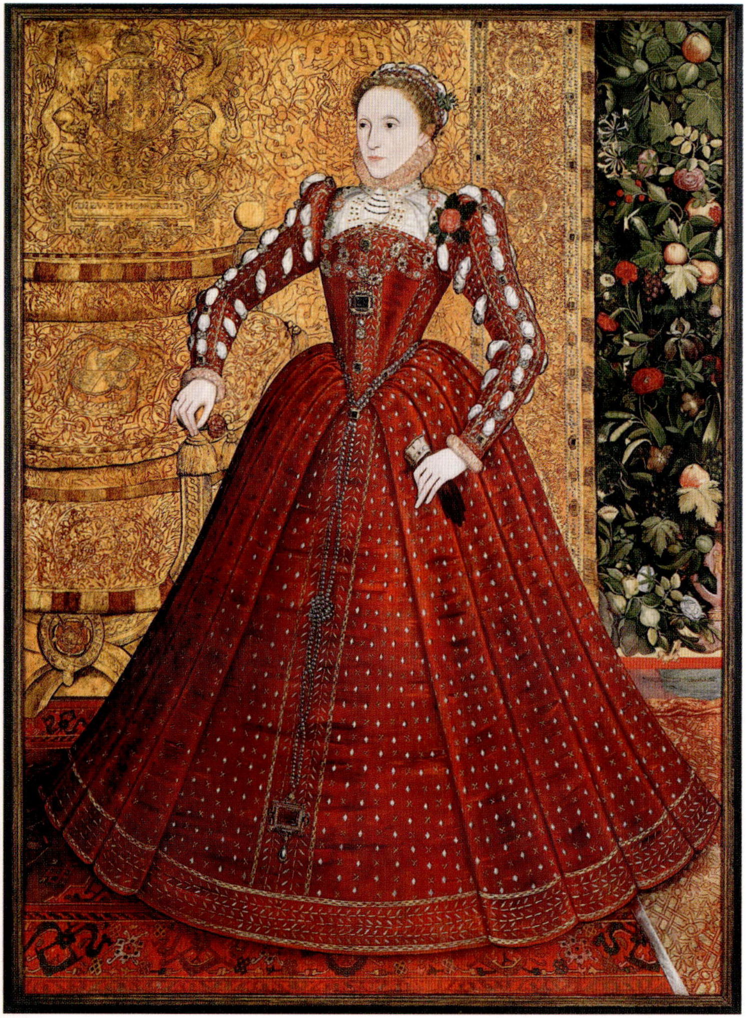

Porträt von Elisabeth I. von Steven van der Meulen (zugeschrieben), 1563

Heute
Im 19. Jahrhundert synthetisch entwickelte scharlachrote Farbstoffe wie Alizarin wurden von den Malern begierig aufgenommen. Ab der folgenden Jahrhundertwende ersetzten künstliche Farbmittel auch die teure Cochenilleproduktion. Doch der Farbton erfreute sich weiterhin einer großen Beliebtheit, die vielleicht in den 1980er-Jahren mit dem berühmten Ferrari-Rot und Guy Bourdins provokativer Werbekampagne für Dior ihren Höhepunkt fand.

Die Welt hat sich geändert und mit ihr die Verwendung dieses eindrucksvollen Farbtons: Auf Shepard Faireys *Hope*-Poster für Barack Obamas Wahlkampf im Jahr 2008 betont Scharlachrot die optimistische Botschaft. Modekollektionen von Vivienne Westwood, Chanel und insbesondere des Newcomers Chromat setzen den Farbton offensiv ein, um das wachsende Selbstbewusstsein der modernen Frau zu unterstreichen.

Verwendung
Es lohnt sich, mit traditionellen Dresscodes zu brechen und diesen leidenschaftlichen Farbton mit kühlen himmelblauen Akzenten zu einem gleichermaßen aufsehenerregenden wie modernen Kontrast zu kombinieren.

»Die Welt hat sich geändert und mit ihr die Verwendung dieses eindrucksvollen Farbtons.«

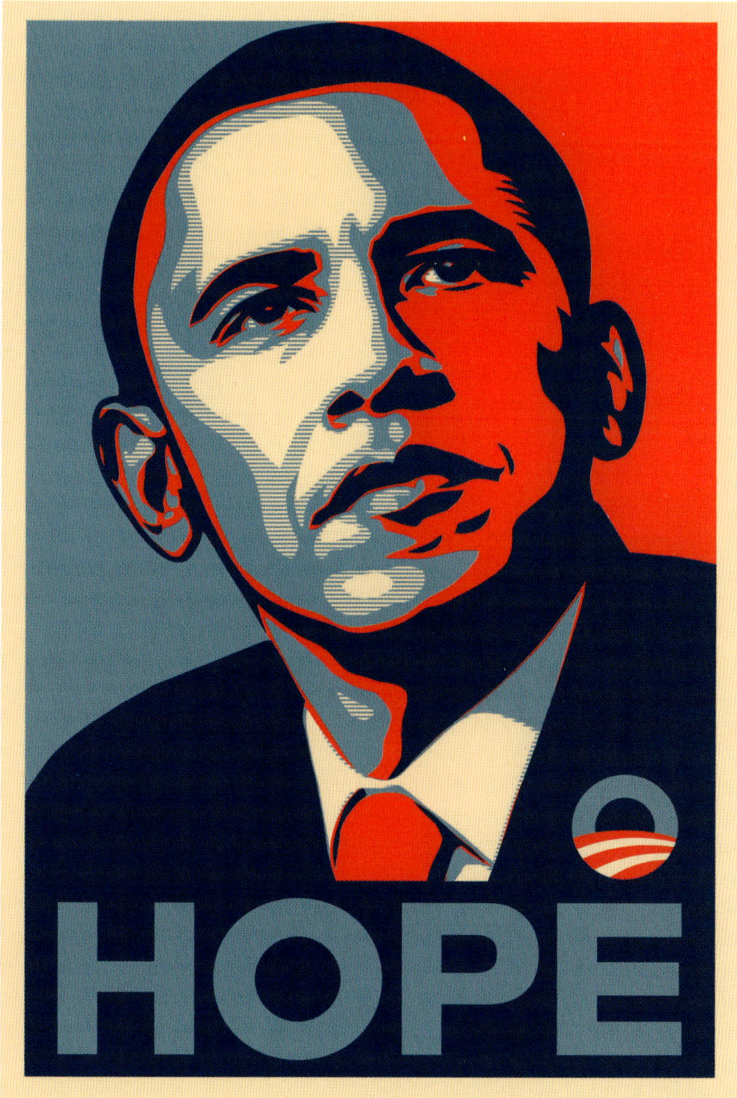

Hope von Shepard Fairey, 2008

Cochenillerot

Früher

Während in Europa kräftige rote Farbmittel knapp waren, herrschte in den mesoamerikanischen Kulturen seit dem 3. Jahrhundert v. Chr. kein Mangel daran, denn sie wurden dort aus gezüchteten Cochenilleschildläusen gewonnen. Als die spanischen Eroberer im 16. Jahrhundert einfielen, waren sie von dem leuchtenden Rot der Azteken beeindruckt und brachten die Insekten mit nach Europa.

Obwohl für ein Pfund Farbstoff 70 000 Insekten benötigt wurden, konnte er mithilfe der Cochenilleschildläuse billiger produziert werden als mit der heimischen Kermesschildlaus. Zudem war das Rot intensiver, bot vielfältige Töne und erwies sich als lichtecht. Fortan war der neue Farbton vor allem im britischen Königreich bei den Royals, dem Hochadel und dem Offiziersstand äußerst beliebt.

Heute

Das weitgehend durch synthetische Farbmittel ersetzte Cochenillerot dient mittlerweile fast nur noch als Lebensmittelfarbe, wird aber im Zeichen eines zunehmenden Umweltbewusstseins wegen seiner Natürlichkeit geschätzt. So verwendet die dänische Künstlerin Julie Lænkholm stets nur organische Materialien und traditionelle Bearbeitungsmethoden, wenn sie etwa Wolle und Seide ausschließlich mit natürlichen Farbstoffen wie Karmin färbt.

Verwendung

Obwohl das Cochenillerot ursprünglich vor allem als Scharlachrot beliebt war, konnten mit ihm weitere Töne hergestellt werden. Die monochrome Palette natürlicher Rottöne lädt geradezu zum Experimentieren ein, wobei unbedingt auch dezentere Varianten, die man in dieser Gruppe nicht erwartet, genutzt werden sollten.

Farbwerte
Hex Code: #841422
RGB: 132, 20, 34
CMYK: 30, 100, 79, 37
HSL: 353, 85%, 52%

Auch bekannt als
- Karmin
- Karminrot

Häufige Assoziationen
- Prestige
- Reichtum
- Natürlichkeit

Cochenillerot in Kunst, Design & Kultur
- *Der ungläubige Thomas* von Caravaggio, **Gemälde,** ca. 1601–1602
- Prêt-à-porter-Kollektion von Clover Canyon, **Mode,** Herbst/Winter-Kollektion 2016/17
- *Ohne Titel* von Julie Lænkholm, **Textilkunst,** 2018

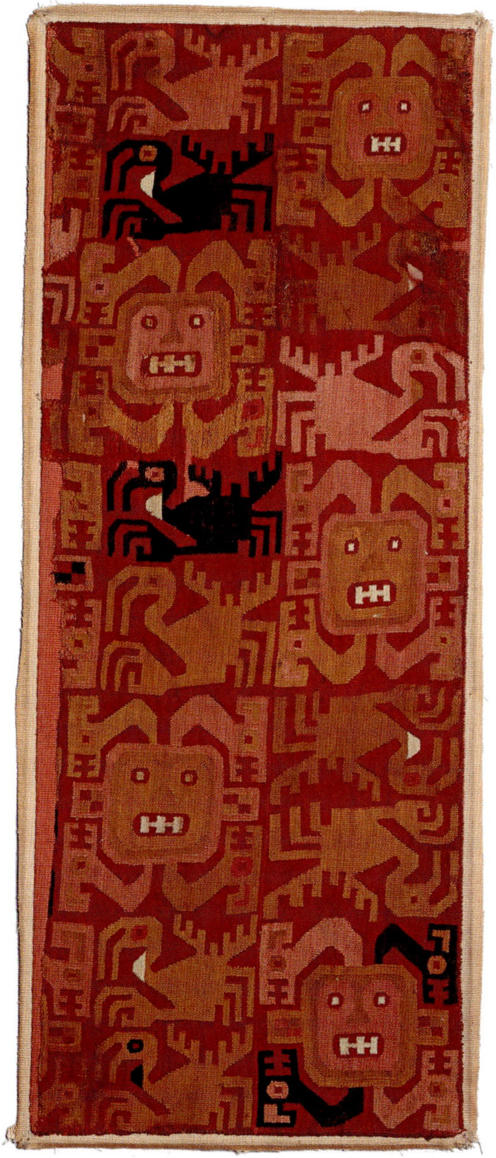

Textiles Fragment, Recuay-Kultur, Peru, 4.–6. Jahrhundert n. Chr.

Zinnoberrot

Farbwerte
Hex Code: #d6441b
RGB: 214, 68, 27
CMYK: 10, 84, 97, 2
HSL: 13, 87%, 84%

Auch bekannt als
- Sindur
- Chinesischrot

Häufige Assoziationen
- Stärke
- Hingabe
- Luxus

Früher

Ein brillant leuchtendes Rot wird auch aus dem quecksilberhaltigen Mineral Cinnabarit – außerdem als Zinnober bekannt – gewonnen. Der in vielen Kulturen verbreitete und seit Langem verwendete Farbton wird mit zahlreichen Assoziationen verknüpft: im antiken Rom etwa mit Blut und Krieg, sodass sich siegreiche Generäle damit auf Triumphmärschen das Gesicht färbten. Das dekorative Zinnoberrot wurde darüber hinaus auch für Fresken und in Kosmetika eingesetzt.

In China ist Rot die Farbe des Lebens und findet daher auf vielerlei Weise Verwendung: Zinnober z. B. in Kalligrafie-Tinte und Make-up, insbesondere aber unter der Bezeichnung Chinesischrot als Lack auf detailreich verzierten Schachteln und anderen dekorativen Objekten. Nach altindischem Brauch trug ein Mann am Tag der Hochzeit seiner Braut das sogenannte Sindur, ein zinnoberrotes Pulver, auf die Stirn auf, um so ihren Status als verheiratete Frau zu kennzeichnen. Diese Tradition wird noch heute gepflegt, allerdings wird die Farbmarkierung mehr und mehr als Symbol der patriarchalischen Unterdrückung von Frauen angesehen.

Heute

Das im alten China als eines der ersten synthetisch aus Quecksilber und Schwefel hergestellten Farbmittel wird heute wegen seiner toxischen Quecksilberanteile durch moderne synthetische Pigmente wie Tomatenrot (siehe Seite 74) ersetzt. Gleichwohl macht die Farbe noch immer von sich reden, etwa im Zuge von gerichtlichen Auseinandersetzungen, die Christian Louboutin um die Markenrechte für die von ihm designten Schuhsohlen in Chinesischrot (Pantone 18 1663TP) führte. Wie auch das berühmte Tiffany-Blau oder das UPS-Braun genießt der Farbton heute Markenschutz.

Zinnoberrot in Kunst, Design & Kultur

- *Schlagt die Weißen mit dem roten Keil* von El Lissitzky, **Lithografie,** 1923
- *Graphics Standards Manual,* New York City Transit Authority, **Buch/ Grafikdesign,** 1970
- *My Moon II* von Hayoon Jay Lee, **Mixed Media,** 2016

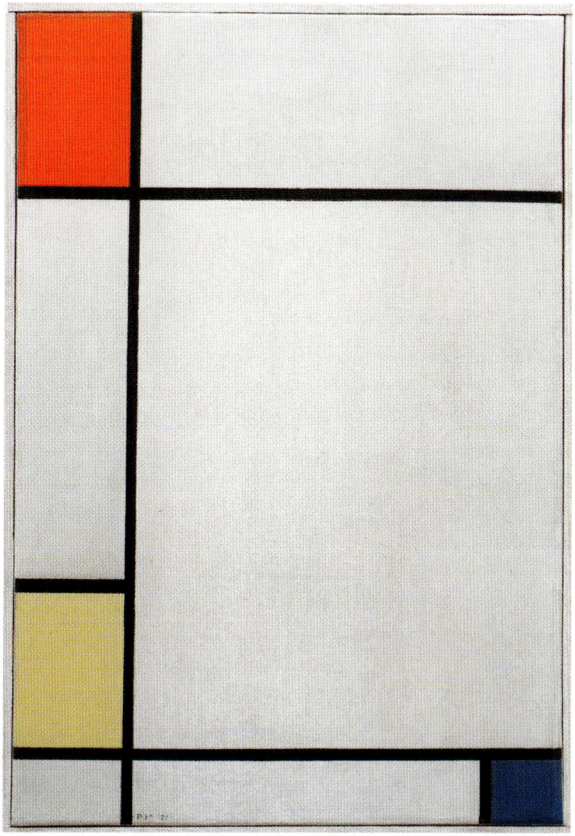

Komposition Nr. III; Komposition mit Rot, Gelb und Blau von Piet Mondrian, 1927

Verwendung

Zinnoberrot eignet sich perfekt für auffällige Grafiken und Hinweisschilder. In Kombination mit Schwarz und Weiß behauptet sich die Farbe auch in der heutigen Welt, um frappierende Kontraste zu kreieren.

Iro-Urushi

Farbwerte
Hex Code: #330909
RGB: 20, 4, 4
CMYK: 0, 82, 82, 80
HSL: 0, 82%, 20%

Häufige Assoziationen
- Tiefe
- Zeitlosigkeit
- Qualität

Iro-Urushi in Kunst, Design & Kultur
- Zwei rot lackierte Schalen im Mingei-Stil von Kado Isaburo, **Lackarbeit,** 1989
- *Screen* von Anish Kapoor, **Skulptur,** 2008

Früher

Iro-Urushi ist ein spezieller Lack, der seit Jahrtausenden in Japan, China, Korea und anderen südostasiatischen Ländern im Kunsthandwerk verwendet wird. Hergestellt wurde er in einer begrenzten Farbpalette aus dem äußerst giftigen Harz des Lackbaums *(Toxicodendron vernicifluum)*, japanisch *urushi*, und hinzugefügten Pigmenten. Rot und Schwarz dominierten und schufen in Kombination eindrucksvolle Effekte. Japanische Kunsthandwerker trugen bis zu 60 halb transparente Lackschichten auf, die bei jedem Arbeitsgang akribisch getrocknet und poliert wurden. Die Arbeitsresultate waren nicht nur äußerst dekorativ, sondern ebenso langlebig und zudem konservierend: Noch an 9000 Jahre alten Objekten konnten Lackreste nachgewiesen werden.

Heute

Die lange Tradition der japanischen Lackarbeiten spielte eine bedeutende Rolle bei der Entwicklung künstlerischer Farb- und Oberflächengestaltungen. Die angewandte Technik schuf die Grundlage für das Emaillieren und die immer noch praktizierten Mehrfachlackierungen, die sich durch einen intensiven Glanz auszeichnen. Der zeitgenössische Urushi-Künstler Genta Ishizuka demonstriert mit seinen in Rot- und Schwarztönen schillernden Skulpturen, welch hypnotische Wirkung noch heute von der jahrtausendealten Lacktechnik ausgeht.

Verwendung

Die Kombination halb transparenter dunkelroter Töne mit glänzenden schwarzen Akzentsetzungen signalisiert eine traditionell geprägte und qualitativ hochwertige Ästhetik. Sie eignet sich ideal für zeitlose Markenprodukte und lithografische Techniken.

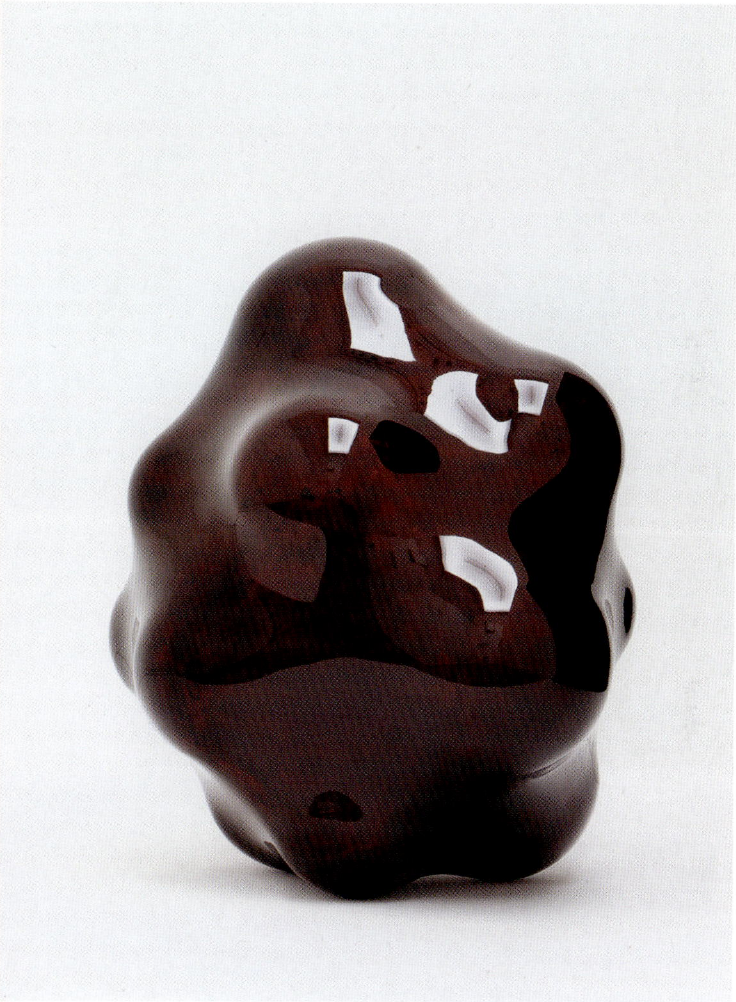

Surface Tactility #12 von Genta Ishizuka, 2019

Krapprot

Farbwerte
Hex Code: #a34836
RGB: 64, 28, 21
CMYK: 0, 56, 67, 36
HSL: 10, 67%, 64%

Auch bekannt als
- Türkischrot
- Purpurin
- Alizarin

Häufige Assoziationen
- Bescheidenheit
- Tradition
- Ökologie

Krapprot in Kunst, Design & Kultur
- Casa Della Venere, Pompeji, **Fresko,** ca. 79 n. Chr.
- »Frau im Sari mit Pfau und Blumendekor« von Archibald Orr-Ewing und Co., **Blockdruck-Stoff,** ca. 1870er-Jahre
- »Strawberry Thief« von William Morris für Morris & Co., **bedruckter Stoff,** 1883

Früher

Der Färberkrapp *(Rubia tinctorum)* diente bereits vor mehr als 3500 Jahren den frühen Kulturen Asiens und des heutigen Nahen Ostens als Nutzpflanze. Durch Kochen der rötlichen Wurzeln wurden die natürlichen Farbstoffe Purpurin und Alizarin extrahiert, um damit Stoffe, Wände und Kunstgegenstände zu färben.

Seit dem 13. Jahrhundert kultivierte man Färberkrapp auch in Europa, doch fanden die oft trüben und schnell verblassenden Rottöne im Vergleich zu den teureren, aus Kermesschildläusen hergestellten Alternativen (siehe Seite 60), wenig Anerkennung. Als jedoch im 18. Jahrhundert unter der Bezeichnung Türkischrot aus dem Osmanischen Reich ein neuer intensiver Krappfarbstoff importiert wurde, versuchten die europäischen Färber fieberhaft, diesen selbst herzustellen – ohne Erfolg.

Heute

Mit dem Wachstum der Bevölkerung, des Wohlstands und damit auch der Nachfrage nach Farbmitteln verlor der Färberkrapp zunehmend an Bedeutung, da enorme Mengen seiner Wurzeln benötigt wurden. Dennoch ist das ursprüngliche Alizarinrot auch heute noch erhältlich. Das Umweltbewusstsein ist gewachsen, begrenzte Ressourcen und strenge Gewässerschutzmaßnahmen verlangen vor allem von der Farbenindustrie nachhaltige Herstellungsmethoden. Deshalb kommen viele traditionelle, auf Pflanzen wie dem Krapp basierende Farbstoffe wieder in Mode.

Verwendung

Es lohnt sich, in die natürlichen Varianten dieses Farbstoffs zwischen Orange und Rosé einzutauchen. Kombiniert mit einem vitalisierenden Dottergelb wirkt die Farbe innovativ und modern.

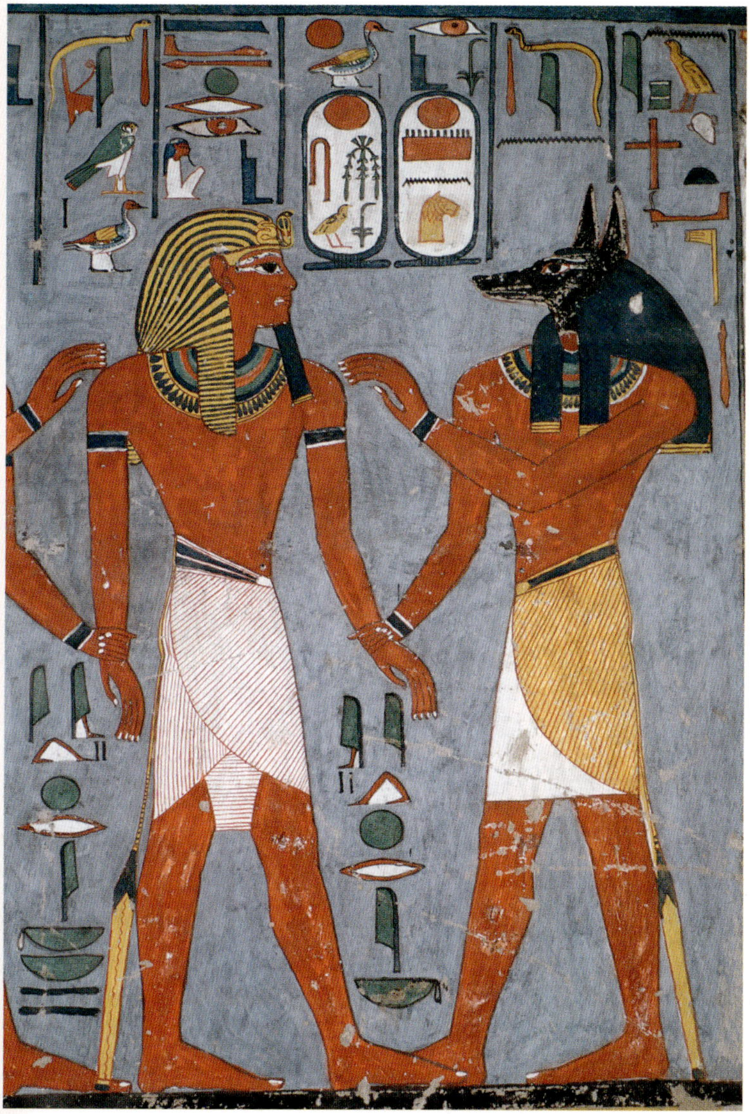

Pharao Ramses I. mit dem Gott Anubis, Tal der Könige, Luxor, Ägypten, 19. Dynastie

Blutrot

Farbwerte
Hex Code: #78001b
RGB: 120, 0, 27
CMYK: 31, 100, 79, 45
HSL: 347, 100%, 47%

Auch bekannt als
- Drachenblut

Häufige Assoziationen
- Aufopferung
- Leidenschaft
- Sterblichkeit

Blutrot in Kunst, Design & Kultur
- *Weltgerichtstriptychon* von Hieronymus Bosch, **Gemälde,** ca. 1504–1508
- Hermès-Flagship-Store, London, von Studio Toogood, **Innenarchitektur,** 2013
- Damenmode-Kollektion von Antonio Berardi, **Mode,** Frühjahr/Sommer-Kollektion 2015

Früher

Opferhandlungen, Gewalt, Mut, Schmerz: Mit Blutrot verknüpfte Assoziationen sind tief in den menschlichen Instinkten verwurzelt. In der europäischen Kunst des Mittelalters wurde sogar tierisches Blut zum Färben benutzt. Zumeist basierte das symbolträchtige Blutrot – etwa bei Darstellungen des Fegefeuers, des Teufels oder höllischer Kreaturen – auf einem Farbstoff, der unter dem Namen »Drachenblut« auf der Weihrauchstraße nach Europa gelangte.

Im Mittelalter glaubte man zum Teil noch, dass die Farbe tatsächlich von Drachen stammte, wenigstens aber von Elefanten. Die roten Farbpigmente des Cinnabarits wurden wegen der vulkanischen Entstehung des Minerals ebenfalls als Drachenblut bezeichnet. Das »wahre« Drachenblut wird jedoch aus dem Harz des in Afrika und im Süden Asiens verbreiteten Drachenbaums (Gattung *Dracaena*) extrahiert.

Heute

Die wissenschaftliche Forschung hat gezeigt, dass Rot unser Herz schneller schlagen, unser Blut schneller fließen und unsere Körpertemperatur steigen lässt. Kein Wunder, dass diese Farbe mit leidenschaftlichen Gemütszuständen assoziiert wird. Die mexikanische Künstlerin Frida Kahlo hat sich mit der Symbolik dieses Farbtons, der in vielen ihrer Gemälde auftaucht, intensiv beschäftigt. Ihr Selbstporträt *Erinnerung oder Das Herz* verbildlicht ihre Wut über eine Affäre ihres Mannes als Stickerei auf der Bluse und als Blut, das aus ihrem herausgetrennten Herzen strömt.

Verwendung

Blutrot lässt sich mit ähnlich symbolträchtigen und lebensbejahenden Komplementärfarben wie Meergrün und Grasgrün zu einer kreativen Farbpalette kombinieren.

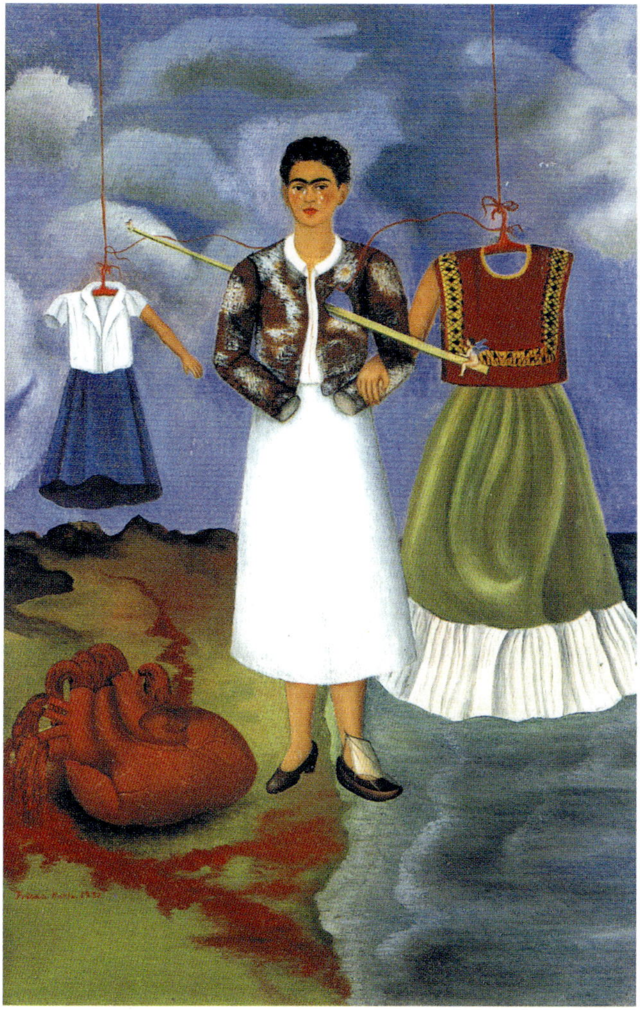

Selbstporträt: Erinnerung oder Das Herz von Frida Kahlo, 1937

Tomatenrot

Farbwerte
Hex Code: #ff6844
RGB: 255, 104, 68
CMYK: 0, 70, 71, 0
HSL: 12, 73%, 100%

Auch bekannt als
- Kadmiumrot

Häufige Assoziationen
- Zuversicht
- Festlichkeit
- Verspieltheit

Früher

Henri Matisse sagte einmal: »Esse ich eine Tomate, betrachte ich sie wie jeder andere. Male ich aber eine Tomate, nehme ich sie ganz individuell wahr.«

Die Aufgabe, immer neue Wunschfarben herzustellen – ob ein leuchtendes Rot oder ein hypnotisches Himmelblau –, hat Chemiker eine endlose Palette an synthetischen Pigmenten entwickeln lassen. Im 18. Jahrhundert gehörte dazu eine Gruppe von Kadmiumfarben mit warmen Tönen zwischen Gelb und Rot. Ab 1919 wurde Kadmiumrot kommerziell hergestellt und ersetzte das ältere und giftige Zinnoberrot (siehe Seite 66). Künstler wie Matisse schätzten es wegen seines Deckvermögens sowie seiner Leuchtkraft und Lichtbeständigkeit.

In den 1960er- und 1970er-Jahren erzeugten die Designer mit diesem Ton aufsehenerregende Farbeffekte. So kreierten sie im Zuge des technischen Fortschritts beim Formen von Epoxidharz und Polyurethan orangerote Kunststoffmöbel. Hersteller wie Vitra, B&B Italia und Kartell etablierten den Farbton in luxuriösen Einrichtungskonzepten, und der Industriedesigner Joe Colombo gestaltete innovative Licht- und Sitzkonzepte in Tomatenrot. Denselben Rotton kombinierte der Grafiker Lance Wyman 1968 mit Lavendelblau und Grasgrün für das offizielle Logo der Olympischen Spiele in Mexiko.

Heute

Kadmiumrot zählte zu den ersten massengefertigten Farben, die breiten Absatz fanden: ein Vorläufer für eine hohe Warenrotation, die heute als das entscheidende Erfolgskriterium für das Geschäft mit Konsumgütern gilt. Der moderne Farbton eroberte sich unter den zeitgenössischen Künstlern rasch einen Stammplatz. Bridget Rileys überwältigende Kompositionen mit effektvollen Farben wie Tomatenrot erzeugen durch kontrastierende Töne den Eindruck von Bewegung und spielerischen Übergängen.

Tomatenrot in Kunst Design & Kultur

- Designkonzept für die Olympiade in Mexiko-Stadt 1968 von Lance Wyman, **Grafikdesign,** 1968
- *Untitled (Cadmium)* von Jean-Michel Basquiat, **Gemälde,** 1984
- *Carnival* von Bridget Riley, **Gemälde,** 2000
- Halo-Stuhl von Michael Sodeau, **Möbel,** 2014

Verwendung

Tomatenrot fühlt sich unter anderen fröhlichen Farben am wohlsten. Lance Wymans Farbpalette ist eine reiche Inspirationsquelle für die Gestaltung lebendiger und emotional ansprechender Drucke und Grafiken.

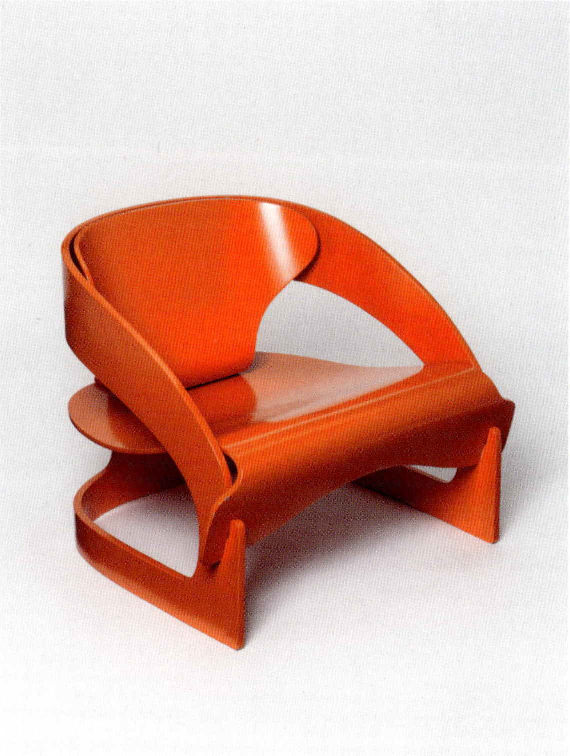

Armlehnstuhl Modell 4801, gebogenes und lackiertes Sperrholz, von Joe Colombo für Kartell, 1964

»Esse ich eine Tomate, betrachte ich sie wie jeder andere.

Male ich aber eine Tomate, nehme ich sie ganz individuell wahr.«
– Henri Matisse

Palisanderrot

Früher

Die Verarbeitung von Edelhölzern wie Palisander reicht zurück bis in die chinesische Ming-Dynastie mit ihren kunstvollen und harmonisch gemaserten Schränken. In der Mitte des 20. Jahrhunderts verwendeten Designer wie Knoll und Herman Miller Palisander zusammen mit anderen luxuriösen Materialien – Marmor, Dickglas und Teak. Damit gestalteten sie repräsentative Büros. Allen voran wurde Ende der 1950er-Jahre der Lounge Chair von Charles Eames mit seiner Sitzschale aus Palisander als Stilikone zum Symbol wirtschaftlichen Erfolgs. Noch heute spielt das Edelholz eine bedeutende Rolle in der modernen Innenarchitektur.

Heute

Leider führte die Beliebtheit tropischer Edelhölzer auf Madagaskar und in Brasilien zu verheerenden Abholzungen. Nach Angaben des Büros der Vereinten Nationen für Drogen- und Verbrechensbekämpfung ist der inzwischen unter Artenschutz gestellte Palisander die weltweit meistgehandelte Spezies der gesamten Flora und Fauna. Nachhaltige Alternativen bieten Nutzhölzer, die mit pflanzlichen Farbstoffen – z. B. aus der roten Wurzel der Alkanna – gefärbt werden.

Inspiriert von den vielfältigen Mustern und Strukturen im Holz eines einzigen Baumes kombiniert der niederländische Designer Ward Wijnant verschiedene Maserungen mit Farben. So werden neue Perspektiven auf den Wert dieses kostbaren Rohstoffs eröffnet.

Verwendung

Eine moderne Skala von Palisanderholz-, Taubengrau- sowie Cremetönen verleiht Arbeitsräumen ein behagliches und konzentrationsförderndes Ambiente.

Farbwerte
Hex Code: #b83a3e
RGB: 184, 58, 62
CMYK: 20, 87, 70, 11
HSL: 358, 69%, 72%

Häufige Assoziationen
- Luxus
- Status
- Kompetenz

Palisanderrot in Kunst, Design & Kultur
- Lounge Chair & Ottoman von Charles & Ray Eames, **Möbel,** 1956
- Palisanderholzschränke für Herman Miller von George Nelson, **Möbel,** 1956
- »The Nest«, Warschau, von Beza Projekt, **Innenarchitektur,** 2018

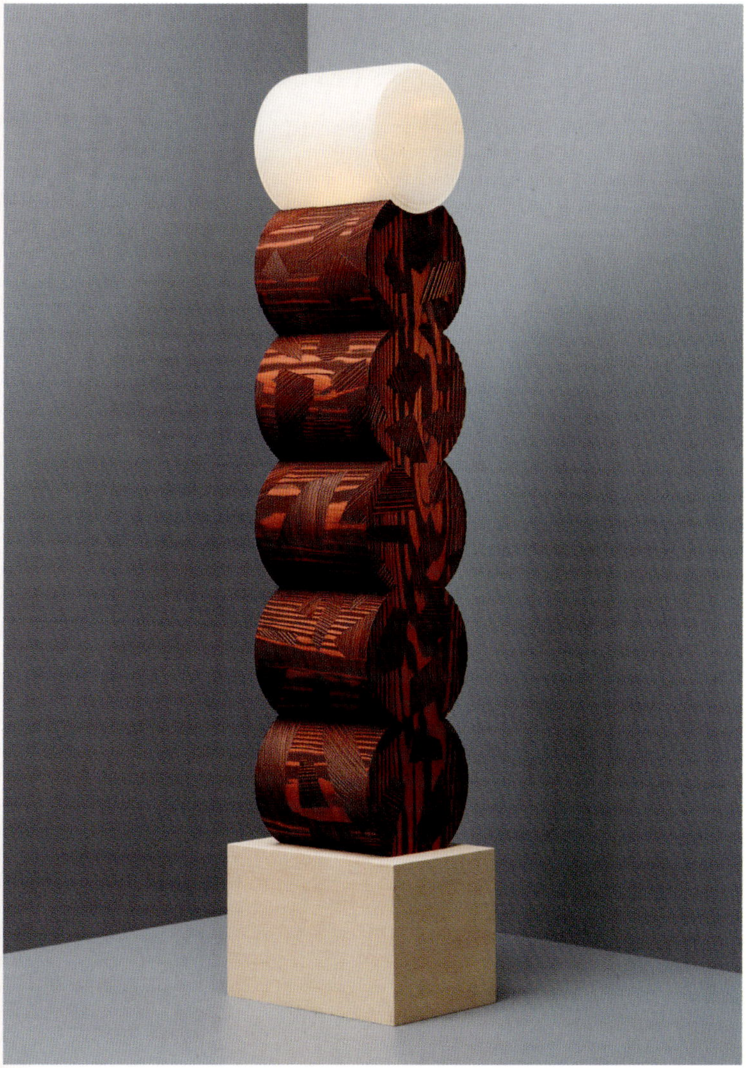

Aus der »BLEND«-Kollektion von Ward Wijnant, 2018

Signalrot

Früher
Ein sattes Rot hat eine starke Signalwirkung, die ebenso in der freien Natur wie auch beim Menschen als Reaktion Aufmerksamkeit und Vorsicht auslöst. Biologen erklären dies damit, dass sich Rot bei Pflanzen und Tieren am deutlichsten vom Grün der Vegetation abhebt.

Im Amerika des 20. Jahrhunderts erforderte das zunehmende Aufkommen privater Kraftfahrzeuge zusätzliche Sicherheitsmaßnahmen im Straßenverkehr. Daher errichtete der Ingenieur James Hoge 1913 die ersten elektrischen Ampeln mit roten und grünen Lichtzeichen. Seither sind diese Farbsignale zu omnipräsenten Symbolen geworden. Bei Verpackungen und in der Werbung diente Rot ursprünglich dazu, die Aufmerksamkeit potenzieller Käufer auf das Produkt und bestimmte Informationen zu lenken. Auch hier liefert die Wissenschaft eine Erklärung: Im Auge befinden sich die Rezeptoren für Rot nahe dem Bereich, in dem die schärfsten Bilder entstehen.

Heute
Anlässlich der für 2020 geplanten (und wegen der Covid-Pandemie auf 2021 verschobenen) London Biennale kreierte die Künstlerin und Umweltaktivistin Beatie Wolfe das Projekt *From Green to Red*. Die auf Daten der NASA basierende audiovisuelle Installation veranschaulicht die durch den Menschen im Lauf von 800 000 Jahren verursachte CO_2-Konzentration durch einen Zeitstrahl, der sich von einem lebendigen Grün in eindrückliches Rot wandelt.

Verwendung
Mit abgestuften Intensitäten des einschneidenden Signalrots lassen sich unterschiedliche Dringlichkeitsniveaus wichtiger Informationen akzentuieren.

Farbwerte
Hex Code: #ff323b
RGB: 255, 50, 59
CMYK: 0, 88, 69, 0
HSL: 357, 80%, 100%

Auch bekannt als
- Verkehrsrot

Häufige Assoziationen
- Gefahr
- Warnhinweis
- Dringlichkeit

Signalrot in Kunst, Design & Kultur
- *Exit* von Doug Aitken, **Kunstwerk,** 2014
- React Element 55 von Nike, **Sportschuh,** 2018

Rechts: *From Green to Red* von Beatie Wolfe, 2018

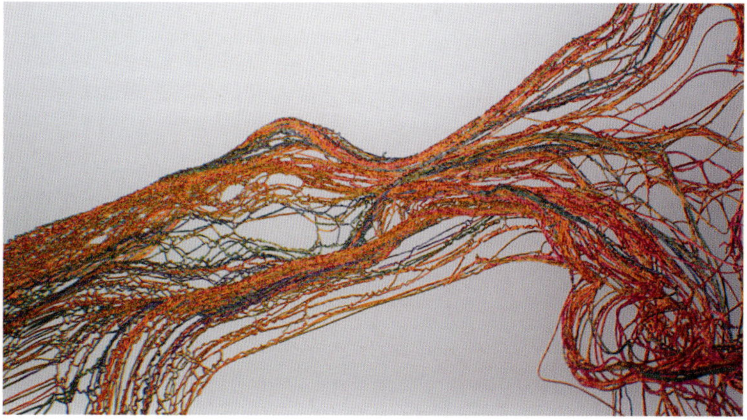

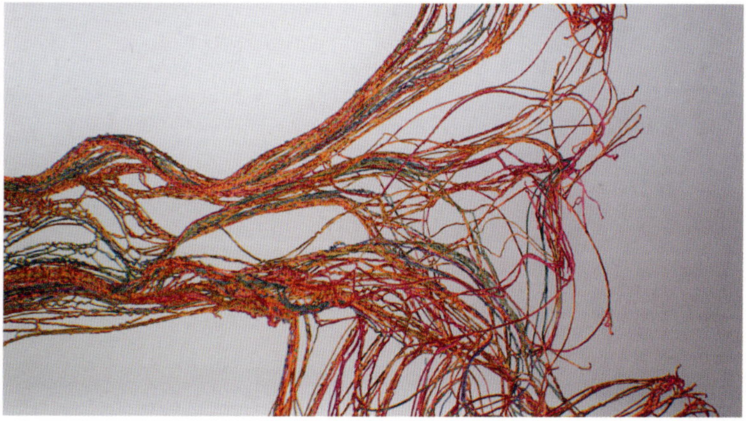

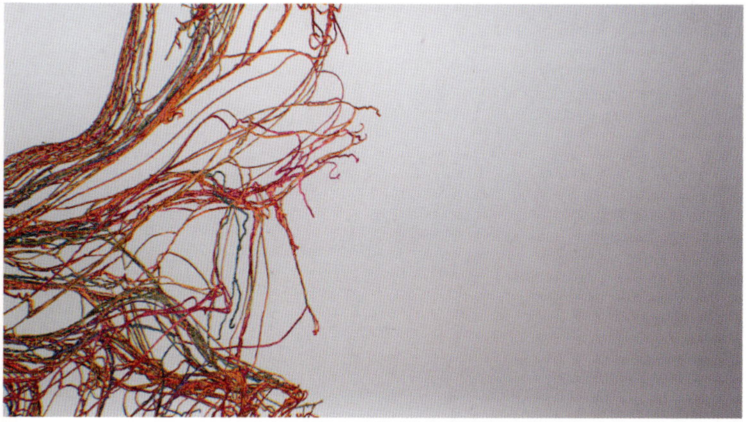

Rotes Licht

Farbwerte
Hex Code: #ff3403
RGB: 255, 52, 3
CMYK: 0, 86, 93, 0
HSL: 12, 99%, 100%

Auch bekannt als
- Rotlicht
- LED-Rot

Häufige Assoziationen
- Wärme
- Heilung
- Entspannung

Früher

Man weiß heute, dass das blaue Licht von Handys unseren Schlafzyklus stören kann. Kann aber umgekehrt rotes Licht uns besser schlafen lassen? Exponieren wir uns vor dem Zubettgehen rotem LED-Licht, so legen neuere Studien nahe, wachen wir morgens erholter auf.

Die Annahme, farbiges Licht beeinflusse unser körperliches Befinden, ist jahrtausendealt. In der ayurvedischen Heilkunst sind Farben mit den sieben Chakras verknüpft: Geraten diese Kraftzentren im Körper aus der Balance, können nach dieser Lehre Erkrankungen die Folge sein.

Im Jahr 1876 veröffentlichte der amerikanische General Augustus Pleasonton ein Buch über den wachstumsfördernden Einfluss der Blauanteile des Sonnenlichts und des blauen Himmels. Er vermutete, auch andere Farben könnten körperliche Reaktionen hervorrufen und sogar zur Heilung von Wunden beitragen. Solche Überlegungen zur therapeutischen Wirkung von Farben werden bis heute oft als pseudowissenschaftlich abgelehnt. Im Jahr 1893 beschäftigte sich jedoch der dänische Arzt Niels Finsen mit dem Einfluss farbigen Lichts bei der Behandlung von Hautkrankheiten und erhielt 1903 den Nobelpreis für Medizin.

Rotes Licht in Kunst, Design & Kultur
- Living Colours von Philips, **Lichtdesign,** 1990er-Jahre

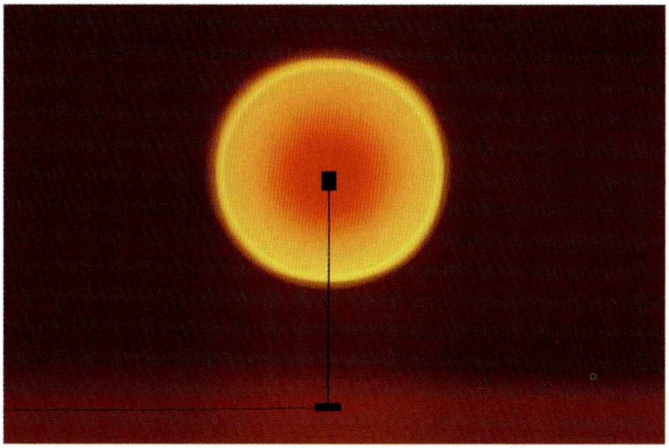

Modell Halo ONE, Halo-Edition von Mandalaki Design Studio

Heute
Im Jahr 1993 setzte die NASA Leuchtdioden (LED) für Wachstumsexperimente mit Pflanzen ein. Die Ergebnisse zeigten nicht nur, dass rotes LED-Licht Pflanzen besser gedeihen, sondern auch Hautverletzungen bei Menschen schneller heilen ließ. Seither erforscht die NASA den Einfluss von LEDs auf den Zellstoffwechsel, um dem Muskel- und Knochenschwund von Astronauten entgegenzuwirken.

In der Welt des Designs zielt der Einsatz roten Lichts auf subtilere Ziele. Das gilt zumindest für eine 2019 vom Mandalaki Design Studio entwickelte Leuchte, die ein faszinierendes und ungewöhnlich sattes Sonnenuntergangsrot projiziert, indem die Wellenlängen des weißen Lichts herausgefiltert wurden.

Verwendung
Die warme Intensität roten Lichts, kombiniert mit einem gleichwertig kräftigen Gelb, erweist sich besonders an Orten, wo Menschen in einer Pause neue Energie tanken wollen, als überaus wohltuend.

Orange

Als Sekundärfarbe zwischen dem energiegeladenen Rot und dem heiteren Gelb angesiedelt, ist Orange eine ultimativ warme Farbe ohne kühle Untertöne. Sie ist zudem ein perfekt ausgleichender Ton, ob im Rahmen von Farbharmonien oder -kontrasten. Mit ihrer breiten Palette von weichem Pfirsich bis zu leuchtendem Mandarine und dem kultigen Kupferorange ist die Farbe heute hochaktuell.

Bis zum 16. Jahrhundert hatte die Farbe Orange in der englischen Sprache keinen eigenen Namen, sondern wurde z. B. im Altenglischen mit *geoluhread* (gelbrot) umschrieben. In mittelalterlichen Schriften brachte man sie mit der Sonne, der Ringelblume und der Haarfarbe von König Herodes in Verbindung. Eine Niederschrift aus dem 17. Jahrhundert belegt, wie kompliziert die Herstellung von Orange über Jahrhunderte hinweg war: »Zwei Unzen von Orleongelb mit einer Unze Pottasche über Nacht in Wasser stehen lassen. Das Ganze eine halbe Stunde kochen, dann eine Unze Gurkenpulver hinzufügen und alles mit einem Stab umrühren.«* In Europa kam Orange als eigene Farbfamilie erst im 16. Jahrhundert auf, als die ersten gleichnamigen Tropenfrüchte durch Handelsschiffe die europäischen Küsten erreichten. Damals häufig noch ungenießbar, wurden sie als Desinfektionsmittel, zur Dekoration und sogar für unsichtbare Tinte verwendet.

Erst mit der Herstellung stabiler synthetischer Orangepigmente wie Cadmiumorange und Chromorange setzte sich die Farbe durch. Aufgrund ihres Signalcharakters dient sie heute nicht nur als Anstrich

*Smith, Godfrey, *The Laboratory; or, School of Arts*, Druck für Stanley Crowder, Nr. 12, in Paternoster-Row, und B. Collins, in Salisbury, 1770

für Rettungsboote, sondern auch als Bekleidungsfarbe für Radfahrer, Straßenarbeiter und sogar für die Crew der internationalen Raumstation ISS.

Wissenschaftliche Studien zeigen, dass orangefarbenes Licht die Aufmerksamkeit und Auffassungsgabe erhöht sowie den Schlaf-wach-Rhythmus positiv beeinflusst. Am Abend regt warmes bernsteinfarbenes Licht die Melatoninproduktion an und sorgt für Entspannung.

Orange steht auch für einen der stärksten Kontraste im Farbspektrum: Ohne diese Farbe gäbe es keine komplementäre Ergänzung zu Blau. Von den Impressionisten bis zur abstrakten Malerei haben Künstler diese um Aufmerksamkeit heischende Farbkombination für ihre Kompositionen genutzt. Auch zeitgenössische Filmemacher verwenden Orange- und Pfirsichtöne, um das Publikum emotional einzufangen. So findet sich der allgegenwärtige Blau-Orange-Kontrast auf Filmpostern von *Avatar* bis *Dunkirk*.

Farben in diesem Kapitel:

Gelbrot

Früher

Gelbrot besteht zu gleichen Teilen aus den beiden namensgebenden Farben. Bis zum 16. Jahrhundert – als Orangen von China nach Europa gelangten – hatte die mit Gelbrot umschriebene Farbfamilie weder in der englischen noch in den anderen europäischen Sprachen einen offiziellen Namen. Am verbreitetsten war die Bezeichnung gelbrot, bis sich das aus dem Sanskrit stammende Wort für »Orangenbaum« durchsetzte. Interessanterweise gibt es bis heute in China kein Wort für diese Farbe, anders als in Japan, wo man schon immer ein nuancierteres Farbvokabular hatte.

Viele japanische Bezeichnungen für Orange beziehen sich auf die Frucht, aber es gibt dort auch *akebonoiro*, was wörtlich »Sonnenaufgangsfarbe« bedeutet und das leuchtend gelbrote Sonnenlicht beschreibt, das zum Tagesbeginn am Horizont auftaucht.

Heute

Der sich stetig verändernde Himmel und die Farbspiele des Sonnenlichts ziehen unseren Blick magisch auf sich und faszinieren Maler wie Designer seit Jahrtausenden. Der für seine Farbfeldbilder bekannte Maler Barnett Newman nutzte für seine Werke häufig gelbrotes Cadmiumpigment. Der amerikanische Künstler Robert Roth kombiniert dieses Pigment bei seinen semiabstrakten Horizontmotiven mit leuchtenden Bernsteintönen sowie sanftem Rosa. Bis heute lebt Gelbrot in den Farbfächern mit neuen trendigen Farbvarianten wie Fiery Sunset oder Orange Aurora weiter.

Farbwerte
Hex Code: #dd5114
RGB: 221, 81, 20
CMYK: 7, 78, 100, 1
HSL: 18, 91%, 87%

Häufige Assoziationen
- Vitalität
- Optimismus
- Energie

Gelbrot in Kunst, Design & Kultur
- *Monhegan, Maine* von Nicholas Roerich, **Gemälde,** 1922
- *Sonnenaufgang über dem östlichen Meer* von Fujishima Takeji, **Gemälde,** 1932
- *Landscape 60* von Robert Roth, **Gemälde,** 2013

Who's Afraid of Read, Yellow and Blue III von Barnett Newman, 1967–1968

Verwendung

Mit der Sekundärfarbe Gelbrot lässt sich ein starkes visuelles Statement setzen, das weniger harsch anklingt als seine primären Komplementärtöne. Ein sattes Gelbrot, kombiniert mit einem zarten Pfirsichton und einem sanften Rosa, schmeichelt dem Auge und bietet ein kreatives Farberlebnis.

Niederländisches Orange

Früher
Dieser tief-satte Orangeton hat das Identitätsgefühl der Niederländer nachhaltig geprägt. Niederländische Bauern sollen im 16. Jahrhundert orangefarbene Varianten der zuvor violetten Karotten gezüchtet haben, um zu zeigen, dass sie hinter Wilhelm von Oranien (niederländisch *Oranje*) standen, dem Anführer der Revolte gegen die damals herrschenden Habsburger. Auch wenn dies wohl nur eine Legende ist, zeigt sie doch die große Affinität der Niederländer zu dieser Farbe. Die Königsfamilie trägt sie bis heute, ebenso wie die niederländische Fußballnationalmannschaft. Die Originalfarben der Landesflagge – Orange, Weiß und Blau – wurden nur in Ermangelung eines stabilen Orangepigments zu Rot, Weiß und Blau geändert.

Heute
Angeblich hatte die einzige Pappe, derer das französische Modehaus Hermès während des Zweiten Weltkriegs für seine Produktkartons habhaft werden konnte, einen blassen Orangeton. Damals nur ein Provisorium, steht die Farbe bis heute für die luxuriösen und eleganten Produkte der Marke – mit einem lediglich etwas aufgefrischten Ton.

Verwendung
Da es Wärme und Werthaftigkeit ausstrahlt, ist sattes Orange beliebt als ebenso unverwechselbare wie einprägsame Markenfarbe. Gepaart mit den Komplementärfarben Eisblau und einem weichen Schwarz eignet sie sich perfekt für Marken, die Tradition und exzellente Qualität als Werte hochhalten.

Farbwerte
Hex Code: #b15519
RGB: 177, 85, 25
CMYK: 23, 72, 99, 14
HSL: 24, 86%, 69%

Häufige Assoziationen
- Königswürde
- Luxus
- Wärme

Niederländisches Orange in Kunst, Design & Kultur
- *Venus und der Lautenspieler* von Tizian, **Gemälde,** ca. 1565–1570
- *Die Prinzen von Oranien*, zugeschrieben Pieter Nason, **Gemälde,** ca. 1660–1662
- *Apollo und Aurora* von Gerard de Lairesse, **Gemälde,** 1671
- Hermès-Verpackungen, **Branding,** seit 1942

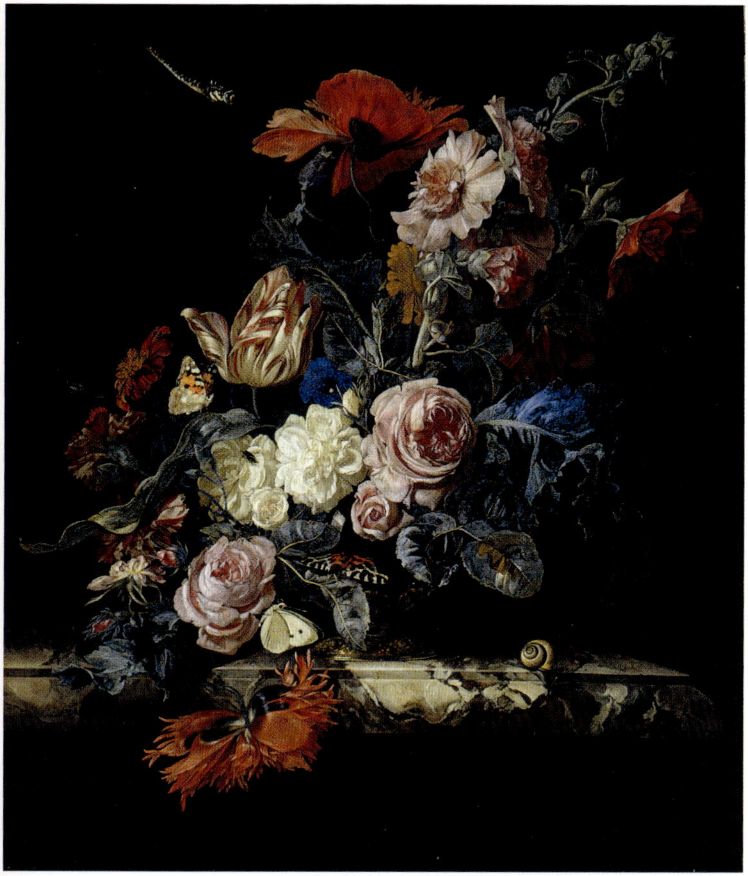

Blumen in einer Vase von Willem Van Aelst, 1663

Bernstein

Früher

Bernstein wurde vor allem an der Ostseeküste mit ihren weitläufigen Kiefernwäldern gefunden. Von ihnen stammt das fossile Harz, das man zunächst für ein Produkt des Meeres hielt. In der slawischen Mythologie heißt es deshalb, dass die angespülten Stücke Teile des zerstörten Bernsteinpalastes der Meeresgöttin Jurata seien.

Das wohl berühmteste Werk, das aus dem leuchtend orangefarbenen Material erschaffen wurde, war das Bernsteinzimmer, das der preußische König Friedrich Wilhelm I. im frühen 18. Jahrhundert in Auftrag gab und beim russischen Zaren Peter dem Großen gegen Soldaten eintauschte. Die während des Zweiten Weltkriegs von den Nazis aus dem damaligen Leningrad (heute Sankt Petersburg) weggeschafften Bernsteinpaneele sind seither verschollen.

Heute

In China ist Bernstein als Glücksbringer begehrt, was zu Beginn des 21. Jahrhunderts regelrecht zu einer Art modernem »Goldrausch« führte. Die außergewöhnlich leuchtende und warme Farbe eignet sich ideal für Raumgestaltungen und Beleuchtungskonzepte. Mitte des letzten Jahrhunderts wurde der Ton bei Designklassikern oft mit gebürstetem Messing kombiniert.

Verwendung

Der aus der Natur stammende Farbton hat eine faszinierende und zugleich behagliche Ausstrahlung, die bei der Gestaltung von Räumen optimal zur Geltung kommt, wenn er mit Brauntönen, dunklem Rot und dezenten Cremefarben zu einer erdigen Farbpalette ergänzt wird.

Farbwerte
Hex Code: #c47114
RGB: 196, 113, 20
CMYK: 19, 60, 100, 8
HSL: 32, 90%, 77%

Häufige Assoziationen
- Schönheit
- Vitalität
- Schutz

Bernstein in Kunst, Design & Kultur
- *Ruby Conical Intersection with Amber Sphere* von Harvey Littleton, **Skulptur,** 1984
- PH-3/2-Stehleuchte, bernsteinfarben, The Water Pump, limitierte Auflage, von Louis Poulsen, **Leuchte,** 2019
- Couchtisch aus mundgeblasenem Glas von Yiannis Ghikas für Miniforms, **Möbel,** 2020

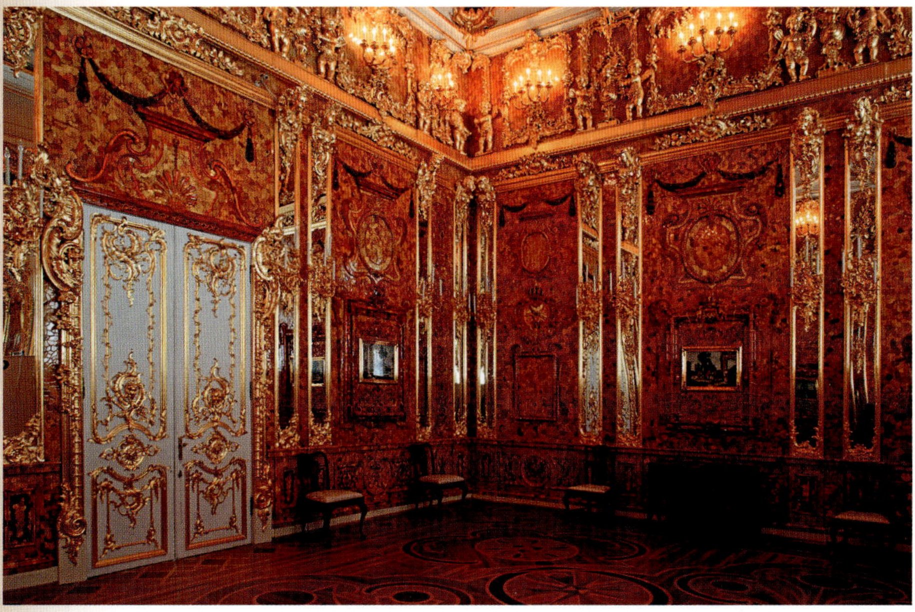

Das Bernsteinzimmer in Zarskoye Selo bei Sankt Petersburg, Russland

Mandarine

Früher

Der Farbton Mandarine wirkt so erfrischend und stärkend wie eine optische Portion Vitamin C. Wie das Wort »Orange«, das ursprünglich einen Obstbaum bezeichnete, dessen Früchte erstmals im 16. Jahrhundert nach Europa importiert wurden, handelt es sich auch bei Mandarine um den Namen einer Zitrusfrucht. Nichtsdestotrotz ist Mandarine ein hochmoderner Farbton, dessen hohes Deckvermögen erst durch synthetische Pigmente wie Chinacridonorange ermöglicht wurde.

Der fröhlich leuchtende Ton war im Design der 1960er- und 1970er-Jahre ein farbenfroher Abschiedsgruß an die gedeckten Töne der konservativen Nachkriegszeit. Nicht nur Robin Days Schalenstühle aus Propylen brachten eine ungeahnte Frische in die Schulen, der neue Farbton löste selbst bei Designgrößen wie der Firma Braun die strenge Graupalette ab. Die Stoffentwürfe von Heal's begeisterten mit bunten, abstrakten Mustern, und auch andere Relikte aus dieser Zeit – darunter Lavaleuchten, Plateauschuhe und ausladende, spacige Sofas – kamen selbstbewusst in leuchtendem Mandarine daher.

Heute

Trotz seiner Retro-Vergangenheit hat der Farbton bis heute seine Aktualität bewahrt. Studien zeigen, dass leuchtend orangefarbenes Licht geistige Aktivitäten stimuliert, wodurch sich die Farbe ideal für Bildungsbereiche eignet. Die britische Künstlerin Sarah Morris erzielt mit den Komplementärfarben Mandarine und einem satten Cyan auf ihren großflächigen Bildern geradezu bombastische Wirkungen.

Farbwerte
Hex Code: #ff7e00
RGB: 255, 126, 0
CMYK: 0, 60, 94, 0
HSL: 30, 100%, 100%

Häufige Assoziationen
- Frische
- Optimismus
- Aktivität

Mandarine in Kunst, Design & Kultur
- »Volution« von Peter Hall für Heal's, **bedruckte Einrichtungstextilien,** 1969
- Camaleonda, Sofa von Mario Bellini für B&B Italia, **Möbel,** 1972
- *Pools – Ritz Carlton Coconut Grove [Miami]* von Sarah Morris, **Gemälde,** 2002

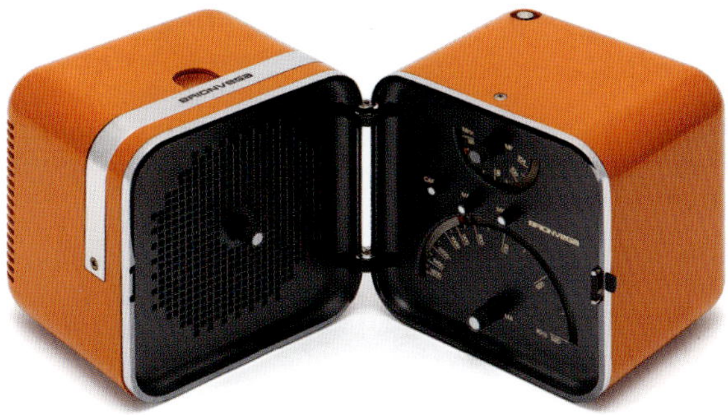

Klappbares Transistor-
radio von Marco Zanuso
für Brionvega, 1964

Verwendung

Mandarine ist ein anpassungsfähiger und zugleich sehr individueller Farbton. Im Wohnraumdesign lässt er sich mit gedämpften Orangetönen und sanftem Rosa zu einem heiteren, energiereichen Farbschema ergänzen. Auf dem Bildschirm lassen sich mit ihm in Kombination mit Cyan auf einem weißen Hintergrund wichtige Informationen optisch gut herausheben.

Terrakotta

Früher

Ein bräunliches Orange mit einem rosa Unterton – so lässt sich diese nach gebranntem Ton benannte Farbe am besten beschreiben. Das Material erhält seine Farbe durch den Eisengehalt und die durch das Brennen bewirkte Oxidation. In früheren Zeiten wurde Terrakottakeramik in der Sonnenglut gebacken, während sie heute in Öfen oder offenen Gruben gebrannt wird.

Ein spektakulärer Ausgrabungsfund nahe der chinesischen Stadt Xi'an machte 1974 die beeindruckende Haltbarkeit des Materials deutlich: eine über 8000 Soldaten starke Terrakottaarmee aus lebensgroßen Tonfiguren von Kriegern, Pferden und Karren aus dem 3. Jahrhundert v. Chr. Nur der ursprüngliche Ockeranstrich war weitgehend abgeblättert.

Heute

Terrakotta ist aufgrund seiner vielseitigen Nutzbarkeit nie aus der Mode gekommen. Architektonische Elemente wie die reich verzierten Fassaden der britischen Arts-and-Crafts-Bewegung zeugen von einer inzwischen fast verlorenen Handwerkskunst, aber auch heute noch bleiben Dachziegel und Backsteine wegen ihrer natürlichen Haltbarkeit und schönen Färbung oft unglasiert oder unverputzt. In der modernen Architektur wird das Material zudem eingesetzt, um Gebäude auf natürliche Weise zu klimatisieren – ein Beweis dafür, dass auch historische Techniken hochaktuell sein können.

Verwendung

Das erdige Terrakotta strahlt natürliche Behaglichkeit aus und trägt visuell noch in das kühlste Ambiente Wärme hinein. Der Farbton harmoniert besonders gut mit neutralen Sandtönen und sanftem Rosa.

Farbwerte
Hex Code: #c36d4c
RGB: 195, 109, 76
CMYK: 19, 63, 70, 8
HSL: 17, 61%, 76%

Häufige Assoziationen
- Erdverbundenheit
- Ausdruckskraft
- Beständigkeit

Terrakotta in Kunst, Design & Kultur
- *Flussgott* von Giovanni da Bologna, **Skulptur,** ca. 1575
- *Field for the British Isles* von Anthony Gormley, **Installation,** 1993
- Aura-Vasen in »Apricot« von Schneid Studio, **Keramik,** 2019

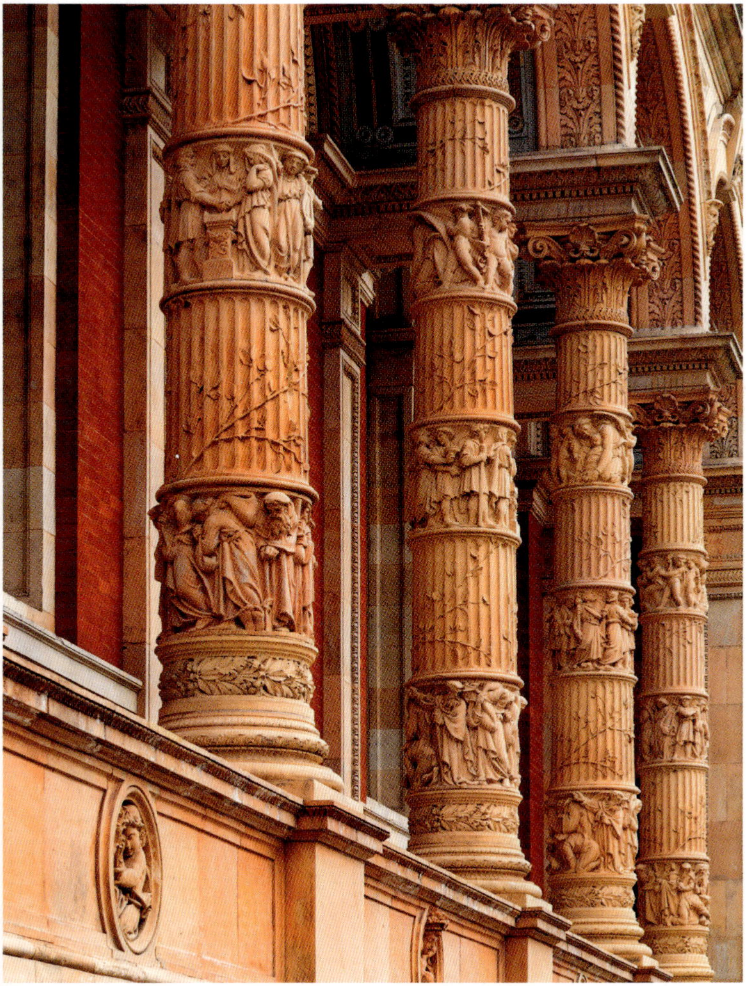

Reich verzierte Terrakottasäulen am Henry-Cole-Flügel des Victoria-and-Albert-Museums, South Kensington, London, 1871

Pfirsich

Farbwerte
Hex Code: #fdd0ae
RGB: 253, 208, 174
CMYK: 0, 24, 33, 0
HSL: 26, 31%, 99%

Häufige Assoziationen
- Schwelgerei
- Genuss
- Romantik

Pfirsich in Kunst, Design & Kultur
- *Knabe mit Fruchtkorb* von Caravaggio, **Gemälde,** ca. 1593
- *L'Ecuyère* von Richard Ranft, **Kunstdruck,** 1898
- Gopuram-Tisch von Ettore Sottsass, **Möbel,** 1986

Früher

Als eine warme, frische Mischung aus Orange und Pink ist Pfirsich – ein weiterer nach einer Frucht benannter Orangeton – das ultimative Symbol für verschwenderischen Genuss. Untrennbar mit dem Bild der süßen Frucht und ihrer samtigen Schale verbunden, wird die Farbe zudem mit der Ästhetik des Romantischen und insbesondere mit der Jugendstilbewegung zu Beginn des 20. Jahrhunderts assoziiert. Als Stilikonen dieser Epoche gelten die von dem tschechischen Künstler Alfons Mucha mit Pfirsich sowie warmen Rot- und gedeckten Pinktönen kreierten Plakate. Auf seiner Lithografie *Beschwörung* kontrastiert Mucha dieses Farbschema mit zartem Eau-de-Nil-Grün, um die Augen des Betrachters durch das detailreiche Bild und um die anmutige Frauenfigur herumzuführen.

Heute

Pfirsich wird bei Filmen gern als unterstützender Farbton verwendet, wenn die farblichen Hauptakzente der Szenen sehr kräftig sind. In Spike Jonzes Film *Her* von 2013 ist das urbane Großstadtleben im Hintergrund farblich bewusst gedämpft gehalten, um die Aufmerksamkeit mit lebendigen Pfirsich-Pink-Tönen und warmem Rot auf die Hauptfigur Theodore und dessen amouröse Beziehung zu Samantha, einem intelligenten Computerbetriebssystem, zu lenken.

Verwendung

Pfirsich hat eine wohltuend natürliche, warme Ausstrahlung und stellt zusammen mit weichen Brauntönen eine harmonische Farbpalette für moderne Produkte bereit. Noch mehr Ausdrucksstärke und Leuchtkraft erreicht man durch gut ausgewogene Akzente von sattem Rostorange.

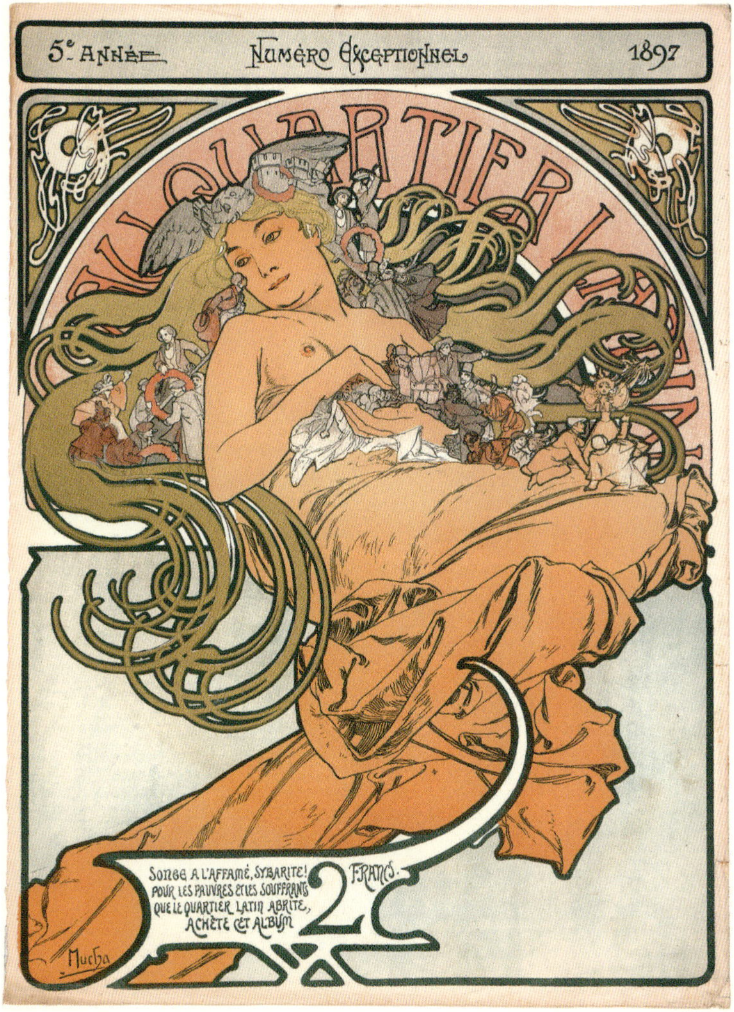

Au Quartier Latin – Numéro Exceptionnel von Alfons Mucha, 1897

Kupferorange

Farbwerte
Hex Code: #d78152
RGB: 215, 129, 82
CMYK: 13, 56, 70, 3
HSL: 21, 62%, 84%

Häufige Assoziationen
- Bewunderung
- Fortschrittlichkeit
- Wärme

Früher
Mit seinen roségoldenen Anklängen changiert Kupferorange – inspiriert von den nuancenreichen Reflexionen des namensgebenden Metalls – zwischen rötlich bis butterfarben. Kupfer war bereits in der Antike bekannt. Schon bei den Sumerern und Chaldäern wurde es als Material für Rüstungen, Kunst- und Nutzgegenstände verwendet. Es ist zudem ein wichtiger Bestandteil der härteren Bronzelegierung, die einem ganzen Zeitalter der technischen Entwicklung um 3000 v. Chr. ihren Namen gab.

Bereits im alten Ägypten wurden aus Kupfer Wasserrohre und ganze Leitungssysteme gefertigt, die zum Teil bis heute erhalten sind. Mit der industriellen Revolution erlangte das Metall auch als Designelement immer mehr Bedeutung. Besonders die durch Korrosion entstehende Patina des Materials wurde bald zu einem gefragten Merkmal moderner industrieller Ästhetik.

Heute
Heute findet sich Kupferorange bei vielfältigen Produkten wieder – vom Pflanzgefäß bis zum Küchendekor. Der Designer Tom Dixon stattet weltweit Innenräume mit seinen eleganten und auf Hochglanz polierten Einrichtungsobjekten aus Kupfer aus. So übernahm sein Design Research Studio 2014 auch die Gestaltung der mit Kupfer verkleideten Lobby des an der Themse gelegenen Londoner Hotels Mondrian (heute Sea Containers London), wobei die Formensprache an einen Schiffsrumpf erinnert.

Der Künstler El Anatsui aus Ghana arbeitet bei seinen imposanten Werken hauptsächlich mit recyceltem Metall. Für *Many Came Back* (2005) verwebte er flach gedrückte Kronenkorken mit Kupferdraht

Rechts: Vom Design Research Studio gestaltetes Interieur des Londoner Hotels Mondrian, 2014

Kupferorange in Kunst, Design & Kultur

- »Still«-Kollektion von Studio Formafantasma, **Haushaltswaren,** 2014
- Stuhl aus der Copper-Serie von Max Lamb, **Möbel,** 2015
- *Dans un verre* von Marie Lund, **Skulptur,** 2017

zu einer Art Wandbehang, der an die Verflechtung des transatlantischen Alkohol- und Sklavenhandels erinnern soll.

Verwendung

Patiniertes Kupfer strahlt eine reiche Palette an natürlich warmen Tönen aus. Ebenso vielfältig lassen sich glänzende und matte Schattierungen von Kupferorange mit Rostrot und Kohleschwarz verbinden, um eine einladende Atmosphäre zu schaffen.

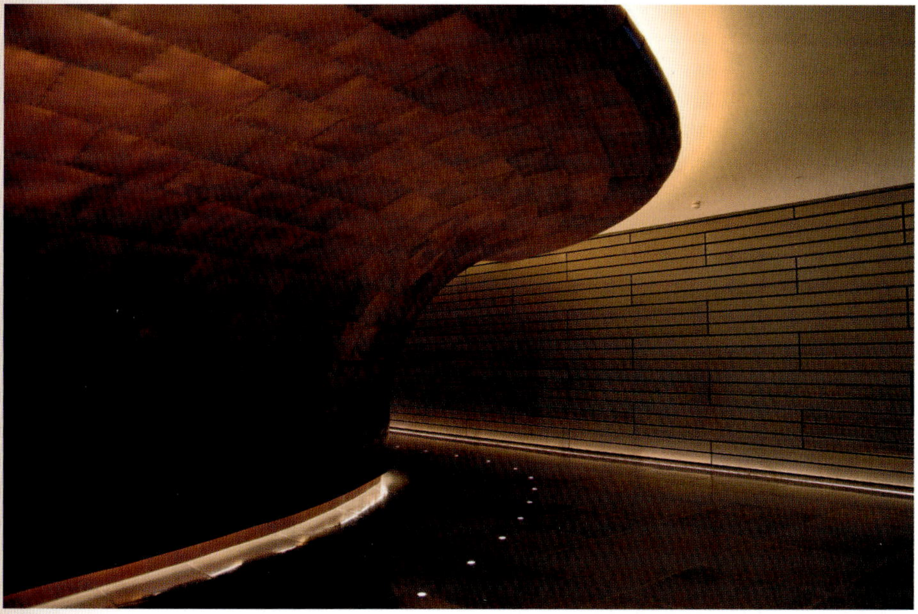

Koralle

Früher

Dieses Orange mit einem hohen Rosaanteil geht auf die leuchtenden Kalkskelette der gleichnamigen, an Meeresriffen sesshaften Organismen zurück. Bereits in frühen byzantinischen Kulturen stellte man aus den farbintensiven Korallen Schmuck her. Die alten Römer glaubten, dass Korallenschmuck seinen Träger vor dem Bösen und vor Versuchungen schütze. Italienische Meister wie Cecco di Pietro stellten im 14. Jahrhundert das Jesuskind daher mit einem Korallenamulett dar.

Korallen gelangten im 19. Jahrhundert durch die Kolonisierung (und die damit verbundene Ausbeutung) von Gebieten ihres Vorkommens nach Europa. In den 1960er- und 1970er-Jahren erlebten sie jedoch einen jähen Abschwung, und man fand sie höchstens noch als Farbgestaltung öffentlicher Toiletten und Retro-Cocktailbars wieder.

Heute

Im Bereich des Designs bietet Koralle vielseitigere Einsatzmöglichkeiten als die kräftigeren Orangetöne. Technologiefirmen wie Jawbone und Nest nutzen die ansprechende Farbe, um digitale Informationen benutzerfreundlich zu vermitteln, ohne auf einen deutlich wahrnehmbaren Signalcharakter komplett verzichten zu müssen.

Verwendung

Der Rosaanteil macht Koralle für das Auge angenehmer als häufig übermäßig funktional wirkende Orangetöne. Im Zusammenwirken mit dem komplementären Blaugrün, hellen Holztönen und warmem Buttergelb ist es geradezu perfekt geeignet für die Gestaltung von Kundenservice-Bereichen und entsprechenden Produkten.

Farbwerte
Hex Code: #ff8765
RGB: 255, 135, 101
CMYK: 0, 59, 58, 0
HSL: 13, 60%, 100%

Häufige Assoziationen
- Erstaunen
- Schutz
- Aufgeschlossenheit

Koralle in Kunst, Design & Kultur
- Fitness-Armband UP24 von Yves Béhar für Jawbone, **Accessoires,** 2013
- Pantone 16-1546 »Living Coral«, Pantone-Farbe des Jahres, **Design,** 2019
- Prêt-à-porter-Kollektion von Stella McCartney, **Mode,** Frühjahr/Sommer-Kollektion 2021

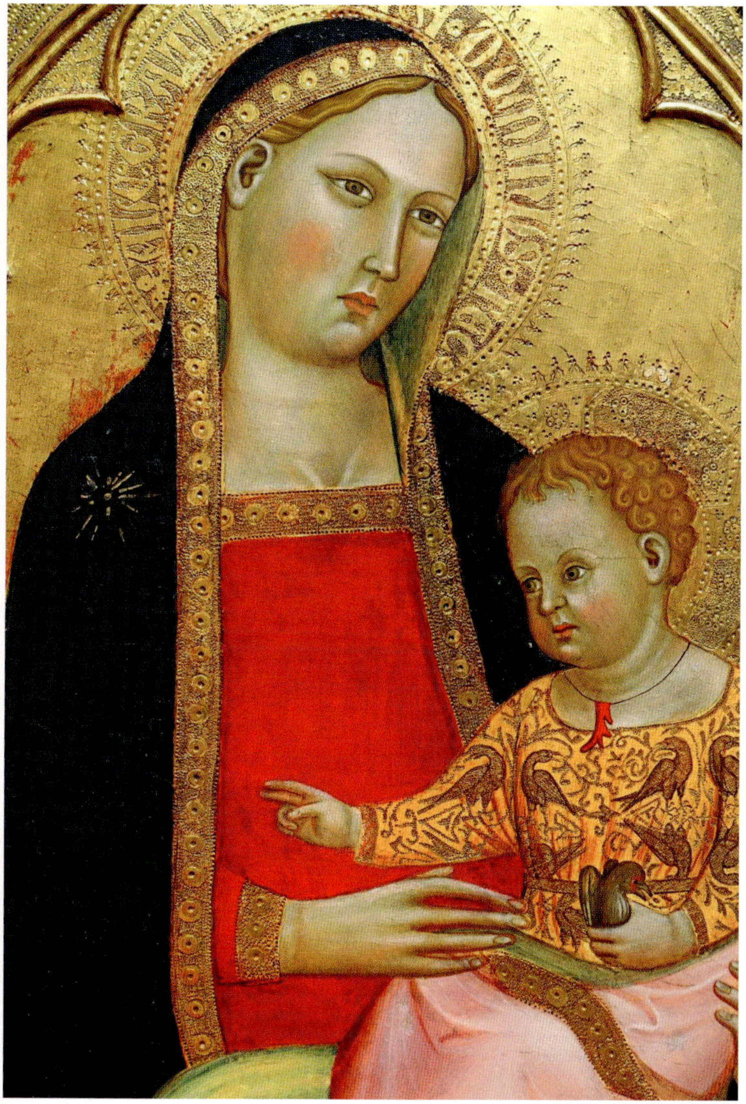

Madonna mit Kind von Cecco di Pietro, Ausschnitt, 1386

High-Vis-Orange

Früher

Als grell leuchtendes Orange signalisiert diese Farbe Gefahr und Dringlichkeit – von Rettungsbooten bis zu den in Luftfahrzeugen verbauten Flugschreibern, die im Falle eines Absturzes gut auffindbar sein müssen. Die 1940 von den Switzer-Brüdern (siehe Seite 160) erfundenen Stoffe in fluoreszierendem Orange haben seit dem Zweiten Weltkrieg ein immer breiteres Verwendungsspektrum gefunden: von Schwimmwesten und Fallschirmen bis zur Seenotrettungsausstattung.

Erst die Erfindung farbintensiver Cadmium-, Chrom- und Chinacridonpigmente im 19. Jahrhundert machte Hi-Vis-Orange als leuchtende Kontrastfarbe zu Blau möglich. Der Künstler Francis Bacon nutzte die Intensität dieses Kontrasts, um seine Studien des menschlichen Körpers in Szene zu setzen, während Keith Haring in den 1980er-Jahren den grellen Ton in seinen Siebdrucken verwendete, um Aufmerksamkeit für wichtige gesellschaftliche Themen zu wecken.

Farbwerte
Hex Code: #ff9200
RGB: 255, 146, 0
CMYK: 0, 51, 93, 0
HSL: 34, 100%, 100%

Häufige Assoziationen
- Vitalität
- Sicherheit
- Funktionalität

High-Vis-Orange in Kunst, Design & Kultur
- *Study from the Human Body* von Francis Bacon, **Gemälde,** 1982
- *The Last Rainforest* von Keith Haring, **Gemälde,** 1989
- »Remade«-Kollektion von Christopher Raeburn, **Mode,** Herbst/Winter-Kollektion 2018/19

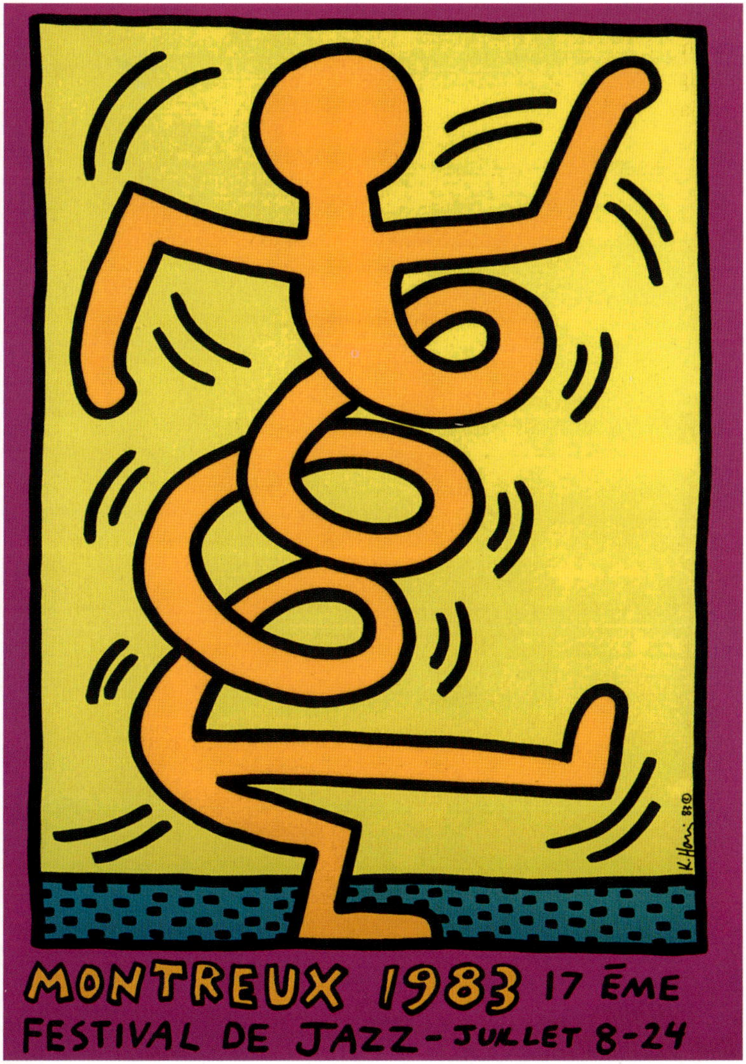

Montreux Jazz Festival, Siebdruck-Poster von Keith Haring, 1983

Heute
Seine besondere Eignung als Signalfarbe macht Hi-Vis-Orange auch heute besonders wertvoll. Das für seine nachhaltige Firmenphilosophie bekannte Modelabel Raeburn stellt aus recycelten Hi-Vis-Textilien, die noch aus der Zeit des Zweiten Weltkriegs stammen, fluoreszierende Schutzkleidung für kalte Temperaturen her und demonstriert so zugleich nachhaltige Müllvermeidung.

Verwendung
Hi-Vis-Orange hält, was es verspricht. Grell und auffällig, lässt es sich mit kräftigen Komplementärtönen wie Cyan und Neongelb ideal für eine Kampagne nutzen, die volle Aufmerksamkeit auf sich ziehen möchte. In Kombination mit einer achromatischen Farbe wirkt dieser Ton gleich weniger schrill und deutlich zeitloser.

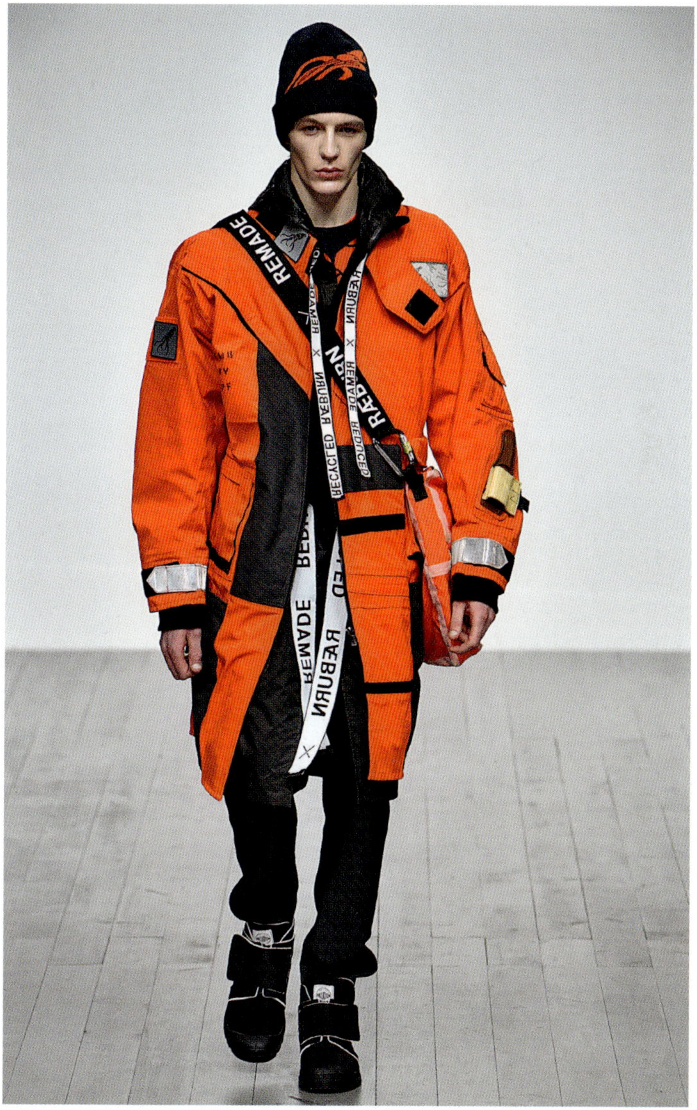

Christopher Raeburn, Herbst/Winter-Kollektion 2018/19, London

Gelb

Gelbtöne sind ein Augenschmaus, denn sie verfügen in ihrer Vielfalt über eine enorme sinnliche und sensorische Ausdruckskraft. Eine frisch aufgeschnittene Zitrone, würzig-warmes Kurkuma oder glänzendes Eigelb unterscheiden sich durch mehr als nur Farbnuancen. Auch ihre unverwechselbaren Texturen und Aromen nehmen wir intensiv wahr.

Reines Gelb ist als Primärfarbe ein wichtiges Grundelement des CMYK-Farbmodells. Spritziges Zitronengelb, leuchtendes Factory Yellow oder zartes Buttergelb finden sich ebenso in der gelben Farbpalette wie Töne mit Braun-, Grün- und Orangeanteilen. Helle Gelbtöne sind in der praktischen Verwendung schmutzanfälliger und optisch greller als gedeckteres Dotter- oder Senfgelb.

Lichtechte gelbe Farbpigmente stehen erst seit dem 20. Jahrhundert zur Verfügung. Bleigelb, Arsengelb, Auripigment, Gummigutta und sogar das chemisch hergestellte Chromgelb verfärbten sich im Sonnenlicht und waren überwiegend giftig. Zur Erleichterung der Kunstmaler kamen Ende des 19. Jahrhunderts die künstlichen Alizarin- und Azopigmente auf. So ergab sich eine breite Palette lichtechter, transparenter und reiner Nuancen wie das zitronige Hansa- und das sonnige Kobaltgelb.

Heute verbinden wir Gelb mit Emojis, Post-its, New Yorker Taxis sowie Warn-und Hinweisschildern. Die Farbe wird zudem häufig in der Industriearchitektur eingesetzt und mutet manchmal auch etwas billig an; zu viel davon kann den Betrachter optisch erdrücken. Andererseits lassen sich mit der Signalfarbe wirkungsvolle grafische Akzente setzen und eine erhöhte Aufmerksamkeit erzielen. Studien belegen die anregende Wirkung der Farbe. Ihr positiver Einfluss auf das Erinnerungsvermögen und die Kommunikationsbereitschaft macht Gelb für die Gestaltung von Bildungseinrichtungen besonders geeignet.

Auch Gelbtöne auf Pflanzenbasis sind wieder am Markt. Uralte überlieferte Rezepte zur Herstellung natürlicher Pigmente bieten eine nachhaltige Alternative zu den weniger umweltfreundlichen synthetischen Farben. Zarte Gelbschattierungen passen überdies besser zu einem umweltbewussten Konsumverhalten. In unserer immer komplizierteren Welt steht leuchtendes Gelb für Optimismus, Leichtigkeit, Gelassenheit, Ganzheitlichkeit und Wohlbefinden.

Farben in diesem Kapitel:

Indischgelb

Farbwerte
Hex Code: #9c7a21
RGB: 156, 122, 33
CMYK: 31, 42, 95, 24
HSL: 43, 79%, 61%

Auch bekannt als
- Turners Gelb

Häufige Assoziationen
- Gastfreundlichkeit
- Spiritualität
- Optimismus

Früher

Seit jeher sind neue Farben durch Zufall oder im Zusammenhang mit technischen Innovationen erfunden worden. Bei einigen jedoch bleibt die Herkunft geheimnisvoll.

Es ist bekannt, dass Indischgelb im 15. Jahrhundert in Indien entwickelt und im 17. Jahrhundert nach Europa importiert wurde, wo das leuchtende, lichtechte Gelb unter Künstlern Begeisterung hervorrief. Doch nur spärliche Quellen aus dem 19. Jahrhundert verraten etwas über seine Herstellung. Schlangenblut, Kamelurin und Ochsengalle wurden als Grundsubstanzen vermutet, doch ein Briefdokument legt nahe, dass es aus dem Urin von Kühen entstand, die ausschließlich mit Mangoblättern gefüttert wurden. Ebenso geheimnisvoll, wie sie aufgetaucht war, verschwand die Farbe auch wieder. Als Grund wurde vermutet, dass die Herstellung in Indien als tierfeindlich verboten worden war.

Dort steht die Farbe Gelb noch heute für spirituelle Erleuchtung. Sie findet sich als Kennzeichen heiliger Zeremonien und religiöser Gewänder. Auch in der faszinierenden Ragamala-Miniaturmalerei aus dem 15. Jahrhundert spielt die Farbe in den hinreißenden Szenen aus dem Hindu-Gesang eine wichtige Rolle. Nach Europa gelangte Indischgelb in Form getrockneter, goldgelber (nicht gerade wohlriechender) Pellets, denen ein Hauch von Gewürzen, Sonnenhitze, Blütenblättern und Erde anhaftete. Aus den gereinigten Kügelchen gewann man eine wunderschöne sonnige Wasserfarbe, die einen zentralen Farbton in der Palette des Malers William Turner bildete und deshalb auch als Turners Gelb bezeichnet wird.

Heute

Nach dem Verschwinden des originalen Indischgelb wurde der goldgelbe Ton im 20. Jahrhundert synthetisch wieder aufgelegt. Und nach wie vor ist die Farbe in Indien in Architektur und Design äußerst beliebt: 2020 gestaltete das Architekturbüro Sanjay Puri in Rajasthan ein rund 40 Hektar großes

Indischgelb in Kunst, Design & Kultur

- *Krishna spielt auf seiner Zauberflöte*, Lahore, Pakistan, **Gemälde,** ca. 1780
- *Abergavenny Bridge, Monmouthshire* von William Turner, **Gemälde,** 1798
- »India Yellow«, Nr. 66, von Farrow & Ball, **Farbe,** 2020

Wohnungsbauprojekt in einer leuchtenden, warmen Indischgelb-Palette, die den Gebäuden eine einladende Ausstrahlung verleiht.

Verwendung

Großflächig verwendet hat leuchtendes Indischgelb seinen stärksten Auftritt und weckt Energie. Ausbalanciert mit warmen Orange- und Rottönen verleiht es Räumen besondere Behaglichkeit.

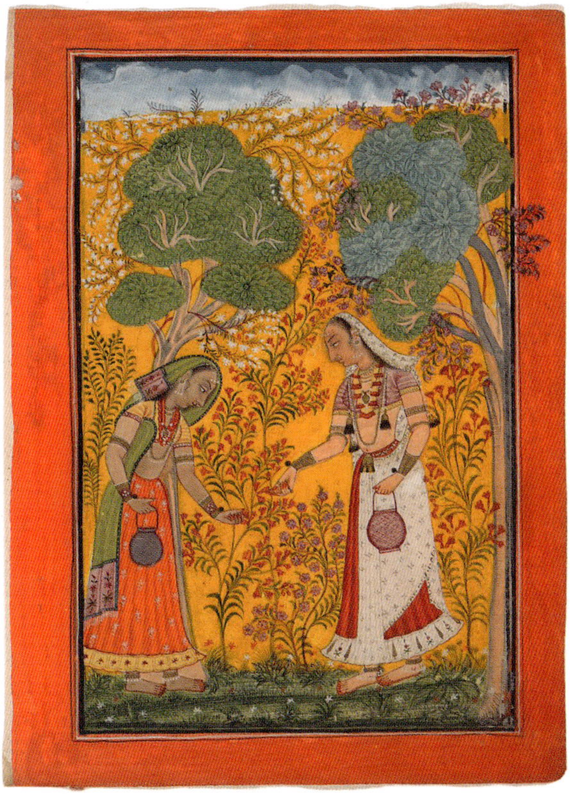

»Vasanti Ragini«, Blatt aus einer Ragamala-Serie (Bildvariationen der Ragas, also der Modi der indischen Musik), Indien, ca. 1710

Kurkumagelb

Farbwerte
Hex Code: #dcab1c
RGB: 220, 171, 28
CMYK: 14, 32, 94, 3
HSL: 45, 87%, 86%

Häufige Assoziationen
- Heiligkeit
- Sonnenwärme
- Authentizität

Früher

Kurkuma *(Curcuma longa)* gehört zu derselben Pflanzenfamilie wie Ingwer. Beider Wurzeln gelten bereits seit der Antike als gesundheitsfördernd. Das leuchtend orangegelbe Pulver aus der gemahlenen Kurkumawurzel, die zuvor gekocht und im Lehmofen getrocknet wurde, ist in seinem Herkunftsland Indien und in ganz Südostasien ein beliebtes Gewürz und Färbemittel. Vor allem in der religiösen Ikonografie und der Literatur finden sich zahlreiche Anwendungsbeispiele dafür, dass Kurkuma auch als Hautsalbe und Heilmittel dient.

Irgendwo zwischen Gelb und Orange angesiedelt, wird Kurkuma mit zweierlei assoziiert: sowohl mit der dem Gelb zugeordneten Reinheit und Spiritualität als auch mit der durch Orange symbolisierten Sonnenwärme und Geborgenheit. Obgleich nicht lichtecht, werden mit dieser Farbe die Gewänder der buddhistischen Mönche ebenso gefärbt wie die Saris der Frauen. Bereits die 3500 Jahre alten Rigveda-Schriften bezeichnen die Gottheit Vishnu als *tantuvardhan* oder Weber, der sich sein Gewand aus Sonnenstrahlen flicht. Er wie auch Krishna sind auf alten Miniaturen und Fresken deshalb häufig goldgelb gewandet.

Heute

Auch wenn Kurkumagelb ein nur sehr eingeschränkt lichtechter Farbstoff ist, bietet es eine umweltfreundliche Alternative zu synthetischen Farben. Die zeitgenössische Künstlerin Sophie Rowley färbte für ihr interessantes textiles Kunstprojekt »Khadi Frays« 10 000 Schnüre kurkumagelb ein und schuf mit eigenen, kreativen Webtechniken eine geometrisch angelegte und zugleich elegant anmutende Wandarbeit.

Kurkumagelb in Kunst, Design & Kultur

- »Kalamkari«-Wandbehang mit Figuren in einem architektonischen Kontext, vermutlich aus Dekkan, Indien, **Textilkunst,** ca. 1640–1650
- *Study for Homage to the Square: Departing in Yellow* von Josef Albers, **Gemälde,** 1964
- »Khadi Frays« von Sophie Rowley, **gewebte Textilkunst,** 2017

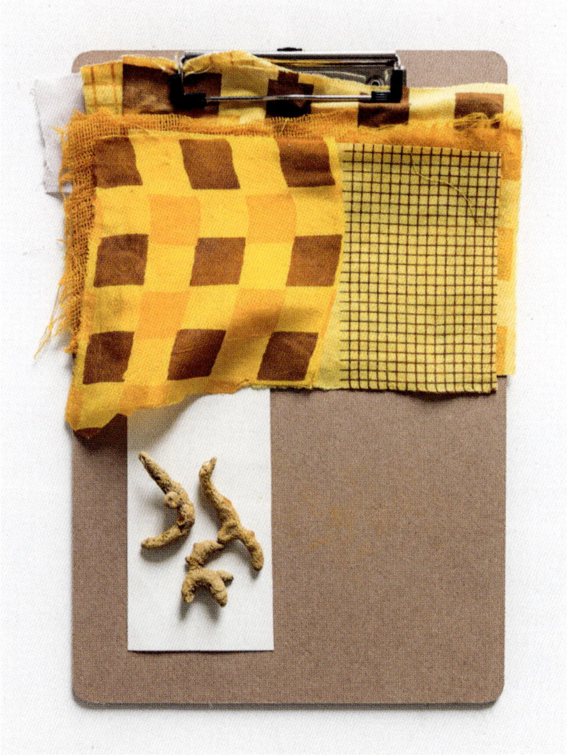

Von Joanna Fowles gefärbtes Gewebe, 2018

Verwendung

Die Farbe Gelb muss keineswegs immer grell und leuchtend ins Auge springen. Kurkumagelb verleiht Baumwolle oder Leinen einen gedämpften, natürlichen Farbton, der zusammen mit sanftem Knochenweiß und Erdtönen an seine natürliche pflanzliche Herkunft erinnert.

Zitronengelb

Früher

Vermutlich wurde die Zitrone ursprünglich in Indien oder China aus der Bitterorange und der Cedro (auch Zitronatzitrone) gezüchtet. Um 400 bis 600 v. Chr. soll sie dann zunächst im Nahen Osten und in den folgenden Jahrhunderten durch arabische Händler auch in weiteren Teilen Asiens und Afrikas Verbreitung gefunden haben. Im 10. und 11. Jahrhundert brachten die Mauren die Frucht nach Sizilien und Andalusien, und im späten 15. Jahrhundert führte Christoph Kolumbus Zitronenkerne als Saatgut in die Neue Welt ein.

Nachdem sie nach Europa und Amerika importiert worden war, machten weitere Züchtungen die Zitrone auch kulinarisch immer interessanter. Sie stellte jedoch zunächst immer noch ein Luxusgut dar, das vor allem als medizinisches Heilmittel und dekoratives Objekt geschätzt wurde. Ab dem 15. Jahrhundert brachten Zitronen als Bildmotiv, vor allem in der niederländischen Malerei, Licht und Farbe in die auf den Gemälden gezeigten Innenräume der damaligen Zeit, die nur spärlich beleuchtet waren.

Ein lichtechtes leuchtendes Zitronengelb wurde jedoch erst 1911 von deutschen Chemikern als Azopigment unter dem Namen »Hansagelb« entwickelt. Zuvor mussten sich die Künstler mit Pflanzensäften, etwa aus Narzissen, oder mit verdünntem Bleizinngelb behelfen.

Heute

Im 20. Jahrhundert wählte Henri Matisse – wie zuvor die niederländischen Maler – mit Vorliebe Zitronen als Motiv für seine farbenfrohen Gemälde. Durch die Kombination mit komplementären Lavendel- und Rosatönen, benachbartem Grün und Orange oder mit reinen Primärfarben brachte er das Zitronengelb in seinen Kompositionen zum Leuchten. Auch heute greift man bei der Raumgestaltung gern auf dieses optisch reizvolle Detail zurück: Eine Schale mit Zitronen bringt nicht nur einen leuchtenden

Farbwerte
Hex Code: #ebed6f
RGB: 235, 237, 111
CMYK: 14, 0, 66, 0
HSL: 61, 53%, 93%

Auch bekannt als
- Hansagelb
- Arylidgelb
- Monoazogelb

Häufige Assoziationen
- Erfrischung
- Gesundheit
- Geselligkeit

Zitronengelb in Kunst, Design & Kultur

- *Stillleben mit vergoldeter Schale* von Willem Claesz. Heda, **Gemälde,** 1635
- *Betende Bretonin* von Paul Gauguin, **Gemälde,** 1894

Farbakzent in jede Küche, sondern bietet zudem eine ebenso gesunde wie köstliche Zutat für Speisen und Getränke.

Verwendung

Zitronengelb hat genau wie die namensgebende Frucht eine unwiderstehliche, delikate Frische. Als Viergestirn mit Türkis, Lavendel und Tomatenrot kombiniert, schafft Zitronengelb die ideale farbliche Stimmung für geselliges Zusammensein im Freien.

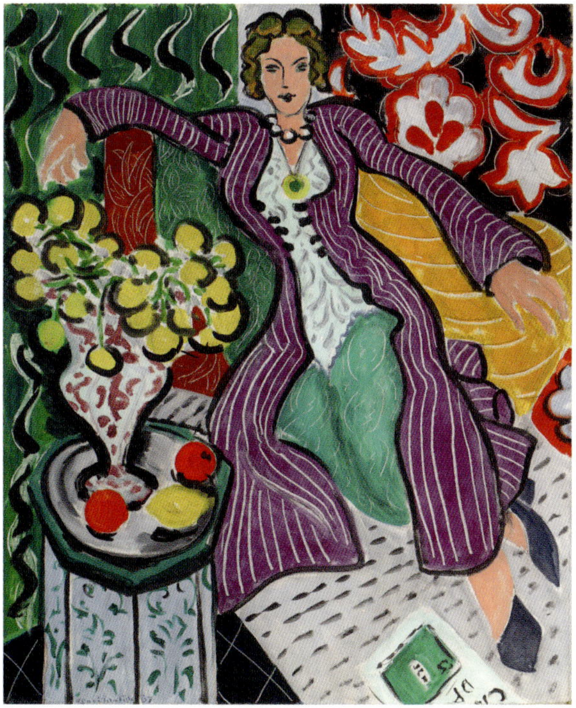

Frau in einem lila Mantel von Henri Matisse, 1937

Factory Yellow

Farbwerte
Hex Code: #f9dd00
RGB: 249, 221, 0
CMYK: 6, 8, 93, 0
HSL: 53, 100%, 98%

Auch bekannt als
- Kanariengelb

Häufige Assoziationen
- Kreativität
- Wachsamkeit
- Konzentration

Früher

Die Bezeichnung dieses intensiven Gelbs geht auf Munitionsfabriken zurück. Während des Ersten Weltkriegs nannte man in Großbritannien die Arbeiterinnen in solchen Fabriken *canary girls* (dt. »Kanarienvogel-Mädchen«), da sie mit TNT-Sprengstoff hantierten, der die Haut orangegelb färben kann. Der Farbton diente bald in Fabrikgebäuden als Signalfarbe, um vor Vergiftungsgefahr zu warnen.

Auf das menschliche Auge wirkt dieses satte Gelb wie eine Leuchtfarbe, da es besonders viel Licht reflektiert. Aufgrund dieser Qualität werden damit Warnschilder, Rettungswagen, Taxis und Geländer lackiert. Die Firma 3M hat der Farbe mit ihren Post-it-Haftzetteln, die weltweit die Wände in den Büros kreativer Köpfe schmücken, ein Denkmal gesetzt. Auch global operierende Unternehmen wie IKEA und McDonald's nutzen diesen Gelbton, um gemeinsam mit anderen leuchtenden Primärfarben eine starke grafische Wirkung zu entfalten.

Heute

Inspiriert von seiner nigerianischen Herkunft, verwendete der Designer Yinka Ilori bunte Stäbe in Tönen von Gelb über Magenta bis Himmelblau, um 2019 in London gemeinsam mit dem Architekturbüro Pricegore den farbenfrohen Colour Palace gegenüber der Londoner Kunstgalerie Dulwich zu kreieren. Dieser vorübergehend errichtete Pavillon lud zu kreativen Aktivitäten im Umgang mit Kunst ein. In Bildungseinrichtungen kann leuchtendes Kanariengelb den Spaß am Lernen unterstützen. So verlieh das Architekturbüro Cottrell & Vermeulen 2020 einer Londoner Grundschule eine farbenfrohe und Optimismus verströmende Identität,

Rechts: Die Bellenden-Grundschule in Peckham, London, Architekturbüro Cottrell & Vermeulen, 2020

Factory Yellow in Kunst, Design & Kultur

- Stuhl aus der Serie 7 von Arne Jacobsen in »True Yellow« aus der Farbpalette »A Sense of Colour« von Fritz Hansen, **Möbel,** 2020

indem das Gebäude im leuchtenden Gelb britischer Schul-Hinweisschilder gestaltet wurde.

Verwendung

Ein gut durchdachtes Farbschema kann in einem Bildungsumfeld zum Lernen stimulieren. Die Farbe Gelb setzt dabei den Fokus auf Optimismus und Kreativität. Kanariengelb für Türrahmen und Sitzmöbel, dazu natürliche Holztöne: So schafft man eine helle und freundliche Atmosphäre für angehende Schlauköpfe.

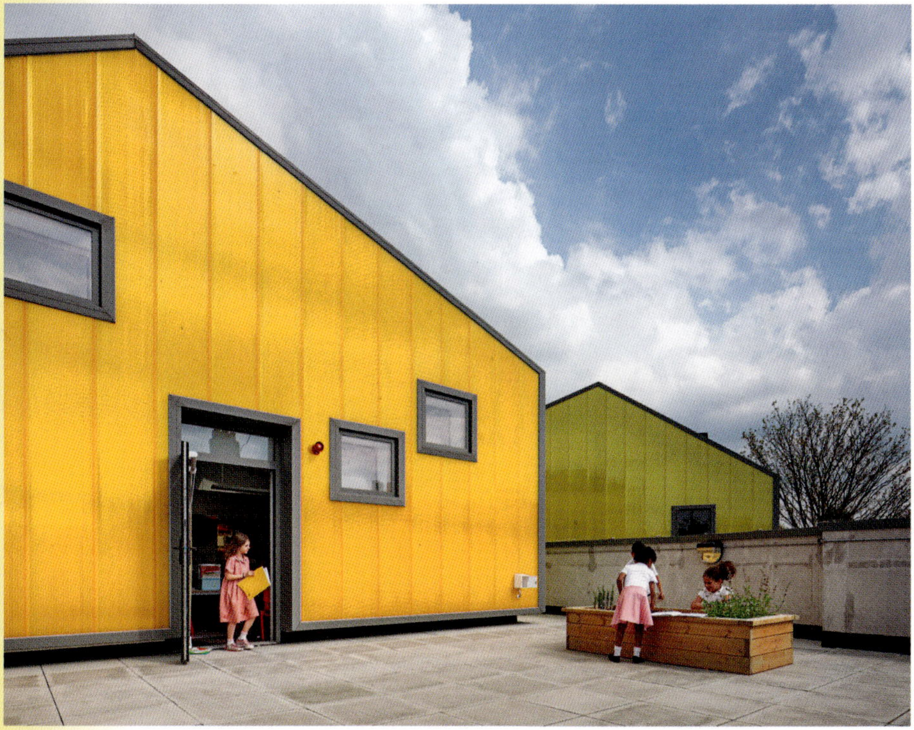

»Auf das menschliche Auge wirkt dieses satte Gelb wie eine Leuchtfarbe.«

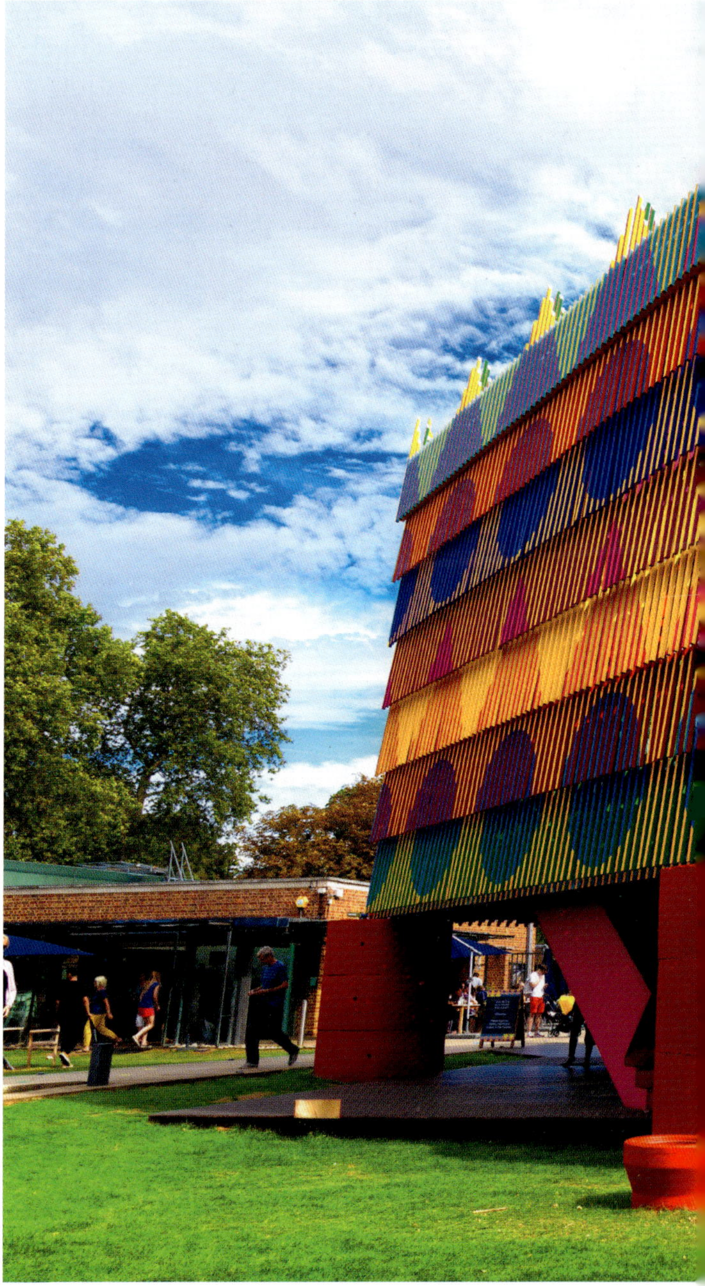

Der Colour Palace vor der Kunstgalerie Dulwich von Pricegore und Yinka Ilori, London, 2019

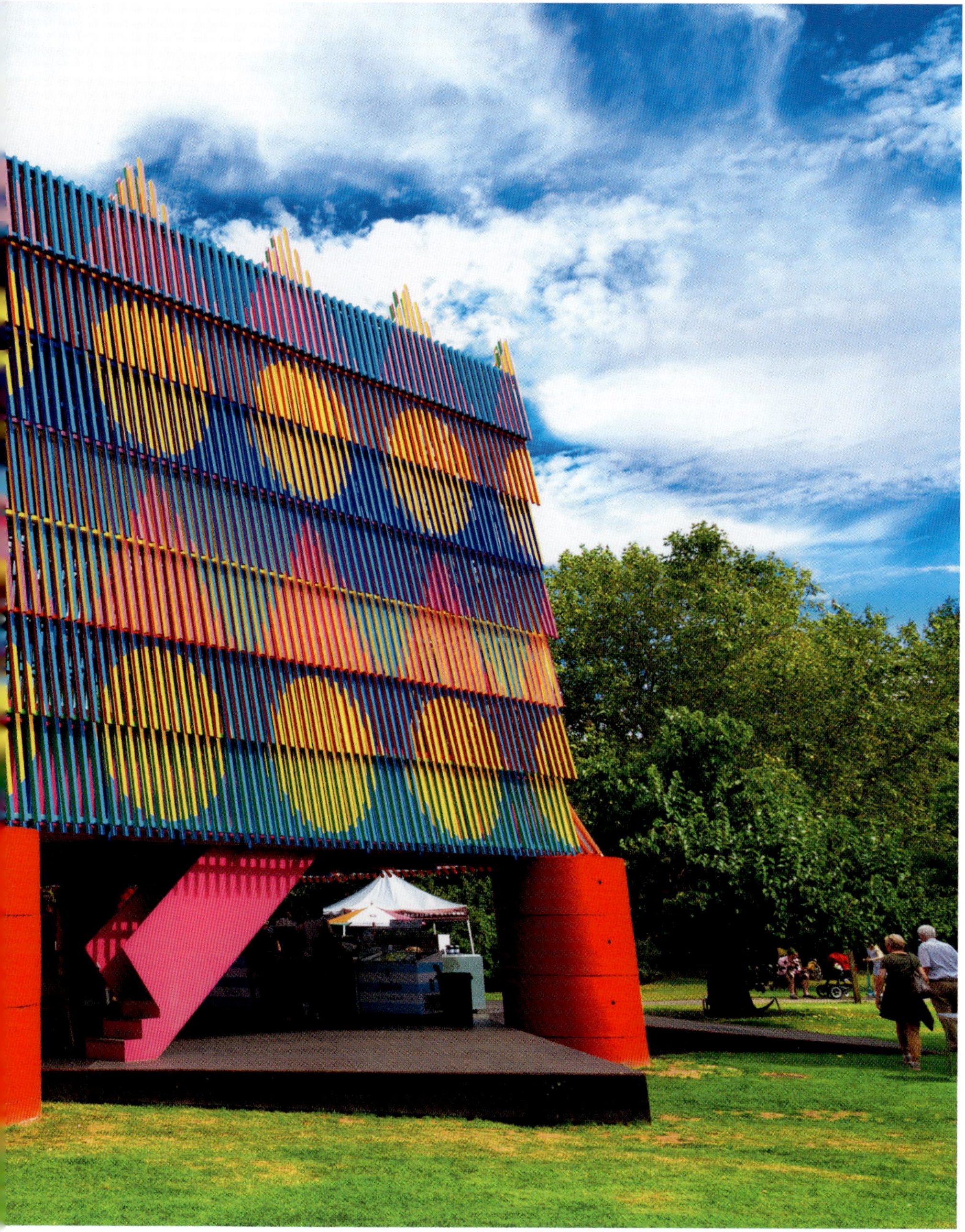

Kaisergelb

Farbwerte
Hex Code: # f5cc5e
RGB: 245, 204, 94
CMYK: 0, 18, 70, 5
HSL: 44, 62%, 96%

Häufige Assoziationen
- Kultiviertheit
- Individualität
- Tradition

Kaisergelb in Kunst, Design & Kultur
- *Lady in Yellow (Eleanor Reeves)* von Susan Watkins, **Gemälde,** 1902
- Renault Morphoz, autonomes Elektrofahrzeug, **Automobil,** 2020

Früher

Die symbolische Bedeutung von Kaisergelb geht darauf zurück, dass diese Farbe exklusiv den chinesischen Kaisergewändern vorbehalten war. Dies belegen frühe Schriften aus der Zeit der Herrschaft von Gaozong, einem Kaiser der Tang-Dynastie (618–907 n. Chr.). Laut Inventarlisten des Kaiserpalastes wurde der spezielle Gelbton für das Färben der Gewänder aus Pflanzen – unter anderem aus den Knospen des Pagodenbaums – hergestellt und mit Alaun fixiert. Gelb ist zusammen mit Azurblau, Rot, Weiß und Blauschwarz Teil der Fünf-Elemente-Lehre, einem der Stützpfeiler der chinesischen Philosophie. Die Farben stehen dabei in enger Verbindung zur harmonischen Wechselbeziehung der Elemente. In Europa wurde durch die im 18. und 19. Jahrhundert beliebten Chinoiserien das Interesse am kaiserlichen Gelb neu geweckt, das zum modischen Symbol für die privilegierte Oberschicht avancierte.

Heute

In einer Welt, in der die regenerative Energienutzung immer größere Bedeutung erhält, wird das sonnige Gelb zum sympathischen Markenzeichen für innovative Zukunftsideen und -kampagnen. Der Autohersteller Renault verwendete 2020 die kaiserliche Farbe für das Interieur seines ultramodernen elektrischen Concept Cars, raffiniert ergänzt durch gelbe Akzente im Außendesign.

Verwendung

Kaisergelb bildet zusammen mit Ultramarinblau und traditionellem Zinnoberrot (siehe Seite 66) eine valide und symbolträchtige Farbpalette, die eine Brücke zu unseren kulturellen Wurzeln schlägt. In Verbindung mit blassem Gold und dynamischem Schwarz kann es innovativen Produkten und Geschäftsideen jedoch auch ein hochmodernes Image verleihen.

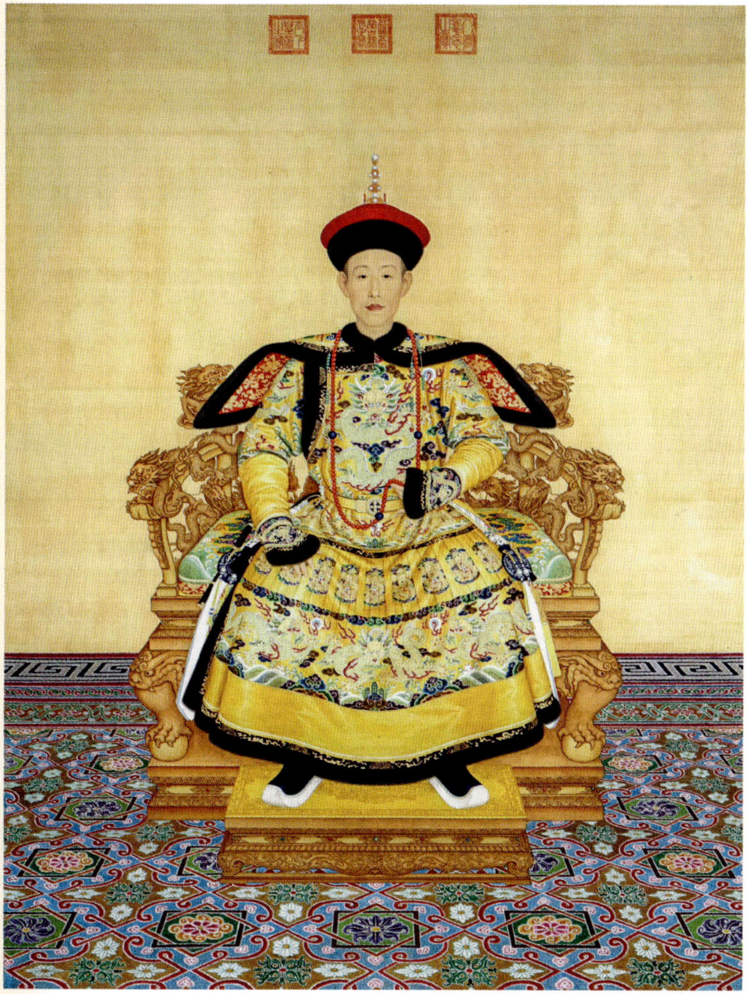

Kaiser Qianlong im Prachtgewand von Giuseppe Castiglione, 1736

Sonnenblumengelb

Früher
Sonnenblumengelb lässt an glückliche Sommertage denken und ist ein Dauerbrenner unter den Farben. 1887–1888 wählte der niederländische Post-Impressionist Vincent van Gogh Sonnenblumen zu seinem Lieblingsmotiv. Die farbenfrohen impressionistischen Gemälde, die er in Paris kennengelernt hatte, inspirierten ihn in seinen Stillleben zum Experimentieren mit Farbe. Dabei malte er auch bereits welkende Blumen.

In dieser Periode brillierte Van Gogh mit seinen leuchtenden Gelbtönen vor dramatischen blauen Hintergründen. Heute ist seine Mischung aus gelbem Bleichchromat und weißem Bleisulfat wegen der mangelnden Lichtechtheit zu eher bräunlichen Gelbtönen verblasst. Die damals beliebte Farbzusammensetzung verlor durch das Sonnenlicht ihre Leuchtkraft: Die Zeit ging an den Bildern ebenso wenig spurlos vorbei wie an den dargestellten verwelkten Sonnenblumen.

Heute
Die nostalgische Ausstrahlung der Farbe macht ihren besonderen Reiz aus. Die zu einem Senfgelb gedämpften Töne erinnern an gepresste Blüten, die man zwischen den Seiten eines Buches wiederentdeckt – Reminiszenzen an längst vergangene Sommer. So wie Secondhandkleidung ein bewusster Gegenentwurf zur Wegwerfgesellschaft ist, vermitteln Farbtöne, die wie natürlich verblasst wirken, zeitlose Wertigkeit.

Verwendung
Wie sonnenverbrannt wirkende, erdige Farben schaffen in Verbindung mit blassen, gedämpften Blautönen die perfekte Palette für Modebasics, die weit über eine Saison hinaus aktuell bleiben.

Farbwerte
Hex Code: #f8cd76
RGB: 248, 205, 118
CMYK: 3, 21, 62, 0
HSL: 40, 52%, 97%

Häufige Assoziationen
- Wärme
- Erdung
- Nostalgie

Sonnenblumengelb in Kunst, Design & Kultur
- Tie-Dye Snack Shirt in »Yellow« von STORY mfg, **Mode,** 2020

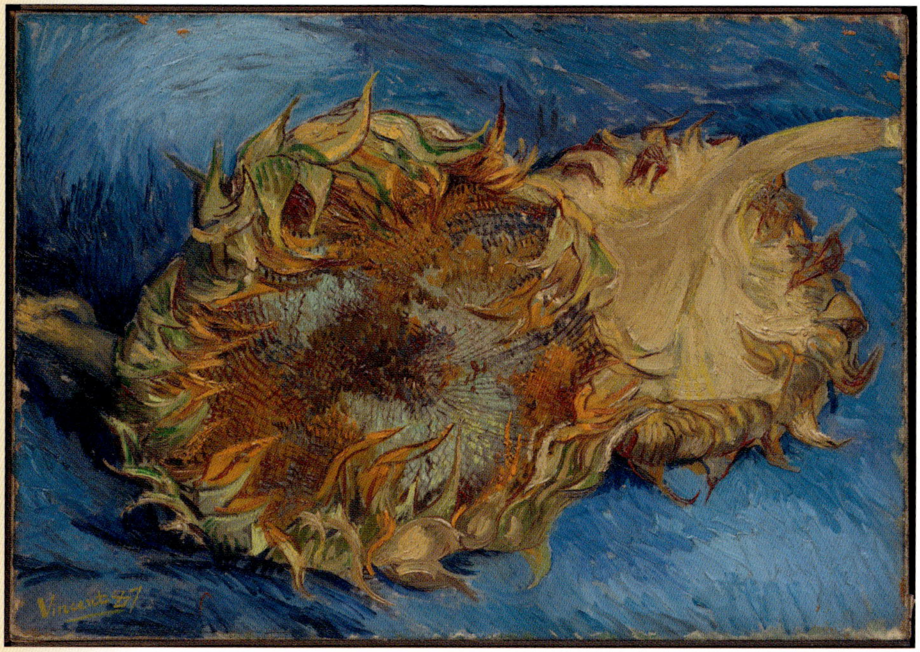

Zwei Sonnenblumen von Vincent van Gogh, 1887–1888

Weizengelb

Farbwerte
Hex Code: #e6d29b
RGB: 230, 210, 155
CMYK: 12, 16, 46, 1
HSL: 44, 30%, 90%

Häufige Assoziationen
- Authentizität
- Idyll
- Überfluss

Früher

Seit der Steinzeit nutzt der Mensch wild wachsendes Getreide und Gräser als Nahrung, aber erst vor etwa 12 000 Jahren begannen im östlichen Mittelmeerraum der gezielte Anbau und die Kultivierung von Getreidearten. Als eine der wichtigsten Entwicklungen unserer Geschichte erhob die Landwirtschaft unsere Vorfahren über den Status reiner Jäger und Sammler.

Ein fruchtbarer Boden erhielt ganz neue Bedeutung. Die Ernte wurde zu einem gesellschaftlichen Ereignis, das darüber entschied, ob die Menschen satt wurden oder verhungerten. Die Farbe reifer, goldener Weizenfelder symbolisiert bis heute in der westlichen Welt Reichtum und Überfluss. Obwohl er nicht als Farbpigment vorlag, war der Farbton bedeutend genug, um eine eigene Bezeichnung zu erhalten. Im späten 17. Jahrhundert wurde Weizengelb offiziell in frühe Farbkataloge aufgenommen.

Heute

In der zweiten Hälfte des 20. Jahrhunderts und bis ins 21. Jahrhundert hinein setzte sich das sanfte bräunliche Gelb als neutraler und vielseitiger Ton sowie als Trendfarbe bei Innenarchitekten und Designern durch. In den 1980er-Jahren wurden die weizengelben Trenchcoats des Fashionlabels Max Mara ebenso zum modischen Statement wie 2011 Donna Karans monochrome Frühjahr/Sommer-Kollektion mit ihren fließenden weizengelben Kleidern und Details aus Jute. Ganz aktuell ließ der französische Modedesigner Porte Jacquemus in seiner Frühjahr/Sommer-Kollektion 2021 seine Models buchstäblich durch Weizenfelder schreiten – gekleidet in einer Palette von Farben, die vom Getreide inspiriert waren.

Weizengelb in Kunst, Design & Kultur

- *Garbes* von Josep Benseny Piñol, **Gemälde,** 1951
- Damenmode-Kollektion von Donna Karan, **Mode,** Frühjahr/Sommer-Kollektion 2011
- Flourist, Bäckerei und Getreidemühle, Vancouver, von Ste. Marie, **Innenarchitektur,** 2019

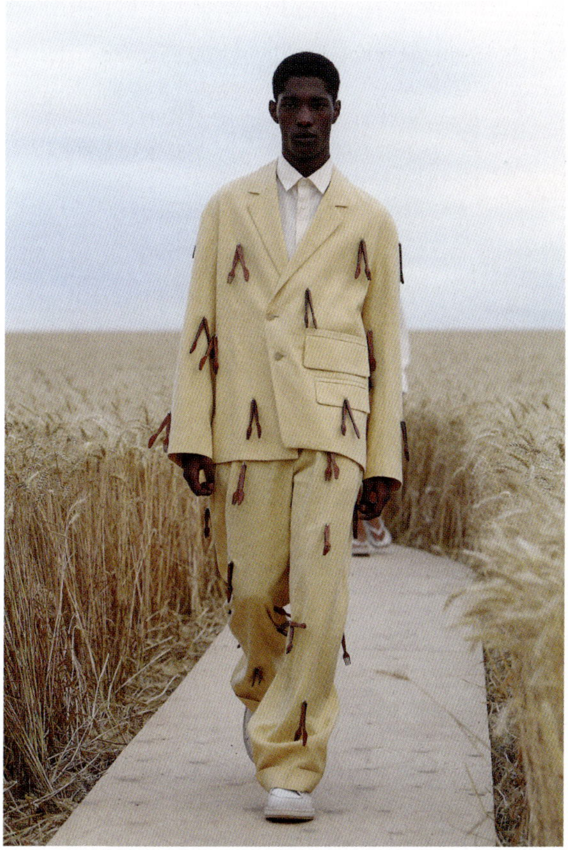

»L'Amour«-Kollektion von Jacquemus, Paris, Frühjahr/Sommer-Kollektion 2021

Verwendung

Weizengelb strahlt als moderner, warmer Neutralton Optimismus aus. In Kombination mit einem zarten Blau, Salbeigrün, Lehm- und Erdbraun unterstreicht die angenehme Farbpalette ein unkompliziertes und authentisches Lebensgefühl.

Gold

Früher

Seit jeher ruft Gold dank seines einzigartigen Schimmers Faszination und Begehren hervor. Es diente als Material für wertvollen Schmuck und Kirchenschätze, führte aber auch zu Goldrausch und Krieg. Zahlreiche Legenden ranken sich um das edle Metall, das lange Zeit als Symbol des Göttlichen diente – katholische Kirchen sowie buddhistische und hinduistische Tempel sind deshalb reich mit Gold verziert. Auch Königshäuser schmückten sich gern damit. Im Frankreich des 18. Jahrhunderts ließ der als Sonnenkönig bekannte Ludwig XIV. den Vergolder Pierre Gouthière nahezu jeden sichtbaren Zentimeter seines Schlosses in Versailles mit Gold überziehen, um Reichtum und Macht zu demonstrieren.

In der frühen byzantinischen Malerei wurden Heiligenscheine und andere religiöse Bilddetails hauchdünn vergoldet. Die Künstler des Barocks wiederum bewiesen im 17. Jahrhundert ihr Können, indem sie den Metalleffekt durch eine Mischung verschiedener Farbtöne erzeugten. Bewundern lässt sich dies etwa auf Rembrandts prächtig leuchtendem Gemälde *Das Gastmahl des Belsazar* (1636–1638).

Farbwerte
Hex Code: #9b7a41
RGB: 155, 122, 65
CMYK: 32, 43, 77, 24
HSL: 38, 58%, 61%

Häufige Assoziationen
- Perfektion
- Überfluss
- Kostbarkeit

Gold in Kunst, Design & Kultur
- Ladurée London, Burlington Arcade, ausgestattet von Roxane Rodriguez, **Innenarchitektur, 2006**
- iPhone 6S in Gold, **Produktdesign, 2015**
- *America* von Maurizio Cattelan, **Plastik, 2016**

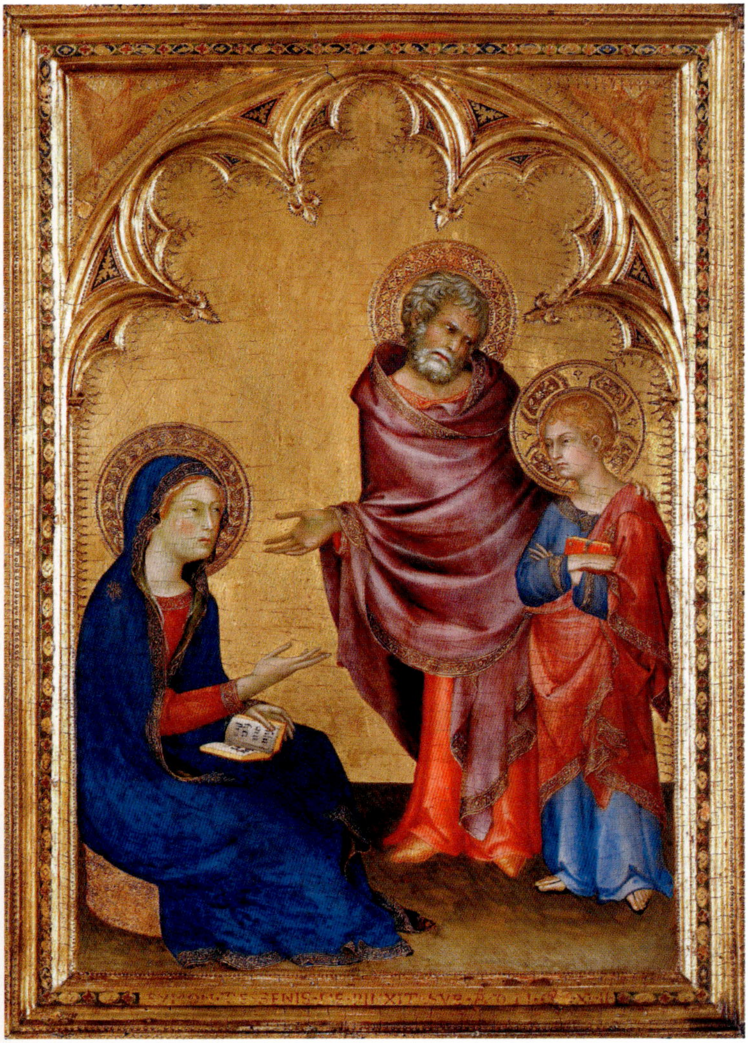

Der zwölfjährige Jesus im Tempel von Simone Martini, 1342

Heute
Seit der Antike wird das leuchtende Edelmetall mit der Sonne assoziiert, was bis heute seine kulturell überlieferte Symbolik und unser Denken prägt. Dabei hat Gold auch praktische Qualitäten. Architekten und Designer nutzen seine temperaturregulierenden Eigenschaften, um mit goldbedampften, das Sonnenlicht reflektierenden Fensterscheiben das Wohnklima zu regulieren.

Gold spielt auch eine wichtige Rolle im japanischen Konzept des Kintsugi, das in unserer auf Nachhaltigkeit bedachten Zeit ganz neue Bedeutung erlangt. Als Zeichen der Wertschätzung für zerbrochene Steingutgefäße machen die mit einer Goldlegierung gefüllten Risse ein Objekt sogar kostbarer als zuvor. Den Prinzipien des Kintsugi folgend, unterstützt Gold – ganz im Zeichen des modernen Zeitgeists – die Abkehr von der Wegwerfgesellschaft.

Verwendung
Als protziges Statussymbol korrupter Bosse und funkelnd behängter Möchtegern-Diven ist Gold fast zum Synonym für Geschmacklosigkeit verkommen. Feine, gekonnt eingesetzte Goldakzente vermitteln hingegen bis heute ein edles Image.

»Den Prinzipien des Kintsugi folgend, unterstützt Gold – ganz im Zeichen des modernen Zeitgeists – die Abkehr von der Wegwerfgesellschaft.«

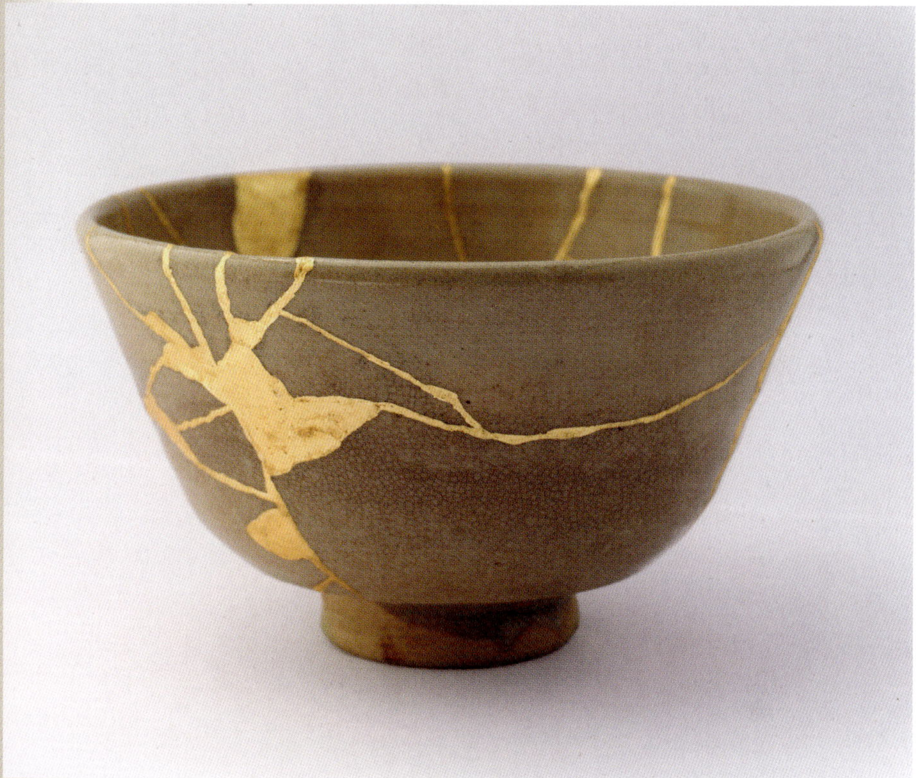

Kintsugi-Teezeremonie-Schale in Beige, mit Gold restauriert (undatiert)

Chartreuse-Gelb

Farbwerte
Hex Code: #ddd582
RGB: 221, 213, 130
CMYK: 10, 4, 56, 10
HSL: 55, 41%, 87%

Auch bekannt als
- Mindaro

Häufige Assoziationen
- Authentizität
- Unabhängigkeit
- Exzentrik

Früher

Der Farbton geht auf den gleichnamigen französischen Kräuterlikör zurück, der Mitte des 18. Jahrhunderts sehr beliebt war. Die gelbgrüne Farbe wurde mit Scheeles Grün hergestellt, einem 1775 von dem deutsch-schwedischen Chemiker Carl Scheele erfundenen warmen Grünpigment. Ungeachtet des hohen Arsengehalts war die Nachfrage nach der toxischen Farbe in der Malerei, dem Tapetendruck und sogar für Spielzeug enorm groß. Zum Ende des 18. Jahrhunderts wurden in dem auffälligen Ton auch Seiden- und Samtstoffe gefärbt, was die damalige Mode der europäischen High Society nachhaltig beeinflusste. Gegen Ende der 1950er-Jahre erlebten die mittlerweile ungiftigen Chartreuse-Töne neue Popularität und zierten zahlreiche Alltagsgegenstände wie Geschirr oder Möbel. Auch zur Jahrtausendwende war die Farbe in den Paletten der Innendesigner fest etabliert.

Heute

Das leuchtend gelbgrüne Chartreuse-Gelb, das an die Farbe von Tennisbällen erinnert, wird heute als gedämpftere Variante unter dem Namen »Mindaro« bevorzugt. Der in der Mode noch immer als gewagt und rebellisch angesehene Farbton wurde nicht zuletzt durch die ehemalige amerikanische First Lady Michelle Obama salonfähig gemacht. Er ist ideal für ein Design, das einen starken Auftritt sucht, aber ebenso gut geeignet als Hintergrundton, der sich erfreulich von den üblichen Grundfarben abhebt.

Chartreuse-Gelb in Kunst, Design & Kultur

- *Nackte beim Kämmen* von Edgar Degas, **Pastellzeichnung,** ca. 1888–1890,
- Prêt-à-porter-Kollektion von Jason Wu, **Mode,** Herbst/Winter-Kollektion 2009/10

Verwendung

Von Hand aufgetragen, entfaltet die Farbe ihre Persönlichkeit am besten und ist somit eine gelungene Wahl für ein kreativ-individuelles Design und für Kunsthandwerk. Mit sanftem Rosarot verschmilzt sie zu aparten Farbverläufen. Akzente von sattem Senfgelb oder Gold bringen sie zum Leuchten.

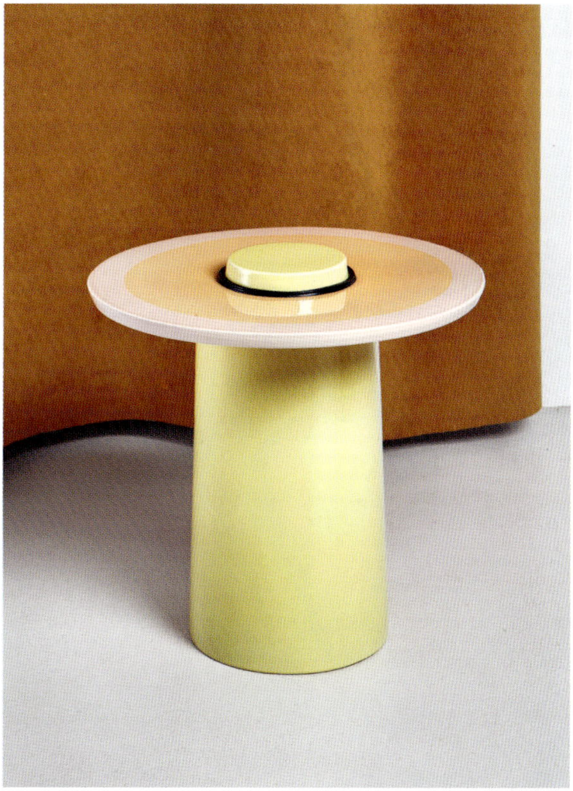

Table Top Yellow von Studio RENS x Cor Unum Ceramics, 2020

Ringelblumengelb

Farbwerte
Hex Code: #fb9614
RGB: 251, 150, 20
CMYK: 0, 49, 92, 0
HSL: 34, 92%, 98%

Häufige Assoziationen
- Tradition
- Jugendlichkeit
- Strebsamkeit

Ringelblumengelb in Kunst, Design & Kultur
- Prêt-à-porter-Kollektion von Altazurra, **Mode,** Frühjahr/Sommer-Kollektion 2021
- *Yellow Rosaline* aus der Serie *Between These Folded Walls, Utopia* von Cooper & Gorfer, **Fotografie,** 2020

Früher

Mexikanischen Volkslegenden nach folgen die Toten dem Duft der Ringelblumen. Die in der nationalen Folklore tief verwurzelte Pflanze diente bereits den Azteken für medizinische Zwecke und bei Totenfeierlichkeiten als leuchtender Altarschmuck.

Farbenfroh und Optimismus verbreitend, wurde Ringelblumengelb in den 1960er-Jahren zum beliebten Modestatement. Jackie Kennedys ringelblumengelbes Ballkleid war nur eines der aufsehenerregenden Teile ihrer Garderobe, die zum Symbol für Selbstbewusstsein und Erfolg avancierte. Moderne Modekollektionen von Nina Ricci bis Phillip Lim greifen das von Natur aus leuchtende Ringelblumengelb wieder auf. Schon ein kleiner Akzent in dieser Farbe wirkt erfrischend und weckt Aufmerksamkeit.

Heute

Fast ins Orange changierend, spricht das satte, belebende Ringelblumengelb die Emotionen des Betrachters an. 2016 wählte das Künstlerpaar Christo und Jeanne-Claude den leuchtenden Farbton für seine schwimmenden Stege auf dem kontrastierend dunkelgrünen Lago D'Iseo in Italien, auf dem die weit mehr als 1,2 Millionen Besucher über das Wasser wandeln konnten.

Verwendung

Die stimmungshebende Wirkung von Ringelblumengelb bringt vor allem großflächig verwendet neue Energie und verbreitet gute Laune.

Rechts: San Miguel de Allende, Blick durch einen Torbogen auf den kunstvollen Altar mit traditionellen Gerichten, Fotografien und Ringelblumen zur Feier des Tages der Toten

Folgende Doppelseite: *The Floating Piers* von Christo und Jeanne-Claude, 2016

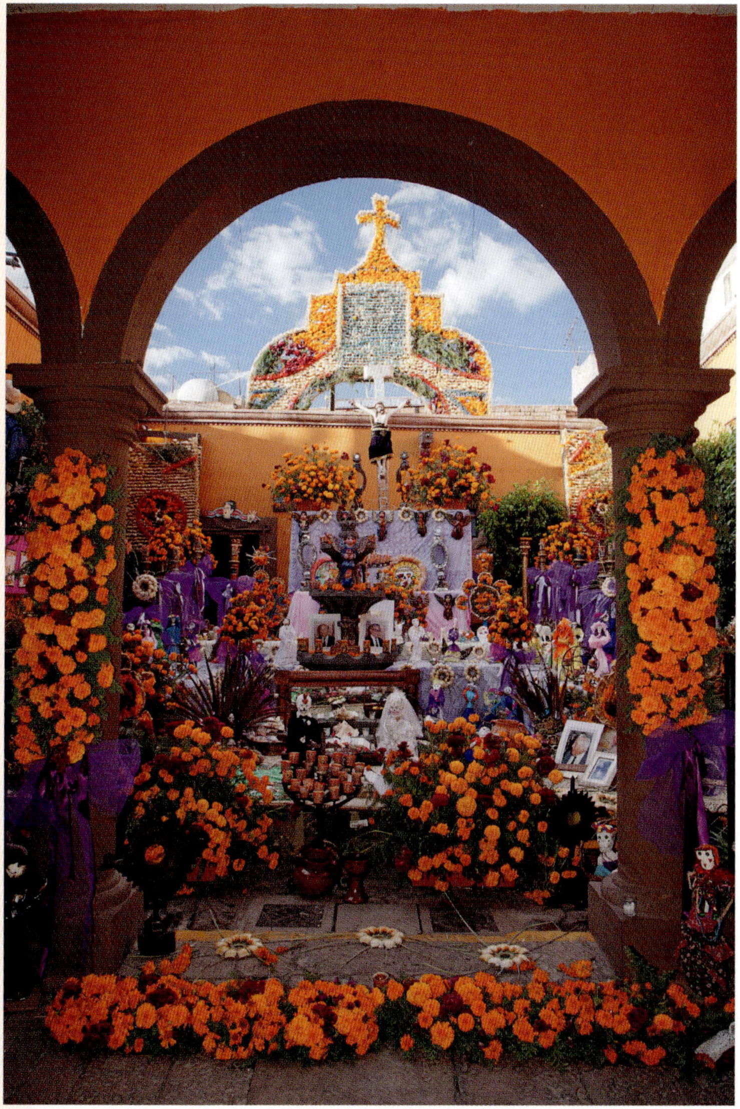

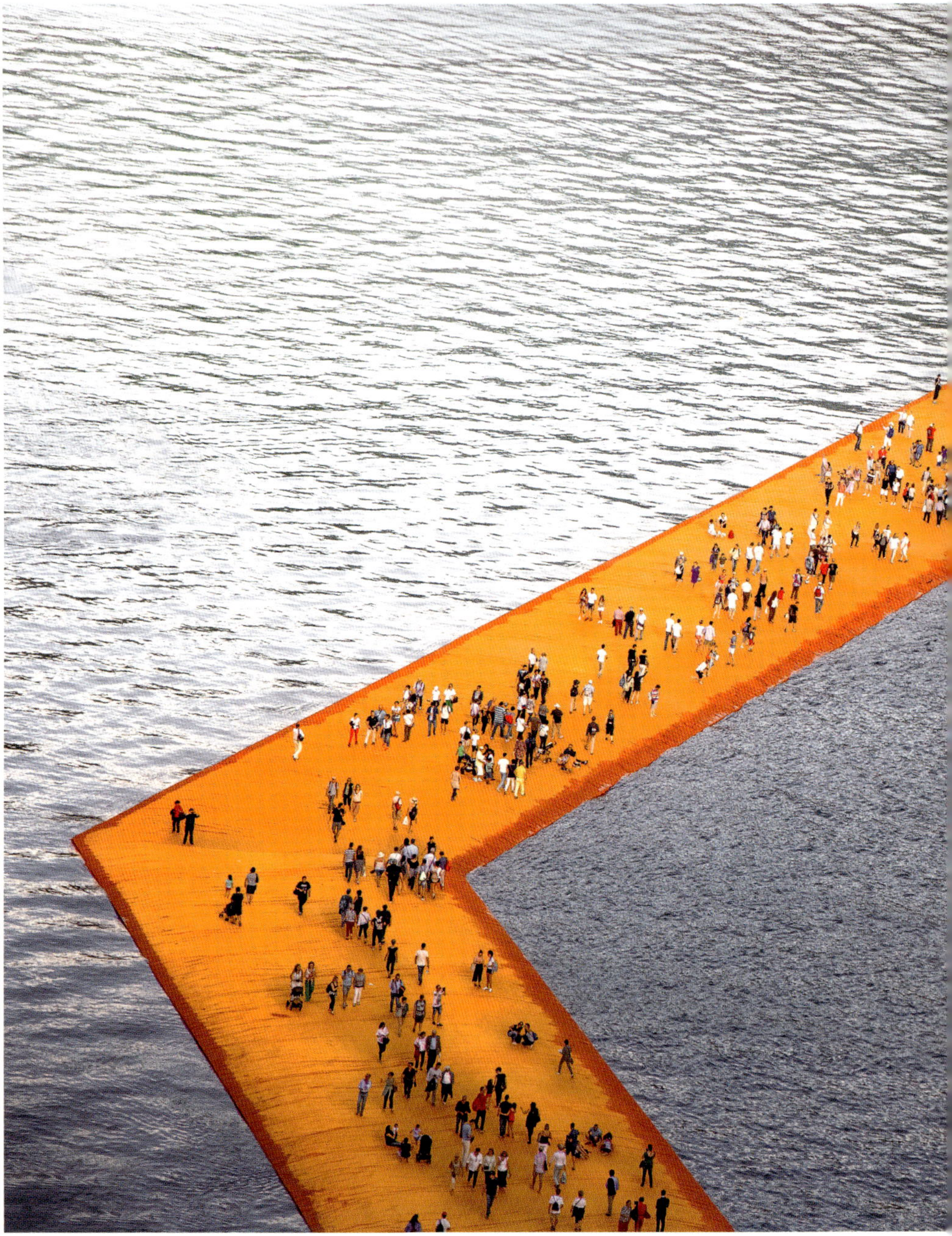

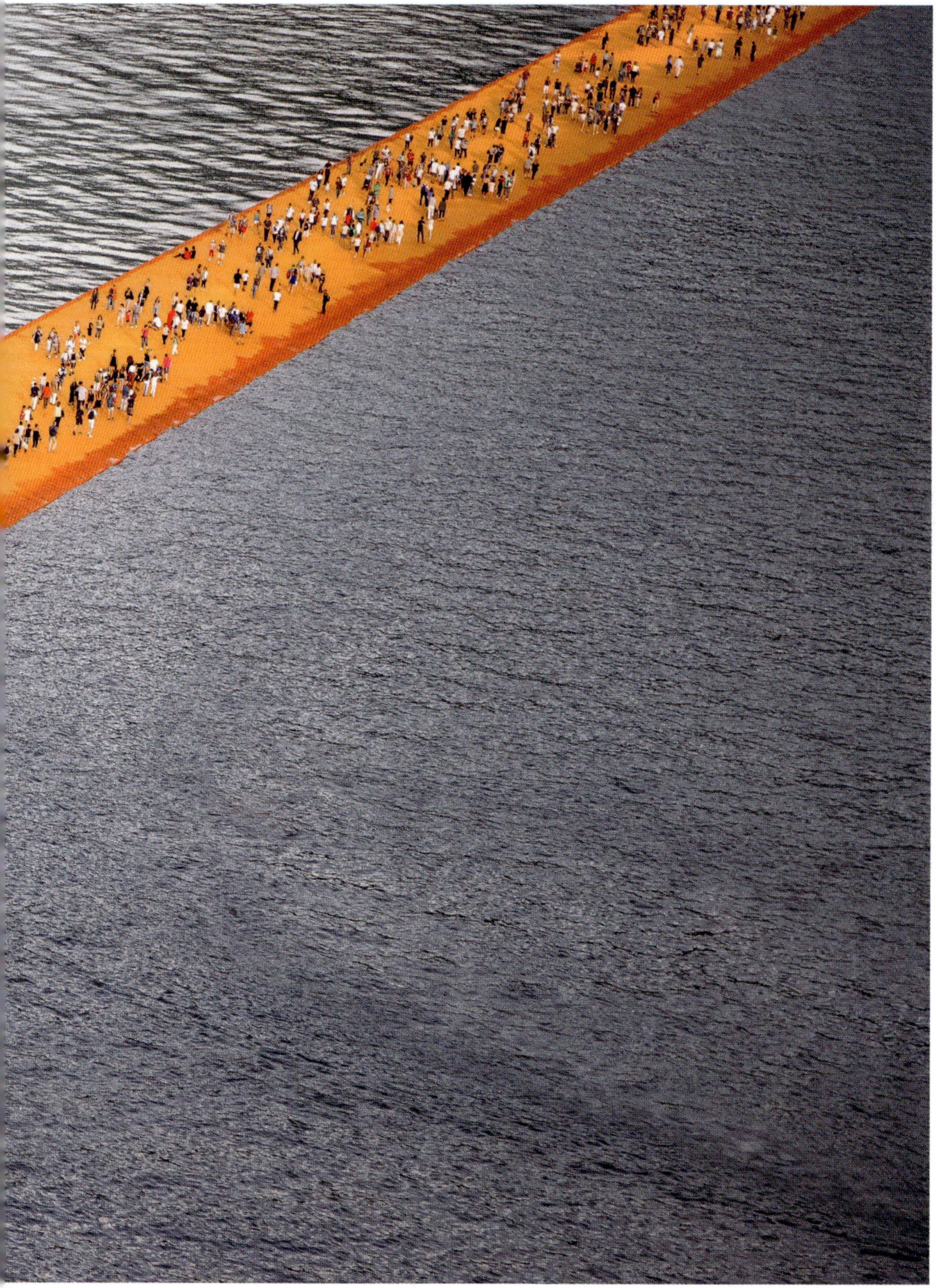

Grün

Es ist ein verbreiteter Irrtum, dass es von der Farbe Grün angeblich mehr Töne gibt als von jeder anderen Farbe. Doch es stimmt, dass unsere Augen unterschiedliche grüne Lichtwellen besonders gut wahrnehmen können, wie ein Blick in die Natur beweist: Bei näherem Hinsehen entdecken wir in der Pflanzenwelt eine schier unendliche Zahl von Grüntönen. Da unsere Augen Grüntöne sehr gut unterscheiden können, wirkt diese Farbe auch so erholsam auf uns. Wir können das Wohlgefühl, das wir bei einem Aufenthalt in der Natur genießen, durch die Farbwahl unserer Raumgestaltung ins Haus holen.

Von lebendigen Gelbgrün- und Lindgrüntönen bis zum geheimnisvollen und beruhigenden Dunkelgrün; von erdigem Olivgrün bis zu den funkelnden, an Edelsteine erinnernden Smaragd- und Türkistönen: Die Farbfamilie der Grüntöne fasziniert mit ihrem Reichtum an Varianten, die verschiedenste Assoziationen wecken. In Japan ist die Farbe Grün als Symbol für alles Lebensbringende seit jeher hoch angesehen. Auf den Flaggen vieler muslimischer Länder erscheint die Farbe, weil sie mit dem Propheten Mohammed assoziiert wird und das Paradies, Fruchtbarkeit, Glück und Wohlstand symbolisiert. Darüber hinaus steht die Farbe in verschiedenen Kulturen für Wiedergeburt, aber auch für Verwesung, Fäulnis und Krankheit. Auf Thailändisch hat das Wort *kheīyw* neben »grün« auch die negativen Bedeutungen »übel« und »stinkend«. In christlich geprägten Ländern verband man Grün mit dem Heidentum – so etwa bei dem keltischen Fabelwesen, dem Grünen Mann. Und nicht selten wurde Grün als Farbe des Bösen im Kontrast zu den heiligen und kostbaren Rottönen angesehen.

Trotz seines verbreiteten Vorkommens in der Natur gab es lange kein stabiles Grünpigment. So musste die Farbe aus blauen und gelben Pigmenten gemischt werden. Und auch als es dem Chemiker Carl Wilhelm Scheele 1775 gelang, ein synthetisches Grün herzustellen, gab es Probleme. Seine Farbe war arsenhaltig. Ihr Einsatz bei der Färbung von Textilien und Tapeten führte im Lauf des 19. Jahrhunderts zu einer unbekannten Zahl von Todesfällen.

Trotz ihrer wechselvollen Vergangenheit hat die Farbe Grün inzwischen längst ihren Siegeszug angetreten. In der zweiten Hälfte des 20. Jahrhunderts gewann sie im Fahrwasser des weltweiten Engagements für den Umweltschutz stetig an Beliebtheit. Sie wird dabei keineswegs mehr nur mit Organisationen wie Greenpeace oder grünen Parteien in Verbindung gebracht, sondern soll auch Unternehmen, die sich Nachhaltigkeit auf ihre Fahne schreiben, ein grünes Image verleihen. Inzwischen haben die Fortschritte in der Wissenschaft eine natürliche Pigmentgewinnung aus Pflanzen möglich gemacht, sodass die Assoziation der Farbe Grün mit einer umweltgerechten Zukunft nicht mehr nur symbolisch bleibt, sondern auch praktisch umgesetzt werden kann.

Farben in diesem Kapitel:

Grüne Erde

Früher

Das blasse, erdige Grün lässt sich irgendwo zwischen dem Meeresdunst bei Sonnenaufgang und taubenetztem Moos verorten. Gewonnen wird das Pigment aus natürlichen Mineralien, unter anderem Seladonit und Glaukonit. Da beide in großen Mengen vorkommen, ist die Herstellung kostengünstig.

Grüne Erde erlangte im Europa der Renaissance durch berühmte Maler wie Giotto großes Ansehen. Sie setzten es als Lasur unter halb transparenten Purpurschichten ein, um einen naturgetreuen Hautton zu kreieren. Leider setzte die Zeit den instabilen Farbpigmenten zu, sodass die Hauttöne einen ungesunden Grünstich erhielten.

Im 17. Jahrhundert exportierten japanische Kunsthändler die Haut von Stachelrochen, das sogenannte Chagrin, als Deko-Material. Um dessen Schönheit zu erhalten, überzog man es oft mit einer transparenten Schicht aus Grüner Erde.

Heute

Der transparente Charakter von Grüner Erde motivierte Robert Mangold als Vertreter des Minimalismus in seiner Bilderserie *Ring H* dazu, das Zusammenwirken von handgemachten, sanften und subtilen Farbtönen mit kurvenförmigen Linien zu erkunden.

Verwendung

Die Anpassungsfähigkeit des neutralen Farbtons macht ihn zur gelungenen Wahl als erdende Basisfarbe. In Schichten aufgetragen, entstehen ruhige, aus sich selbst leuchtende Farbeffekte. Kombiniert mit Rosatönen und einem klaren Weiß entsteht ein entspanntes und modernes Farbschema.

Farbwerte
Hex Code: #8ba26c
RGB: 139, 162, 108
CMYK: 49, 23, 70, 2
HSL: 86, 33%, 64%

Auch bekannt als
- Grünerde
- Veroneser Grün

Häufige Assoziationen
- Empfindsamkeit
- Stärkung
- Besänftigung

Grüne Erde in Kunst, Design & Kultur
- Brillenetui aus Holz und Chagrin-Leder von Rinkomoru Yoshigawa, **Accessoire,** ca. 1890
- Teppich Clay Green von Studio Rens x Moooi Carpets, **Teppich,** 2020

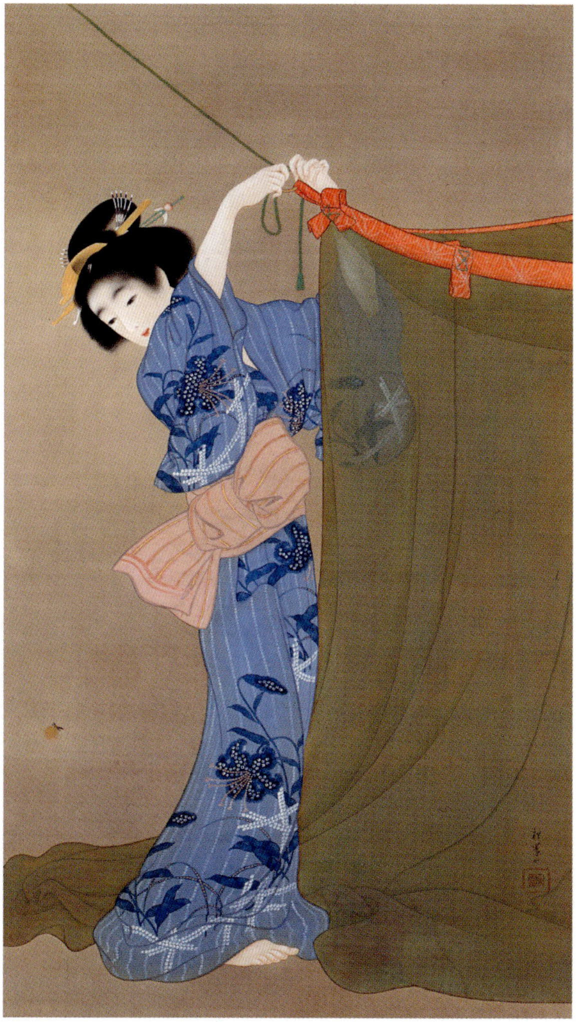

Glühwürmchen von Uemara Shōen, 1913

Grünspan

Früher

Als wenig farbechtes, hochreaktives und toxisches Pigment ist Grünspan ein gutes Beispiel für den steinigen Weg zu einem zufriedenstellenden grünen Farbmittel. Die amorphe grünblaue Farbe war das Nebenprodukt einer chemischen Reaktion in der Antike: der Oxidation von Kupfer und Bronze. Auch als Grün der Griechen bezeichnet, wurde die Patina »verrosteter« Oberflächen abgeschabt, gemahlen und als Farbpigment genutzt – in Europa erstmals im Mittelalter.

Trotz seiner Giftigkeit und der Tendenz zu verblassen, wurde dieses einzige verfügbare Grünpigment bis ins 19. Jahrhundert eingesetzt. Erst mithilfe moderner Herstellungsmethoden konnten die flüchtigen Pigmente durch dauerhaft farbechte ersetzt werden.

Heute

Noch heute ziert der grünblaue Ton Kupferdächer oder Denkmäler wie die New Yorker Freiheitsstatue. Anders als beim korrosiven rötlichen Rost, der Eisen zerfrisst, bilden die Oxidationspigmente auf Kupfer eine Schutzschicht.

Im Geiste des japanischen Wabi-Sabi-Prinzips wissen wir in unserer Zeit Unvollkommenes als Form von Natürlichkeit und Individualität zu schätzen. Ein gelungenes Beispiel hierfür ist die Serie Landscape of Oxidation des Londoner Designstudios Yenchen & Yawen. Sie umfasst drei Kollektionen von Haushaltswaren. Deren ästhetisch ansprechende Gestaltung beruht auf Rost, Grünspan und Kintsugi (der japanischen Reparaturmethode, bei der Risse gesprungener Keramik mit einer Goldverbindung gefüllt und so der sichtbare Makel als wertvoll betont wird). Die Stücke der »Blue Patina«-Kollektion werden aus dem Verbundwerkstoff Jesmonite sowie beigemischtem Glas-, Kupfer- und Messingpulver hergestellt. Sie lagern für mehrere Tage in feuchtem Staub, damit sich die individuelle grünblaue Patina entwickeln kann.

Farbwerte
Hex Code: #27a1a4
RGB: 39, 161, 164
CMYK: 77, 16, 38, 0
HSL: 181, 76%, 64%

Häufige Assoziationen
- Unbeständigkeit
- Verlockung
- Individualität

Grünspan in Kunst, Design & Kultur

- Die Freiheitsstatue von Frédéric-Auguste Bartholdi, **Skulptur,** 1886
- True Colours-Vasen von Lex Pott, **Haushaltswaren,** 2017
- Verdigris-Produktlinie von Forbes und Lomax, **Lichtschalter,** 2021

Verwendung

Die fragile Schönheit des grünblauen Tons kommt durch Auftragen mehrerer transparenter Farbschichten am wirkungsvollsten zur Geltung. Die dadurch entstehenden Farbwirkungen lassen sich durch kleine Akzente anderer metallischer Designkomponenten – wie Kupfer und Messing – noch unterstreichen.

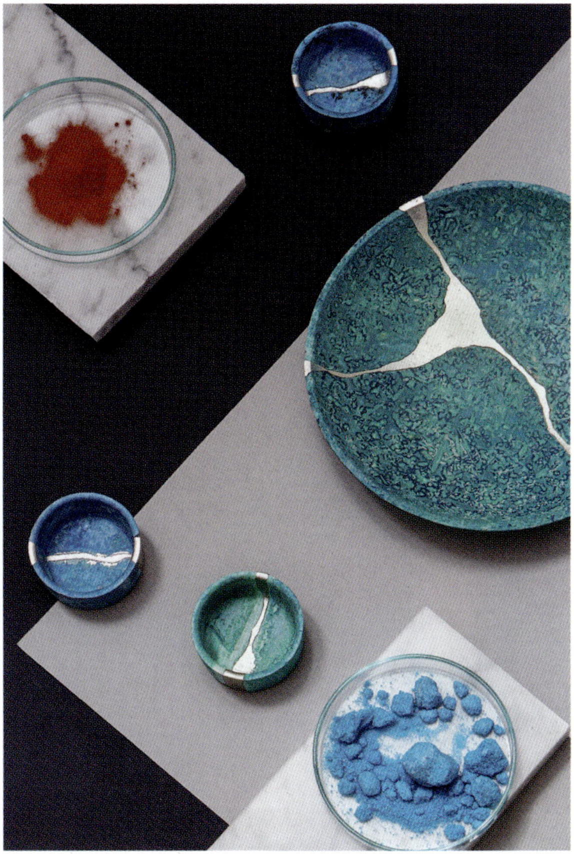

Landscape of Oxidation, Produktserie von Yenchen & Yawen, 2018

Malachit

Früher

Das leuchtend grüne, auf Kupfer basierende Mineral diente bereits im alten Ägypten als Pigment für die Malerei und als Mascara. Es wurde als himmlische Gabe mit der Göttin Hathor in Verbindung gebracht, der Schutzpatronin für die Arbeiter in den Malachitminen. Die Azteken verwendeten das leuchtend grün gemaserte Mineral, um daraus dekorative Objekte herzustellen, die als Glücksbringer galten. Das 1821 von dem japanischen Künstler Watanabe Kazan gemalte *Portrait von Sato Issai* ist ein wunderbares Beispiel für die expressive Leuchtkraft, die Malachitgrün Gemälden verleiht.

Als ältestes bekanntes Grünpigment, das leicht zu gewinnen war und ein leuchtendes und farbechtes (wenn auch giftiges) Grün ergab, konnte sich Malachit dennoch in Europa nicht durchsetzen. Die Künstler der Renaissance hatten das Malen mit Tempera- oder Freskofarben hinter sich gelassen und bevorzugten Ölfarben. Hierfür hätte das Pigment fein zermahlen werden müssen, dadurch aber seine Leuchtkraft verloren.

Heute

Auch wenn Malachit heute als reines Pigment nicht mehr in Gebrauch ist, erlebt der glamouröse Grünton der Antike in Kunst und Design dennoch ein Comeback. 2020 brachte das italienische Designlabel Fornasetti Malachitgrün wieder ins Gespräch. Es übertrug die Bänderung des Minerals auf eine Produktlinie mit einer modernistischen Formensprache, um so Vergangenheit und Gegenwart auf elegant-luxuriöse Weise miteinander zu verweben.

Farbwerte
Hex Code: #126d64
RGB: 18, 109, 100
CMYK: 87, 37, 61, 20
HSL: 174, 84%, 43%

Auch bekannt als
- Berggrün
- Kupfergrün
- Kupferspat

Häufige Assoziationen
- Transzendenz
- Kostbarkeit
- Luxus

Rechts: »Malachite«-Wohnzimmer aus der »Unusual Living Rooms«-Kollektion von Fornasetti, 2020

Malachitgrün in Kunst, Design & Kultur

- Kopfbedeckung oder Helm mit türkisfarbenem und malachitgrünem Stachelauster-Mosaik, Azteken, Mexiko, 1400–1521
- *Blumenstrauß aus Chrysanthemen* von Pierre-Auguste Renoir, **Gemälde,** 1881–1882
- Stelis Bag von Montunas, **Accessoires,** 2019

Verwendung

Das mit der Kultur der Antike und der verzaubernd eleganten Kristallstruktur des Minerals assoziierte, leuchtende Malachitgrün spricht uns auch heute noch an. Die Farbpalette von Fornasetti bietet perfekte Inspiration: Ein brillantes Malachitgrün, gepaart mit Factory Yellow und zurückhaltendem Austerngrau, ergibt ein ebenso luxuriös anmutendes wie einprägsames Marketingtool.

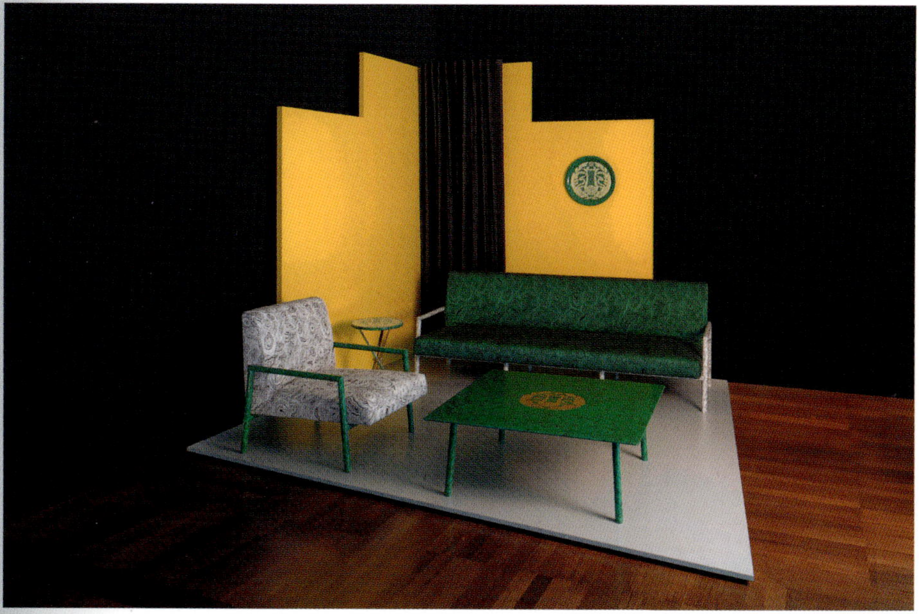

Seladongrün

Farbwerte
Hex Code: #90b7af
RGB: 144, 183, 175
CMYK: 45, 15, 32, 0
HSL: 168, 21%, 72%

Häufige Assoziationen
- Unergründlichkeit
- Eleganz
- Harmonie

Früher

Im 12. Jahrhundert reiste der chinesische Gelehrte Hsu Ching nach Korea, um das jadegrüne Seladon-Steingut der Goryeo-Dynastie zu studieren. Beeindruckt von dem, was er sah, urteilte er: »Die grüne Keramikware, die als *fei si* (Eisvogelfarbe) bezeichnet wird … zeichnet sich durch eine außergewöhnlich schöne Farbe und Glasur aus.«* Die Keramikglasur erhielt ihre besondere Qualität durch eine Schicht stark eisenhaltigen, aufgelösten Lehms und wurde in China zur Zeit der Drei Reiche 220 bis 225 n. Chr. perfektioniert.

Hsu Ching beobachtete, dass die Farbpalette der Seladon-Keramik je nach Region und Fertigungstechnik von einem grünlich grauen Ton bis zu einem erdigen Oliv variierte. Die Farbe resultiert nicht aus einem Pigment, sondern aus einer chemischen Reaktion während des Brennvorgangs. Ebenso ungewöhnlich ist die Herkunft der Farbbezeichnung Seladon: Namensgeber war Céladon, der Held einer im 17. Jahrhundert beliebten pastoralen Komödie, dessen grünes Kostüm an das seladongrüne chinesische Porzellan erinnerte.

Heute

Das heutige Design greift häufig auf die zartgrünen Seladonglasuren zurück, die uns das traditionelle Steinzeug Chinas und Südostasiens bescherte. So nutzt der britische Keramiker Edmund de Waal – inspiriert von den chinesischen und koreanischen Vorbildern sowie von den Bauhaus-Stilprinzipien – diesen Farbton für seine Porzellangefäße. Durch die Präsentation in architektonisch interessanten Settings kommt die enigmatische Natur seiner Objekte erst richtig zur Geltung.

*Gompertz, G. St. G. M., »The ›Kingfisher Celadon‹ of Koryo« (dt. »Das ›Eisvogel-Seladon‹ der Goryeo-Dynastie«), *Artibus Asiae*, Bd. 16, Nr. 1/2, 1953

Seladongrün in Kunst, Design & Kultur

- Chinesische Urnen, Steinzeug mit Glasur, Yuan-Dynastie, **Keramik,** 1279–1368
- *Another Sky* von Edmund de Waal, **Skulptur,** 2016
- Prêt-à-porter-Kollektion von Vince, **Mode,** Frühjahr/Sommer-Kollektion 2021

Verwendung

Edmund de Waals Farbpalette macht Lust, mit Seladongrün eine ebenso luftige wie entspannende Raumatmosphäre zu schaffen, und zwar durch die Kombination mit anderen zarten Tönen wie Porzellanweiß sowie Nuancen von Creme, Enteneiblau und Buttergelb.

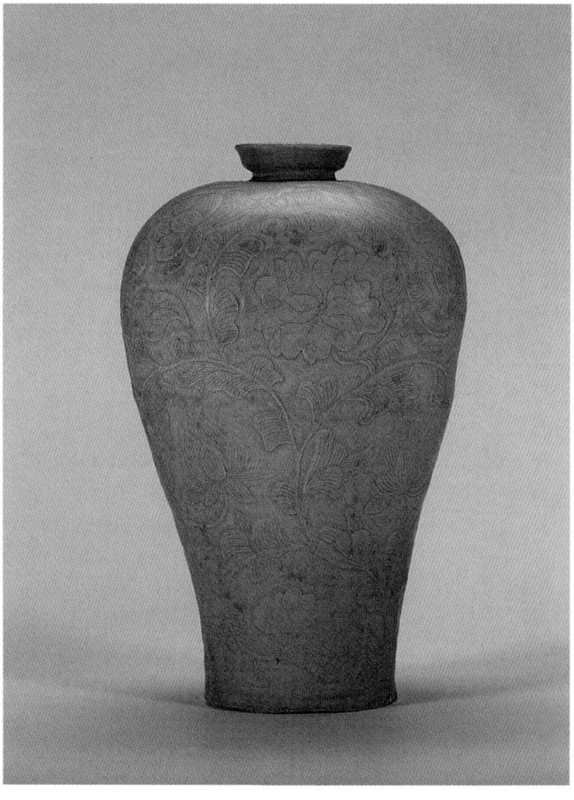

Celadon Maebyeong aus der Goryeo-Dynastie (glasierte Keramik), koreanische Schule, 12. Jahrhundert

Hookersgrün

Farbwerte
Hex Code: #00A63D
RGB: 0, 65, 24
CMYK: 82, 6, 100, 0
HSL: 142, 100%, 32.5%

Auch bekannt als
- Botanical Green

Häufige Assoziationen
- Gedeihen
- Fürsorglichkeit
- Natürlichkeit

Früher

Das satte Grün wurde von William Hooker entwickelt, der 1815 als botanischer Illustrator für die Royal Horticultural Society (RHS) tätig war. Auf der Suche nach dem perfekten Blattgrün mischte er das damals erst kurz zuvor entwickelte Preußischblau (siehe Seite 178) mit Gummigutta – einem gelben Farbstoff, der aus dem Saft eines in Kambodscha beheimateten Laubbaums hergestellt wurde. Das Ergebnis war ein komplexes Grün, das je nach Konsistenz im Farbton variierte und sich daher ideal für Pflanzenzeichnungen eignete.

Hookers mehrere Hundert Pflanzendarstellungen, die er für die RHS fertigte, zeigen, wie hervorragend sich die Farbe für die zeichnerische Wiedergabe der umfangreichen Grünschattierungen von Obstbäumen eignete. Die RHS kürte den Zeichner zum »besten Obstpflanzen-Illustrator seiner Zeit«.* Künstler wie auch Farbenhersteller erkannten das große Potenzial seines Grüns: Es wurde zügig in Farbpaletten aufgenommen und wird bis heute produziert.

Heute

Vor dem Hintergrund eines wachsenden Interesses an der Natur, an Authentizität sowie an nostalgischem Design und traditionellen Produktionstechniken hat dieser Grünton seine Beliebtheit bewahrt. »Greenery«, ein eindeutig von Hookersgrün inspirierter Ton, wurde 2017 zur Pantone-Farbe des Jahres gekürt.

Die traditionellen Pflanzenillustrationen aus Hookers Zeit werden heute von Designern wieder hoch geschätzt. 2016 startete die Botanikillustratorin Katie Scott gemeinsam mit der Firma Nike eine Kampagne, bei der aus Sportschuhen stilisiertes Blattwerk sprießt.

*Blunt, Wilfrid, und Stearn, William T., *The Art of Botanical Illustration* (2. überarbeitete Auflage), Suffolk: ACC Art Books, 1994

Hookersgrün in Kunst, Design & Kultur

- *Jack-in-the-Pulpit No. 3* von Georgia O'Keeffe, **Gemälde,** 1930
- *Tree of Plant Life* aus dem Buch *Botanicum* von Katie Scott, **Druck,** 2016
- Pantone 15-0343 »Greenery«, Pantone-Farbe des Jahres, **Design,** 2017

Verwendung

Botanische Grüntöne sind aus einer modernen Farbpalette nicht wegzudenken. Durch die Assoziation mit der Natur verleihen sie Räumen eine erholsame Wohlfühlatmosphäre. Perfekt ausbalanciert werden sie mit sanften Rosatönen, erdigem Siena und einer Prise Holzkohlegrau.

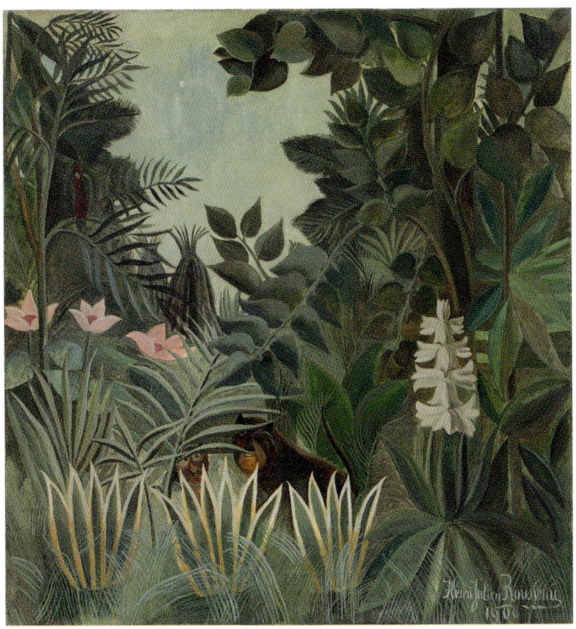

Äquatorialer Dschungel von Henri Rousseau, 1909

Smaragdgrün

Farbwerte
Hex Code: #439876
RGB 11, 96, 88
CMYK 89, 4, 63, 28
HSL: 156, 56%, 60%

Auch bekannt als
- Scheeles Grün
- Pariser Grün

Häufige Assoziationen
- Opulenz
- Eifersucht
- Trost

Früher

Funkelnd, kostbar und atemberaubend schön: Smaragde haben schon immer Neid und Begehrlichkeit geweckt. Früher wurden sie zudem für ihre heilende Wirkung verehrt. Im 1. Jahrhundert n. Chr. notierte der römische Geschichtsschreiber Plinius der Ältere, dass »nichts grüner grünt«, und bewunderte den entspannenden Effekt der Farbe auf unsere Augen. Vielleicht hat Kaiser Nero deshalb den blutigen Kampf seiner Gladiatoren durch eine Art Smaragdsonnenbrille beobachtet.

Das erste Pigment dieses Farbtons wurde im 18. Jahrhundert als sogenanntes Pariser Grün kreiert – ein leuchtender Farbton, wenn auch mit tödlichen Nebenwirkungen. Der begehrte Farbton wurde, wie auch andere Grüntöne, von Carl Wilhelm Scheele, dem Erfinder des Preußischblau (siehe Seite 178), durch Mischen von Kupfer und Arsen hergestellt. Leuchtender und lichtechter als andere Grünpigmente der Zeit, wählten es zahlreiche impressionistische Maler wie Paul Gauguin für die künstlerische Darstellung von Pflanzen und grünen Landschaftsidyllen. Im viktorianischen England brachten smaragdgrüne Kleider, Tapetenmuster, Gardinen und Kerzen Farbe in das alles prägende Industriegrau. Doch die Pigmente blätterten mit der Zeit als giftiger Farbstaub ab, der so manchen Todesfall zur Folge hatte. Dennoch wurde die Farbe von Künstlern bis in die 1960er-Jahre verwendet.

Heute

Arsenhaltige Grünpigmente gehören heute dank moderner Syntheseverfahren der Vergangenheit an. Grünblaue Farbtöne stehen in der Kunst wie auch im Wohn- und Modedesign wegen ihrer Eleganz und beruhigenden Ausstrahlung hoch im Kurs. Die Künstlerin Ptolemy Mann erschafft mit ihnen auf ihren

Smaragdgrün in Kunst, Design & Kultur

- *Te Fare Hymenee* von Paul Gauguin, **Gemälde,** 1892
- Cecilias Kleid, entworfen von Jacqueline Durran, das Keira Knightley im Film *Abbitte* trägt, **Modedesign,** 2007

Bildern und Wandteppichen reizvolle Farblandschaften, in denen kühle und wärmere Töne in einen dynamischen Farbdialog treten.

Verwendung

Wie wäre es mit einer interessanten Palette komplementärer Farben? Dunkle, chromatische Grünblautöne treffen auf warmes Pink und Orange. Perfekt ausbalancieren lässt sich diese einprägsame Farbkombination mit einem kühlen, blassen Lavendelton.

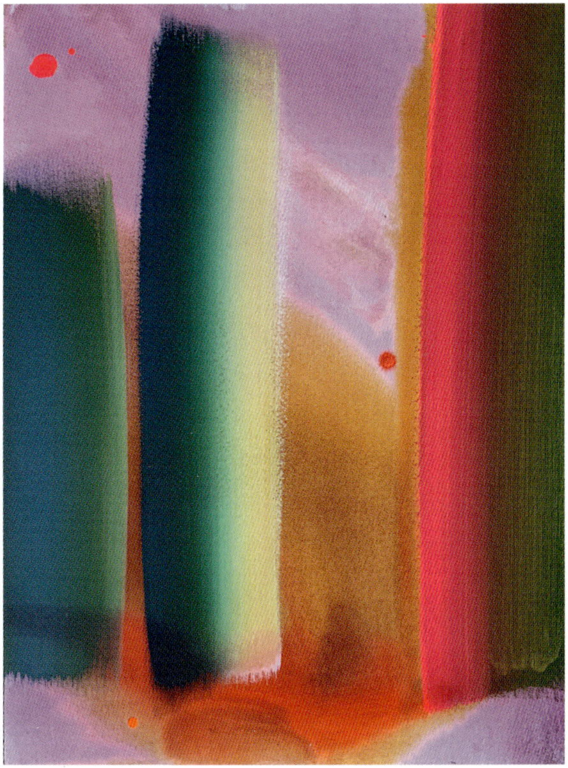

Eclipse Painting (Ultraviolet Landscape) von Ptolemy Mann, 2020

Flaschengrün

Farbwerte
Hex Code: #1b5716
RGB: 27, 87, 22
CMYK: 84, 39, 100, 38
HSL: 115, 75%, 34%

Häufige Assoziationen
- Qualität
- Einzigartigkeit
- Wohlstand

Früher

Flaschengrün begegnet uns nicht nur regalweise im Supermarkt – in jedem Haushalt ist es so selbstverständlich zu finden, dass wir es kaum noch bewusst wahrnehmen. Doch die Geschichte dieser Farbe geht erstaunlich weit zurück. Aus der Zeit der alten indischen und hinduistischen Kulturen wurde ein in diesem Grün gefärbter Krug *(khumba)* gefunden, während die Porzellanflaschen der chinesischen Qing-Dynastie (1644–1912) mit einem bleihaltigen kupferbasierten Grün emailliert waren.

Die Grüntönung heutiger Flaschen hat allerdings rein pragmatische Gründe. Bis zur industriellen Revolution waren Glasflaschen zur Weinaufbewahrung noch ein Luxus, den sich nur wenige leisten konnten. Im 17. Jahrhundert erfand der britische Abenteurer und Universalgelehrte Sir Kenelm Digby ein neues, haltbareres und dunkleres Glas für Weinflaschen, das den Inhalt zudem vor UV-Strahlen schützte. Bis heute werden die meisten alkoholische Getränke in farbige Glasflaschen abgefüllt: in der Regel Bier in braune und Wein in grüne.

Heute

Bis heute als Farbe von Wein- und Bierflaschen omnipräsent, haben die französischen Designer Ronan & Erwan Bouroullec dem Flaschengrün als eine der Schlüsselfarben ihrer Kollektion »Vases Découpages« neue Aufmerksamkeit verschafft. Ihre zylindrischen Gefäße – mit abstrakt geformten Zierelementen in kontrastierenden Farben, die für wechselnde Effekte immer wieder neu arrangiert werden können – strahlen eine »fragile Balance« aus.

Flaschengrün in Kunst, Design & Kultur

- Flasche, grün glasiertes Porzellan, Qing-Dynastie, **Keramik,** 1736–1795
- *Grüne Coca-Cola-Flaschen* von Andy Warhol, **Druck,** 1962
- PET-Art-Skulpturen von Veronika Richterová, **Skulptur,** 2004–heute

Verwendung

Flaschengrün ist die Farbe der Wahl, wenn Qualität und Eleganz signalisiert werden sollen. Gepaart mit wässrigen Blautönen und dem gelblichen Saftgrün, die Flaschengrün im Farbkreis jeweils benachbart sind, lässt sich ein ebenso opulentes wie harmonisches Farbspiel kreieren.

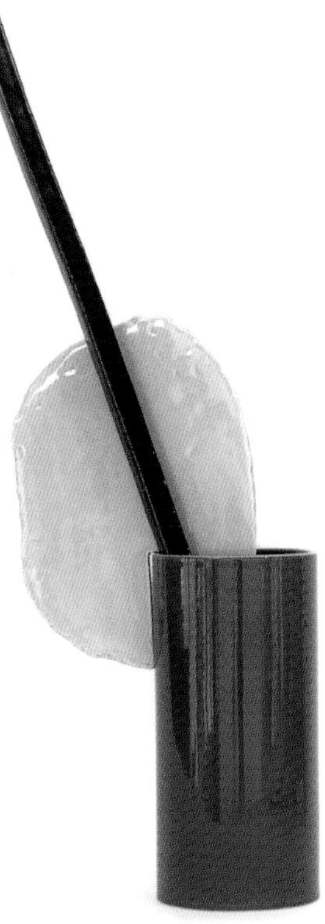

»Barre« aus der Kollektion »Vases Découpages« von Ronan & Erwan Bouroullec für Vitra, 2020

Türkis

Farbwerte
Hex Code: #8cd3d4
RGB: 64, 206, 203
CMYK: 62, 0, 27, 0
HSL: 179, 69%, 81%

Häufige Assoziationen
- Wellness
- Fernweh
- Optimismus

Türkis in Kunst, Design & Kultur
- Blaue Moschee (Sultan-Ahmed-Moschee), Istanbul, **Keramik,** 1736–1795
- *Silvered 2* von Bridget Riley, **Siebdruck,** 1981
- Dream Come True Building, Old Street, London, von Camille Walala, **Wandgemälde,** 2015

Früher

Die leuchtend blaugrüne Farbfamilie geht auf ein Mineral zurück, das vor 6000 Jahren in den Kulturen des alten Ägyptens und Persiens sowie ab 200 v. Chr. bei den Urvölkern Amerikas als Schmuckstein für ornamentale Verzierungen genutzt wurde. Der Name entstammt der französischen Bezeichnung *pierre turquoise*, dt. »Türkischer Stein«, da das Mineral im 16. Jahrhundert über die Seidenstraße nach Europa gelangte.

Türkis ist ein wasserhaltiges Phosphat aus Kupfer und Aluminium, das in der Natur vorkommt, je nach seiner mineralischen Zusammensetzung eine große Bandbreite an Farbtönen aufweist und so weich ist, dass es sich leicht bearbeiten lässt. Kein Wunder also, dass es für die Kunsthandwerker der Antike so attraktiv war. In Persien wies man dem Türkisstein schützende Eigenschaften zu und nannte ihn *pirouzeh*, was »Sieg« bedeutet. Man verzierte damit Dolche und Zaumzeug, aber auch Amulette und religiöse Bauwerke. Ein berühmtes Beispiel hierfür ist die Sultan-Ahmed-Moschee in Istanbul, die wegen ihrer traditionellen türkisfarbenen İznik-Fliesen, mit denen der Innenraum reich dekoriert ist, auch Blaue Moschee genannt wird.

Heute

Heute beliebt wie eh und je, haben sich der Gebrauch und die Wirkung von Türkis im 20. und 21. Jahrhundert immer wieder gewandelt. In der von Palm Springs inspirierten Designszene der 1950er- und 1960er-Jahre setzten berühmte Designer wie Charles Eames und Verner Panton den effektvollen Farbton in ihren Möbel- und Leuchtenkollektionen ein. Mit dem Ausbruch der Konsumkultur der 1980er- und 1990er-Jahre wurde Türkis von postmodernen Designern wie der Gruppe Memphis als verspielte Ergänzung zu ihrer knalligen,

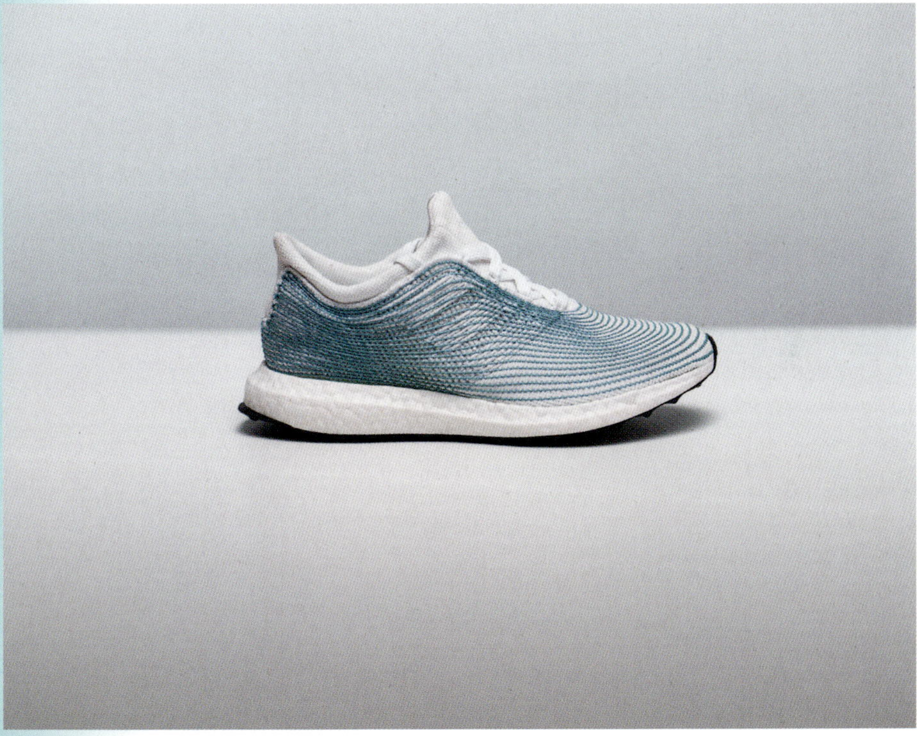

Ultraboost DNA Parley, Laufschuh aus recyceltem Ozeanmüll, von Parley for the Oceans x adidas, 2018

retro-inspirierten Farbpalette verwendet. Heute steht Türkis für Wellness und Fernweh – der beruhigende wie erfrischende Farbton wird für Lifestyle-Produkte aller Art eingesetzt. Adidas unterstrich in einer aktuellen Kampagne für eine Sportschuhserie den umweltbewussten Gebrauch von Ocean Plastic, indem die Firma die positiven Assoziationen nutzte, die die Farbe Türkis beim Betrachter weckt.

Verwendung

Dank ihres Potenzials, Ruhe und Gelassenheit auszustrahlen, können Türkistöne gut miteinander kombiniert werden – sie erfrischen nachhaltig das Auge wie die Seele.

Olivgrün

Früher

Benannt nach den Früchten des Baumes, dessen Zweige bereits bei den alten Griechen als Friedenssymbol galten, ist Olivgrün heute zugleich die Farbe moderner Kriegsführung. Die leuchtend bunten Uniformen, die einst auf dem Schlachtfeld die Unterscheidung zwischen Freund und Feind ermöglichen sollten, wichen gedämpften Olivtönen, die die heute verlangte Camouflage boten (siehe auch Khaki, Seite 302).

Ungeachtet seiner Assoziation mit Krieg und Frieden stand Olivgrün schon immer bei den Designern hoch im Kurs. So war es ein Schlüsselfarbton für den Jugendstil mit seinen ornamentalen Naturmotiven im Design und in der Architektur zu Beginn des 20. Jahrhunderts. Der warme und diskrete Farbton war auch in der Bauhaus-Zeit beliebt, in der eigentlich Primärfarben favorisiert wurden. Als Wand- und Deckenfarbe bot er jedoch einen zurückhaltenden Hintergrund für leuchtende Farbakzente. Seine besondere Hochzeit erlebte der Farbton jedoch im explosiven US-Design der Nachkriegszeit, als Olivgrün mit Gold- und Korallentönen kombiniert den neuen offenen Raumkonzepten eine aufgeschlossen-moderne Grundstimmung verlieh.

Heute

Das elegante, zeitlose und etwas eigenwillige Olivgrün ist seit der Mitte des 20. Jahrhundert bis heute in der Innenarchitektur en vogue. Die Farbe ziert auch die von den 1950er-Jahren inspirierten, aber hochaktuellen Möbelentwürfe von Herman Miller und Eero Saarinen.

Verwendung

Für Wohnraumgestaltungen lässt sich das warme, neutrale Olivgrün mit Messing und Senfgelb zu einem leuchtenden, ausgeglichenen Farbschema kombinieren.

Farbwerte
Hex Code: #868349
RGB: 134, 131, 73
CMYK: 47, 37, 83, 13
HSL: 57, 46%, 53%

Häufige Assoziationen
- Wachstum
- Frieden
- Stärke

Olivgrün in Kunst, Design & Kultur
- *Olivenhain* von Vincent van Gogh, **Gemälde,** 1889
- Weißer Tulip-Stuhl mit olivgrünem Sitzkissen von Eero Saarinen, **Möbel,** 1950er-Jahre
- *Pasture* von Anni Albers, **Textilkunst,** 1958

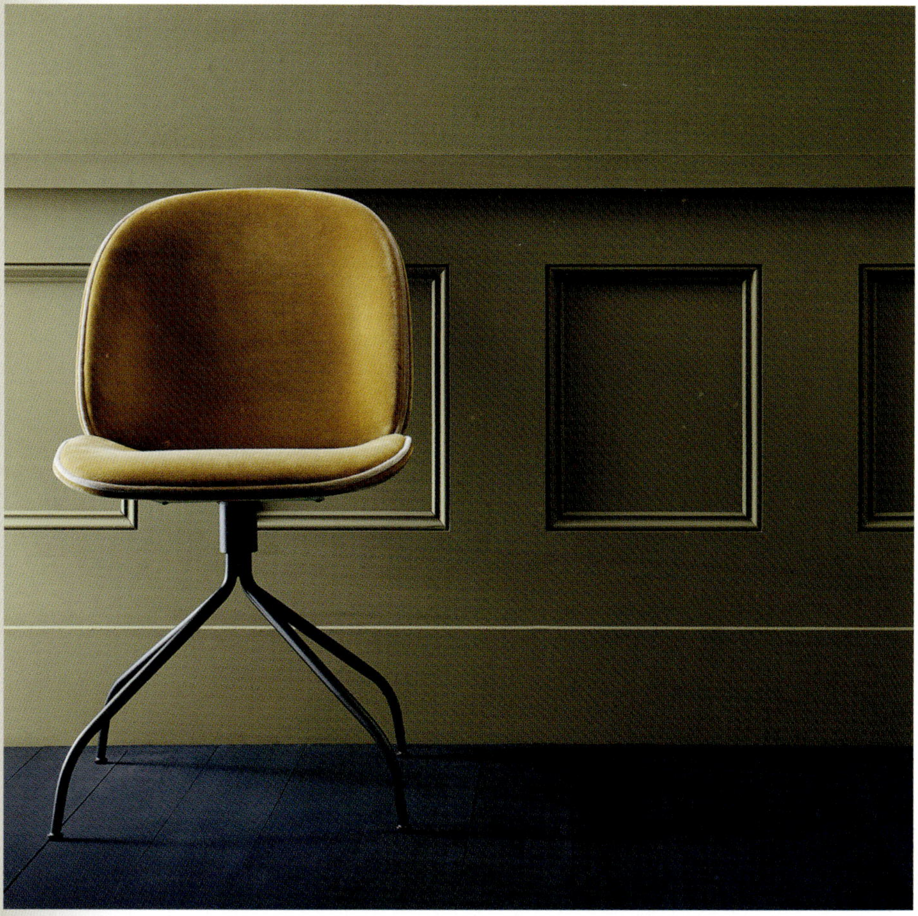

Die Farbe »Olive« (72) von Little Greene, Beispielfoto des Herstellers

Vitalgrün

Farbwerte
Hex Code: #7cf135
RGB: 124, 241, 53
CMYK: 50, 0, 100, 0
HSL: 97, 78%, 95%

Häufige Assoziationen
- Retro
- Digitalisierung
- Lebensbejahung

Früher

Das für die moderne Welt der Technik entwickelte Vitalgrün ist untrennbar mit den frühen Tagen des Personal Computer verbunden, als die Monitore noch mit Kathodenstrahlröhren arbeiteten. Grün war dabei eine günstige und stabile Phosphorfarbe, die Rot, Gelb oder Weiß deutlich überlegen war, da diese auf schwarzem Hintergrund nur verschwommene Zeilen produzierten. Auch hat grünes Licht die für das menschliche Auge angenehmste aller Wellenlängen und war daher Weiß auf Schwarz vorzuziehen. Zudem hält es die Aufmerksamkeit des Betrachters länger wach.

Obwohl sich die Bildschirmtechnologie rasant weiterentwickelte, blieb Grün auf Schwarz lange Zeit ein Kennzeichen digitaler Technologie. In den 1980er- und 1990er-Jahren, dem Zeitalter der Synthesizer und der Auto-Tune-Effekte, zierten Phosphorgrüntöne die Innenlabels unzähliger Maxi-Singles. Zudem leuchteten sie auf grellen, mit Smileys und Aliens geschmückten T-Shirts.

Auch heute noch ist dieser Grünton unser ständiger Begleiter. Auf Ampeln, Schildern und Schaltern signalisiert er »freie Fahrt« oder weist auf Erste-Hilfe-Kästen und Fluchtwege hin (siehe auch Signalrot, Seite 80).

Heute

Heute steht Vitalgrün in der Designwelt für weit mehr als nur technologische Nostalgie. In unserer digital geprägten Welt sehen wir täglich mehr Grüntöne auf dem Bildschirm als in der freien Natur, und die Farbenlehre spielt zu Recht eine immer größere Rolle. Zahlreiche Kommunikations-Apps wie Snapchat setzen diesen Farbton ein, um eine Message zu kennzeichnen, die von einem unbekannten Sender außerhalb des Netzwerks eingeht. Das ruhigere Blau hingegen verweist

Vitalgrün in Kunst, Design & Kultur

- CRT-Monitor von IBM, **Computer,** 1972
- Grün fluoreszierende wattierte Nylon-Clutch von Prada, **Accessoire,** Herbst/Winter-Kollektion 2018/19
- Prêt-à-porter-Kollektion von Bottega Veneta, **Mode,** 2021

auf die Nachricht eines bereits bekannten Users. Und im Jahr 2020 wiesen im New Yorker High Line Park in Vitalgrün leuchtende Punkte unübersehbar auf die pandemiebedingt erforderlichen Abstände hin.

Verwendung

Beim Web- oder App-Design sind leuchtende Grüntöne die Farbe der Wahl, um Aufmerksamkeit zu erlangen und zum Klicken zu verlocken. Um für möglichst viele Nutzer eine gute Lesbarkeit zu gewährleisten, sollte man an die Kontrastwerte denken (Schwarz und Grün).

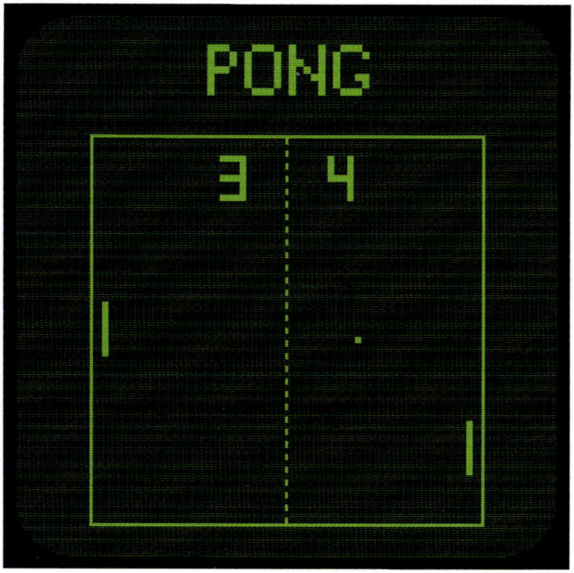

Rechts: Videospiel Pong von Atari, 1972 auf den Markt gebracht

Folgende Doppelseite: Social-Distancing-Markierungen von Paula Scher, Pentagramm für Friends of the High Line, 2020

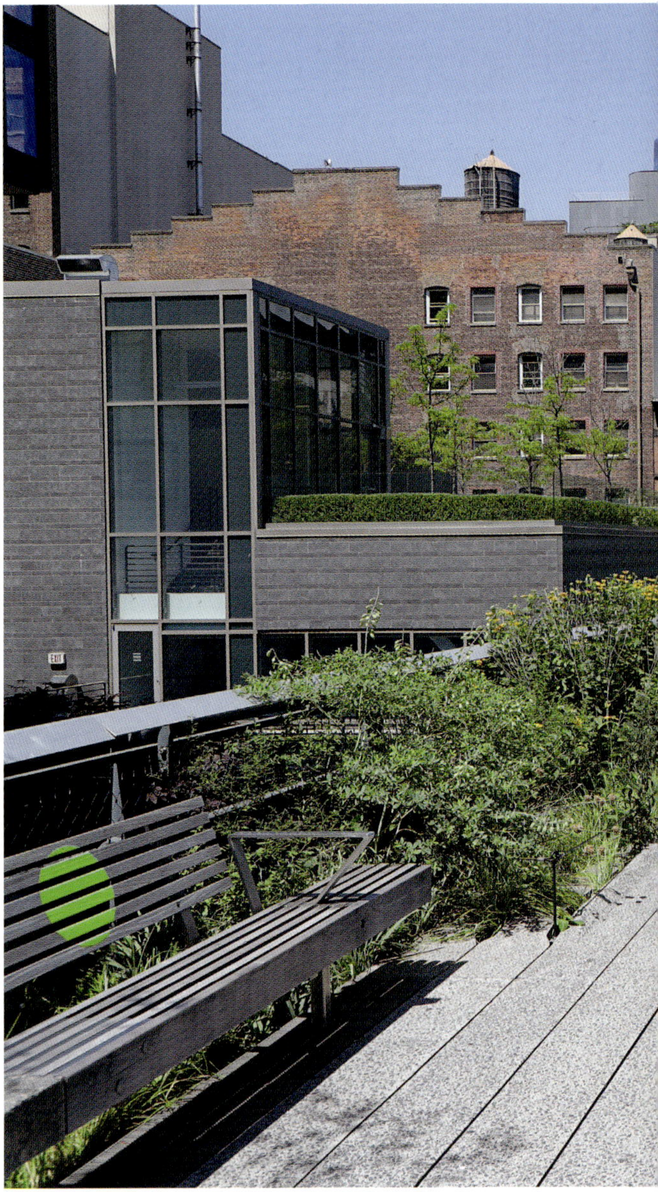

»Auch heute noch ist dieser Grünton unser ständiger Begleiter. Auf Ampeln, Schildern und Schaltern signalisiert er ›freie Fahrt‹.«

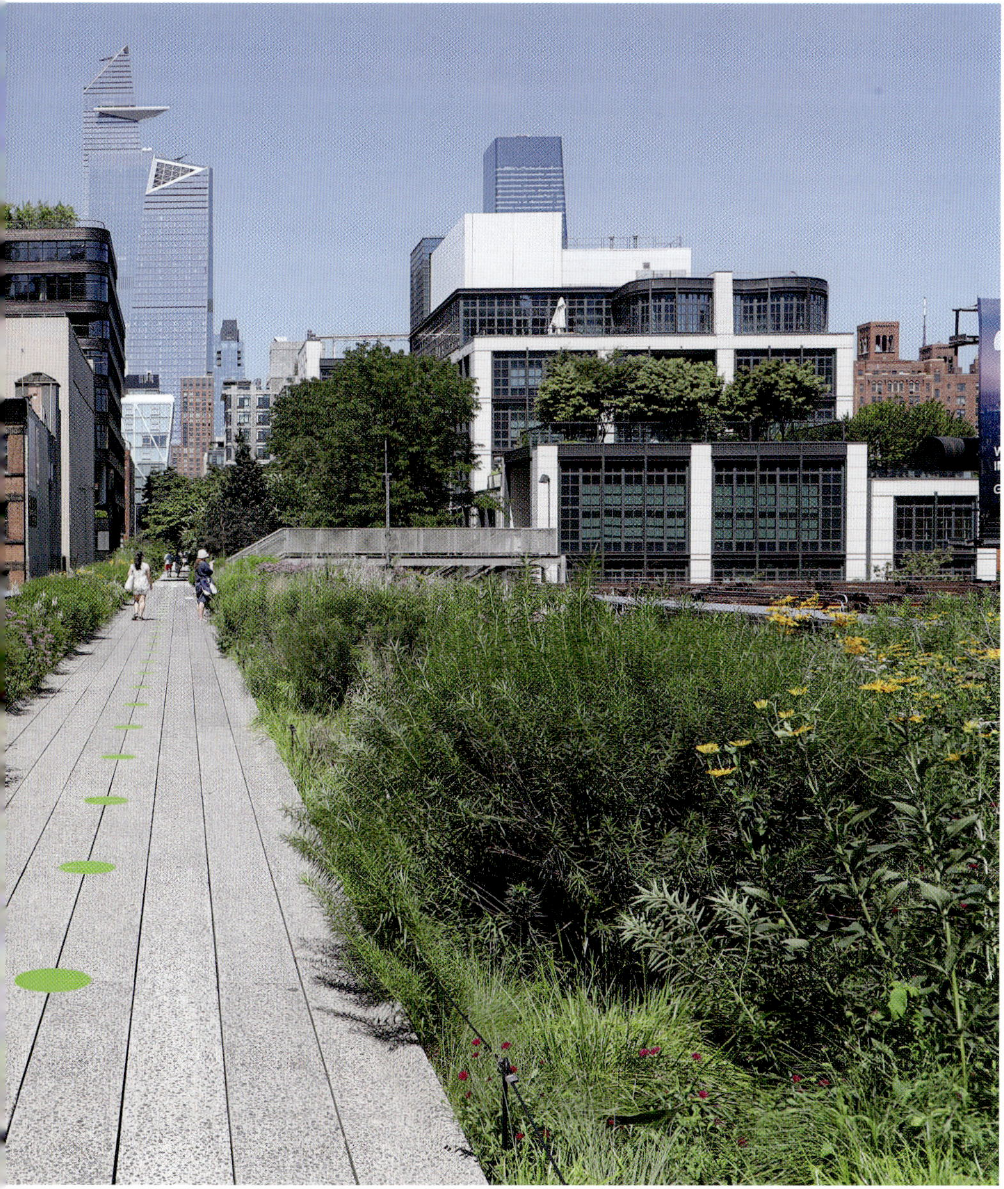

Mintgrün

Farbwerte
Hex Code: #9be9c2
RGB: 155, 233, 194
CMYK: 36, 0, 33, 0
HSL: 150, 33%, 91%

Häufige Assoziationen
- Frische
- Jugendlichkeit
- Innovation

Früher

Wie zahlreiche andere moderne Farben ist auch Mintgrün ein Produkt technologischen Fortschritts. Erst Entwicklungen wie das Pulverbeschichtungsverfahren, das sich sein Erfinder Daniel Gustin 1945 patentieren ließ, machten es möglich, leuchtende Pastellfarben wie diese herzustellen. Innovatives Denken prägte die Aufbruchsstimmung Mitte des 20. Jahrhunderts. Der moderne Lebensstil stand ganz im Zeichen neuer Kunststoffe und der blühenden Automobilindustrie.

In den 1950er-Jahren förderte der Einsatz sanfter Tertiärfarben die Akzeptanz gegenüber einer neuen, ungewohnten Gestaltungssprache von Designern wie Jean Prouvé und Dieter Rams, die weltweiten Einfluss erlangten. Die pastelligen Mischtöne jener Zeit behielten bis in die 1990er-Jahre ihre Popularität. Mintgrün zierte Badezimmer ebenso wie die hippe Mode von Naf Naf. Erst mit der Jahrtausendwende entwickelte eine neue Generation dann eine andere Vorstellung von Modernität.

Heute

Das heute verwendete frische und futuristisch angehauchte Mintgrün ist seiner pastelligen Vergangenheit entwachsen, es entspricht dem Zeitgeist einer von den Instagram-Farben der Jugendkultur geprägten Generation. Mit seinen Anklängen an die Pflanzenwelt und die Natur ist der Farbton zum Symbol für optimistische Utopien geworden.

Auch in der Modewelt hat er seine Aktualität bis heute nicht verloren. Alessandro Michele, der für Gucci tätig ist, ließ seine Models auf der Frühjahrsmodenschau 2020 über einen mintgrünen Catwalk schreiten, während der irische Modedesigner Robyn Lynch den Farbton zum Hauptakzent seiner modisch-saloppen »Fashion East«-Kollektion machte.

Mintgrün in Kunst, Design & Kultur

- Standard SP, Stuhl von Jean Prouvé für Vitra, **Möbel,** 1934/1950
- Cadillac Coupé DeVille in »Princess Green«, **Automobil,** 1956
- Grundschule in Boom, Belgien, von Areal Architecten, **Architektur,** 2016

Verwendung

Frische Grüntöne empfinden Betrachter als wohltuend, weshalb sie sich für die Farbgestaltung öffentlicher Einrichtungen empfehlen. Als Wand-, Decken- und Bodenfarbe darf Mintgrün monochrom eingesetzt werden, wobei ein im Farbkreis gegenüberliegendes sanftes Rosa einen interessanten Kontrapunkt setzt.

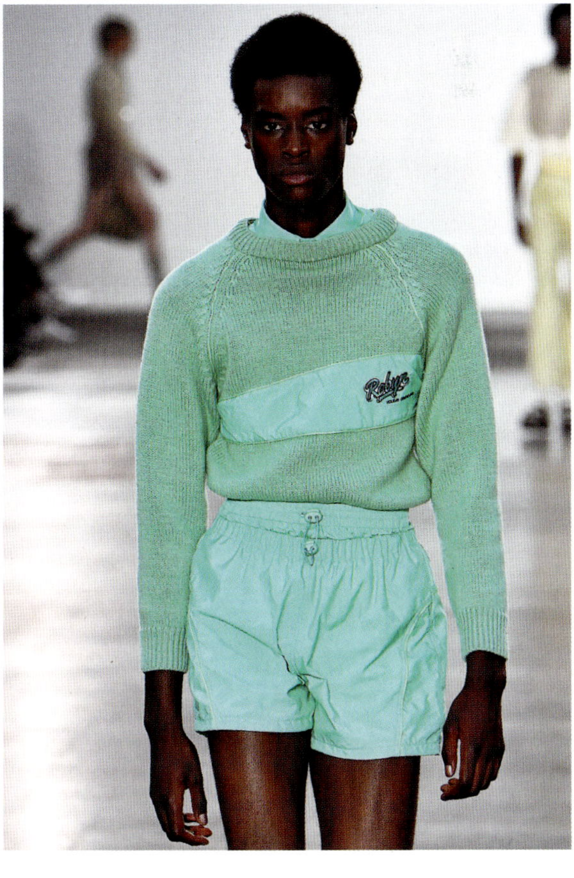

Herrenmode-Kollektion von Robyn Lynch, Frühjahr/Sommer-Kollektion 2020

Day-Glo-Limettengrün

Früher

Ein Arbeitsunfall und das Tüfteln an einem Zaubertrick führten dazu, dass zwei amerikanische Teenager 1933 die ersten fluoreszierenden Farbpigmente entwickelten. Eine schwere Kopfverletzung zwang den 19-jährigen Robert Switzer dazu, mehrere Monate in einem dunklen Untergeschoss auszuharren. Währenddessen experimentierte sein jüngerer Bruder Joseph mit fluoreszierendem Licht für seine Zaubershow. Beide mischten leuchtende Minerale mit einem klebrigen Lack und schufen so die ersten Day-Glo-Farben (Tagesleuchtfarben).

Das nach der gleichfarbigen Frucht benannte Limettengrün hat als Farbton eine würdevollere Geschichte. Der 1890 erstmals namentlich erwähnte Farbton erfreute sich zur viktorianischen Zeit größter Beliebtheit. Nach seiner Neuentwicklung als Day-Glo-Farbe erlebte er seine Blütezeit im futuristischen Design der 1960er-Jahre, wo er bei Haushaltswaren und der Raumgestaltung ebenso beliebt war wie in der Mode und als Lackierung schnittiger Sportwagen. Chrysler stellte 1969 seine neuen Autofarben gemeinsam mit dem Farbenhersteller PPG vor: eine Serie greller Neontöne, die aus der Masse herausstachen, darunter der Limettenton »Sublime«.

Heute

Noch immer werden Autos in dem Farbton lackiert, allerdings eher aus Gründen der Nachhaltigkeit. So stellte Toyota 2016 mit »Thermo-Tect Lime Green« ein neuartiges Limettengrün ohne schwarze Kohlenstoffanteile vor. Es reflektiert das Sonnenlicht und vermindert das Aufheizen des Autos. Dies entlastet die Klima-

Farbwerte
Hex Code: #00BB74
RGB: 0, 187, 116
CMYK: 76, 0, 75, 0
HSL: 157, 100%, 73%

Auch bekannt als
- Neongrün

Häufige Assoziationen
- Auffälligkeit
- Dramatik
- Erfindungsreichtum

Day-Glo-Limettengrün in Kunst, Design & Kultur
- Dodge in »Sublime«, **Automobil,** 1970/2019
- NikeLab x Sacai, **Mode,** Frühjahr/Sommer-Kollektion 2015
- »Thermo-Tect Lime Green« von Toyota, **Automobilfarbe,** 2016
- Herrenmode-Kollektion von Homme Plissé Issey Miyake, **Mode,** Frühjahr/Sommer-Kollektion 2021

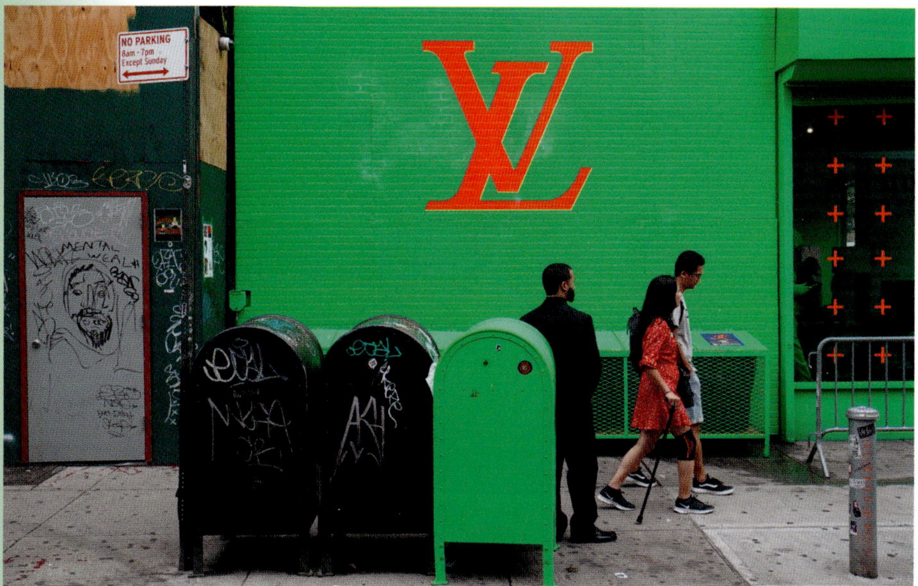

Neongrüner Pop-up-Store von Louis Vuitton, New York, mit Virgil Ablohs Herrenmode-Kollektion, Herbst/Winter-Kollektion 2019/20

anlage und spart Benzin. Auch die Firma Nike setzt bereits seit vielen Jahren auf Day-Glo-Grün. 2015 unterstrich der leuchtende Farbton die feminine Formensprache der sportlichen Damenmode-Kollektion.

Verwendung

Das grelle Day-Glo-Grün erhält durch Akzente in neutralen Farbtönen wie Taupe oder Grau hochmodernen Schick. Besonders interessante Effekte entstehen, wenn die Leuchtfarbe bei Bewegungen aus Falten von Kleidungsstücken hervorblitzt.

Chlorophyllgrün

Farbwerte
Hex Code: #96d69c
RGB: 150, 214, 156
CMYK: 42, 0, 51, 0
HSL: 126, 30%, 84%

Häufige Assoziationen
- Wachstum, Gedeihen
- Reinigung
- Vitalität

Früher

Als reines, transparentes Grün entsteht das pflanzliche Chlorophyll durch Fotosynthese. Es absorbiert blaue und rote Lichtwellen und reflektiert Grün, wodurch das Laub seine leuchtende Farbe erhält. Dieser Prozess ist auch für das Gedeihen der Pflanzen verantwortlich, weshalb Blattgrün mit Lebendigkeit, Gesundheit und Wachstum assoziiert wird.

Die lichtsensitiven Eigenschaften des 1817 von den französischen Chemikern Joseph Bienaimé Caventou und Pierre Joseph Pelletier isolierten Pigments spielte auch für die Entwicklung der Fotografie eine Rolle. In den 1940er-Jahren befasste sich Sir John Herschel mit der sogenannten Anthotypie: einem fotografischen Verfahren, bei dem lichtempfindliche Extrakte aus Blütenblättern, Laub oder Gemüsesäften auf Papier aufgetragen werden, um ein Negativ zu belichten.

Heute wird Chlorophyll auch als Lebensmittelfarbe benutzt. Berühmtheit als Färbemittel erlangte Chlorophyll jedoch schon im späten 18. Jahrhundert, nämlich als natürliche Farbe des als Feentrunk bezeichneten Absinths, der aus Kräutern destilliert wird.

Heute

Neben der Nutzung als Farbstoff hat sich Chlorophyll zudem als Nahrungsergänzungsmittel einen Namen gemacht. Es wird als Anti-Aging-Produkt, bei Krebstherapien oder als Deodorant eingesetzt. Auch die Fotosynthese spielt für technologische Innovationen bis heute eine Rolle: Sie inspirierte unter anderem die Designerin Marjan van Aubel, Glaspaneele aus farbsensitiven Solarzellen zu kreieren. Diese generieren elektrischen Strom für Haushaltsgeräte über USB-Ports, die in Fenstersimse eingebaut sind.

Chlorophyllgrün in Kunst, Design & Kultur

- *Holding #2,* aus der Serie *Immortality, The Remnants of the Vietnam and American War* von Binh Danh, **Chlorophyll-Druck,** 2009
- Mit Chlorophyll gefärbter Bambus-Seidenschal von Emily Martin, **Accessoire,** 2019

Verwendung

Chlorophyllgrün spiegelt die beruhigende und gesundheitsfördernde Wirkung eines Aufenthalts in der Natur wider. Deshalb schafft es nicht nur in Wellnessbereichen eine positiv-entspannende Atmosphäre, sondern passt durch die Assoziation mit der Pflanzenwelt perfekt in unsere Zeit, die zunehmend durch eine Hinwendung zu veganer Ernährung geprägt ist.

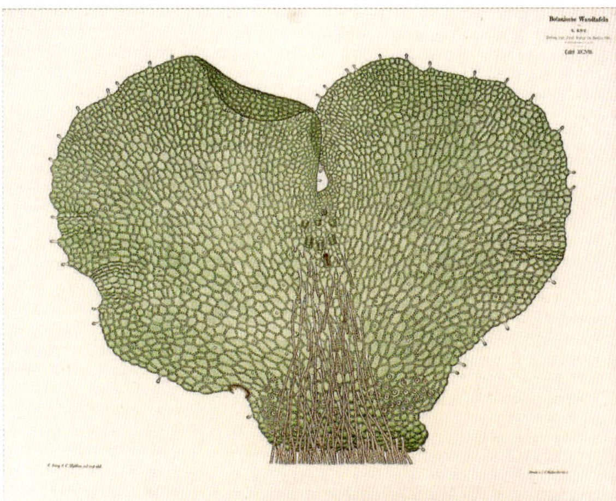

Aspidium Filix, botanische Wandtafel von Leopold Kny, 1874

Algengrün

Früher

Schon seit ewigen Zeiten gewinnt der Mensch Farben aus Erde, Mineralien sowie pflanzlichen und tierischen Produkten. Doch die Zukunft der Farbgewinnung könnte in den Ozeanen liegen. Bereits die alten Phönizier stellten als preisgünstigere Variante zum Tyrischen Purpur (siehe Seite 202) einen violetten Farbton aus Orcein her: einen Farbstoff, den sie aus Wasserpflanzen, die sie am Strand fanden, gewannen. Und ebenfalls seit Jahrhunderten werden zum Färben der schottischen Tartans Lappentang, eine rötliche Algenart, und auf Steinen wachsende Flechten genutzt. Letztere sollen dem Harris-Tweed auch seinen unverkennbaren Geruch verleihen. Doch erst seit der Mitte des 20. Jahrhunderts wird die chemische Zusammensetzung der Farbstoffe sowie die Nutzbarkeit von Algen wissenschaftlich erforscht, und erst seit Kurzem wissen wir um ihr volles Potenzial. Vor allem die Mikroalge Spirulina – ein blaugrünes, in Salzwasser vorkommendes Cyanobakterium – macht seit einiger Zeit von sich reden.

Heute

Vollgepackt mit Antioxidantien, erfreut sich diese schlichte Alge als Nahrungsergänzungsmittel bereits seit Jahren großer Beliebtheit. Überdies hat sie die Suche nach regenerativen Energien erneut in den Blick gerückt. Das Bio-Architekturbüro ecoLogicStudio erforscht die Möglichkeiten, die Alge nicht nur für eine gesunde Ernährung, sondern auch in der Architektur zu nutzen. Die in ihr ablaufenden fotosynthetischen Prozesse könnten zur Energiegewinnung eingesetzt werden. Dabei könnten gleichzeitig Umweltgifte abgebaut werden, indem die Alge Kohlendioxid aufnimmt und in Sauerstoff umwandelt – ein ebenso symbiotischer wie nachhaltiger Vorgang. Algen werden heute zudem vermehrt zur Gewinnung natürlicher Lebensmittel- und Textilfarben

Farbwerte
Hex Code: #61c69b
RGB: 97, 198, 155
CMYK: 60, 0, 52, 0
HSL: 154, 51%, 78%

Auch bekannt als
- Phycocyanin
- Seetang

Häufige Assoziationen
- Bescheidenheit
- Naturbelassenheit
- Umweltbewusstsein

Rechts: Gefärbtes Garn, aus dem auf einem traditionellen Webstuhl schottischer Harris-Tweed gewebt wird.

Algengrün in Kunst, Design & Kultur

- BIQ-Algenhaus mit Bioreaktorfassade von Arup, Hamburg, **Architektur,** 2013
- Essbare Ooho-Wasserflasche von Skipping Rocks Lab, **Produktdesign,** 2013
- Ultra III Bloom von Vivobarefoot, **Schuh,** 2016
- Indus-Wandfliese von Bio-Integrated Design Lab, **Algen-Hydrogel-Fliesen,** 2019

genutzt, um seit der industriellen Revolution bevorzugte, aber wenig umweltfreundliche Farben zu ersetzen.

Verwendung

Synthetische Farben verdrängten die natürlichen Farbstoffe und Pigmente, da sie günstiger und dauerhafter waren. Doch die Präferenzen wandeln sich, und die durch Licht hervorgerufenen Farbveränderungen bei Naturfarben werden heute als ästhetische Qualität geachtet. Spirulina und andere natürliche Pigmente eignen sich besonders für Bereiche, in denen naturbelassene Originalität einer künstlichen Perfektion vorgezogen wird.

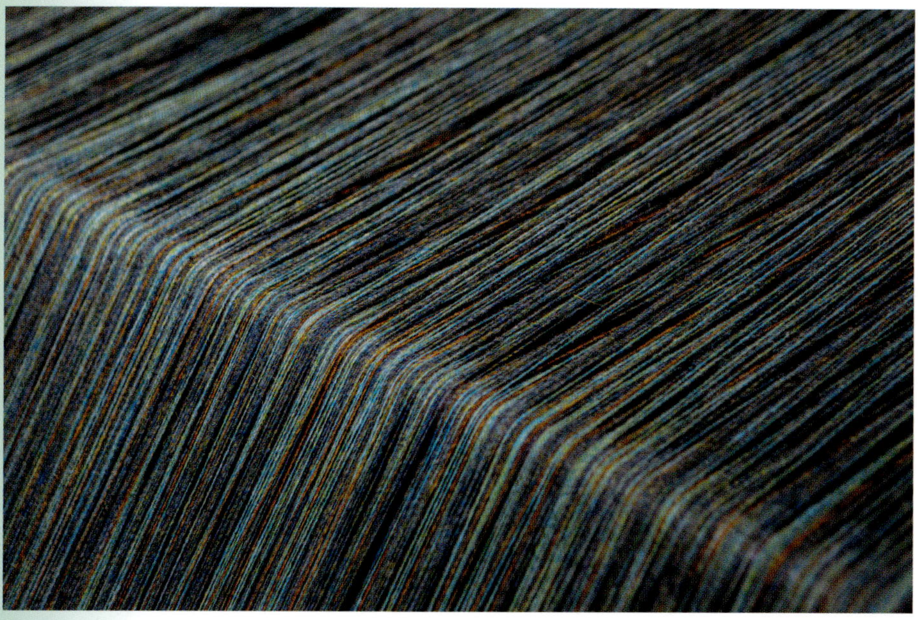

Blau

Blau ist die Farbe, die in der Natur am häufigsten vorkommt. Dennoch ist es den Menschen lange nur mit Mühe gelungen, ihr blaue Farbpigmente für den Gebrauch in Kunst und Gestaltung abzuringen. Schon früh wurde der Halbedelstein Lapislazuli in den Bergen von Afghanistan abgebaut. Die daraus gewonnenen Pigmente waren in Mesopotamien und Ägypten äußerst begehrt. Im gesamten Nahen Osten verbindet man den Stein heute mit Spiritualität und Unsterblichkeit, in sakralen Stätten wie den Moscheen sollen blau gestrichene Kuppeln den Himmel versinnbildlichen. Später schätzten auch europäische Künstler das aus zermahlenen Steinen gewonnene blaue Farbmittel. Schon die Bezeichnung Ultramarin verweist auf den hohen Wert und den exotischen, beinahe mythischen Ursprung des Halbedelsteins.

Im Lauf der Geschichte haben Künstler aller Genres nach dem perfekten Blauton gesucht – dem Blau des Himmels. Mitte des 20. Jahrhunderts schuf Yves Klein seine berühmte, von jedweden Bindemitteln freie Variante des Ultramarins, deren Farbwirkung außergewöhnlich intensiv und unverfälscht war. Wie viele andere Künstler war Klein überzeugt davon, dass die Farbe Blau unser Gemüt beeinflusst. Die beruhigende und ausgleichende Wirkung ist heute wissenschaftlich belegt, und Designer wie Raumgestalter setzen diese Farbeigenschaften gezielt ein. Lange blieben die kostbaren Blaupigmente jedoch nur wohlhabenden Kreisen vorbehalten. Künstler verwendeten sie nur für lukrative Auftragswerke. Erst als man im 18. Jahrhundert mit Preußischblau per Zufall ein synthetisch herstellbares Farbpigment entdeckte, wurde die exklusive Farbe für breitere Schichten erschwinglich.

Der wohl reinste aller von uns wahrnehmbaren Blautöne, das YInMn-Blau, wurde 2009 entdeckt, wiederum per Zufall. Das synthetisch erzeugte Pigment verfügt über Bestandteile, die die Blauanteile von Lichtwellen auf einzigartige Weise reflektieren. Es mag dem wissenschaftlich innovativen Charakter dieses Farbtons geschuldet sein, dass gerade er häufig im Logo von sozialen Medien und Hightechunternehmen auftaucht.

Die mit der Farbe Blau verwobenen Assoziationen sind endlos wie der Himmel und das Meer. Sie symbolisiert gleichermaßen Armut und Reichtum – kennzeichnet Angehörige des Adels als Blaublütige und zugleich Arbeiter als Blaukittel. Die nie versiegende Vorliebe für diese Farbe mag sogar auf die Zeit der Jäger und Sammler zurückgehen, als der Zugang zu klarem Wasser und reiner Luft das Überleben sicherte. Dies könnte bis heute tief in unserem Bewusstsein verankert sein.

Farben in diesem Kapitel:

Indigo

Früher

Indigo, ein leuchtendes Tintenblau mit einem je nach Lichteinfall grünen und/oder violetten Schimmer, wurde ursprünglich schon vor Jahrtausenden aus den Samen der Indigopflanze gewonnen. Als kostbarer Farbstoff weltweit hochgeschätzt, begründete die Nachfrage nach ihm einige der ersten Handelsrouten durch Asien und Europa.

Wie auch Ultramarin (siehe Seite 174) repräsentierte Indigo in vielen Kulturen Reichtum und Luxus. Es diente zum Färben von Gewändern, Dekorationsstoffen und rituellen Objekten – ob in den antiken Kofar-Mata-Färbegruben in Westafrika, den indischen Indigo-Farmen oder den Blockdruckereien Japans. Erst vor wenigen Jahren entdeckten Archäologen bei einer Ausgrabung ein indigogefärbtes Tuch, eingeklemmt zwischen den Holzbohlen einer antiken peruanischen Grabstätte, dessen Alter auf 6200 Jahre geschätzt wird. Im 17. Jahrhundert benannte Isaac Newton die siebte Farbe seines Farbspektrums nach dem Pigment – Indigo.

Heute

Obwohl Indigo als Farbe des Regenbogens nur noch selten genannt wird, ist es bis heute so aktuell wie die in diesem Ton gefärbten Jeans. Der heute häufig mit Arbeitskleidung assoziierte leuchtende Blauton verleiht dennoch jedem Wohnambiente zeitgemäße Eleganz. 2019 gestaltete das japanische Atelier Buaisou für den finnischen Möbelhersteller Artek mithilfe uralter Färbetechniken eine Serie von Hockern, die in Indigo getaucht wurden.

Verwendung

Das jahrtausendealte Indigo hat seine Bedeutung und Wirkung bis heute bewahrt, vor allem bei monochromem und großflächigem Gebrauch. Dunklere Indigotöne tragen dazu bei, die Gedanken zu fokussieren, während hellere beruhigen und sich daher gut für ein auf Entspannung zielendes Ambiente eignen.

Farbwerte
Hex Code: #0c426a
RGB: 12, 66, 106
CMYK: 100, 77, 34, 21
HSL: 206, 89%, 42%

Häufige Assoziationen
- Entspannung
- Ehrlichkeit
- Weisheit

Indigo in Kunst, Design & Kultur
- Basinjom-Maske und Gewand, Volk der Banyang aus Nigeria und Kamerun, **Tracht,** 1973
- »State of Indigo«, präsentiert im indischen Pavillon auf der London Design Biennale, **Installation,** 2018
- *Symphony for Untold History* von Aboubakar Fofana, **Textilkunst,** 2018

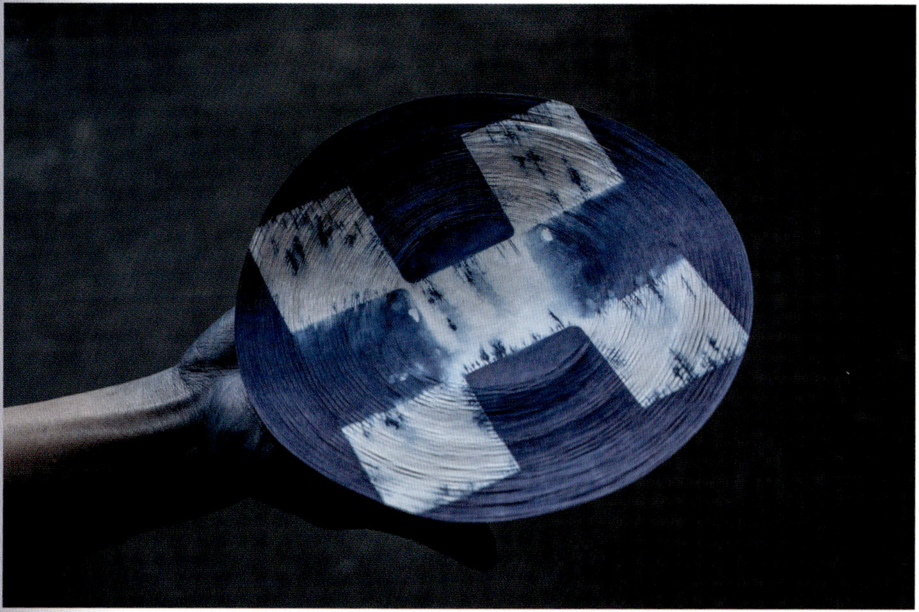

Airvase aus der Artist-Serie von Torafu Architects, gefärbt von Buaisou, Japan

Waid

Früher

Waid (auch Deutscher Indigo oder Erfurter Blau) ist ein tiefes Blau mit einer Fülle an Schattierungen. Der Farbstoff wurde in einem langwierigen Prozess des Gärens und Fermentierens aus den Blättern des Färberwaids *(Isatis tinctoria)* gewonnen. Trotz der übel riechenden und schmutzigen Herstellungsprozedur spielte Waid als Farbmittel bereits seit der Antike im Mittelmeerraum und im Nahen Osten eine bedeutende Rolle. Da die Pflanze selbst bei kühleren Temperaturen wild an Berghängen gedeiht, erlangte Waid auch in Europa als preisgünstige Alternative zu Indigo (siehe Seite 168) große Verbreitung. Noch heute beschwört die Farbe das Bild keltischer Stämme herauf, die Waid für ihre erschreckende Kriegsbemalung verwendeten, um die römischen Invasoren das Fürchten zu lehren.

Da man große Mengen an *Isatis tinctoria* zur Herstellung des Farbstoffs benötigte, war er kostbar und blieb den Wohlhabenden vorbehalten, was ihn später zum Kennzeichen des Adels machte. Mittelalterliche Wandteppiche zeigen die Könige Karl den Großen und Ludwig XI. in prächtigen Roben aus Hermelin und goldbestickten Gewändern aus blauem Samt. Im 17. Jahrhundert stattete Friedrich Wilhelm, der Kurfürst von Brandenburg, seine Armee mit blauen Uniformen aus, und zwar vor allem aus wirtschaftlichen Gründen: Er wollte auf diese Weise die deutschen Färber vor der Konkurrenz importierter Textilien schützen.

Waid wurde im Zuge der europäischen Kolonisierung Nordamerikas mehr und mehr durch den dort angebauten Indigo ersetzt. Doch zumindest in Großbritannien färbte man Wolle – nicht zuletzt für die Uniformen der Polizei – bis in die 1930er-Jahre mit Waid.

Farbwerte
Hex Code: #20355c
RGB: 32, 53, 92
CMYK: 97, 84, 37, 29
HSL: 219, 65%, 36%

Häufige Assoziationen
- Vertrauenswürdigkeit
- Stärke
- Mystik

Waid in Kunst, Design & Kultur
- »Wandteppiche der Einhornjagd«, Frankreich/Niederlande, **Tapisserien,** 1495–1505
- »Woad/Guado«-Kollektion von Nudie Jeans, **Mode,** 2012
- »Spritual Glamour«-Kollektion von Viktor & Rolf mit Claudy Jongstra, **Mode,** Herbst/Winter-Kollektion 2019/20

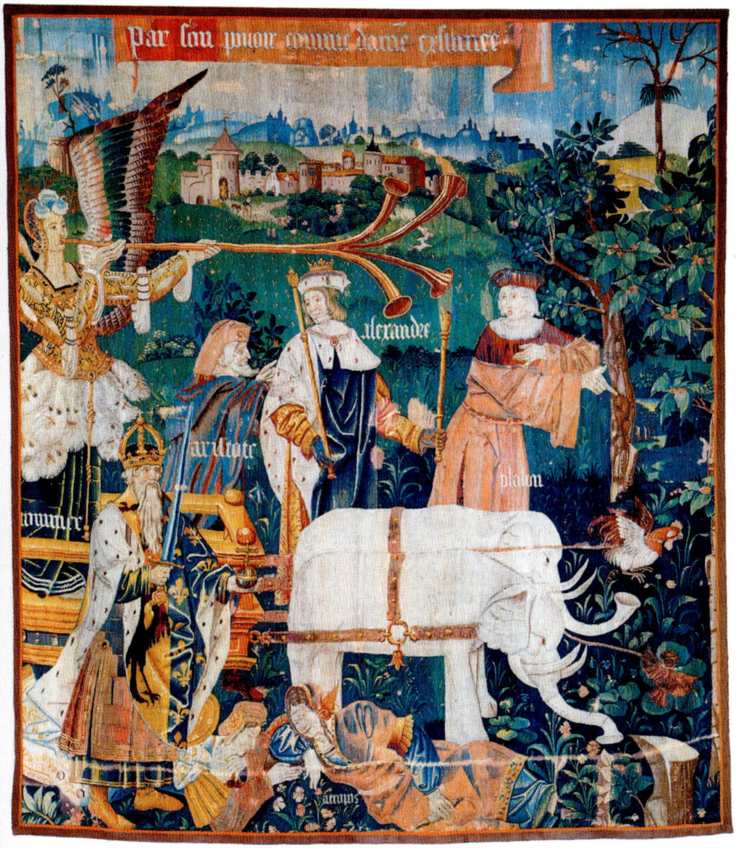

Der Triumph des Ruhmes über den Tod, Tapisserie, 1500–1530

Heute
Waid und andere Färbepflanzen erleben heute ein Comeback. Mit dem zunehmenden Streben nach Entschleunigung und aus ökologischer Verantwortung ist die moderne, auf Nachhaltigkeit achtende Designwelt wieder auf das leuchtende, intensive Naturblau aufmerksam geworden. So beauftragte das Modelabel Viktor & Rolf die Naturfarbenexpertin Claudy Jongstra damit, seine Herbst/Winter-Kollektion 2019/20 in diesem Farbton in unterschiedlicher Intensität einzufärben – mit durchschlagendem Erfolg.

Verwendung
Waidblau erhält durch die Kombination mit leuchtenden Gold- und Rottönen eine hochmoderne Strahlkraft, indem die Wirkung des historischen Blaus durch die Farbkontraste noch betont wird. Eine gelungene Farbwahl für Unternehmen, die Hochwertigkeit gepaart mit Naturnähe zu ihrem Motto erheben.

»Mit dem zunehmenden Streben nach Entschleunigung und aus ökologischer Verantwortung ist die moderne, auf Nachhaltigkeit achtende Designwelt wieder auf das leuchtende, intensive Naturblau aufmerksam geworden.«

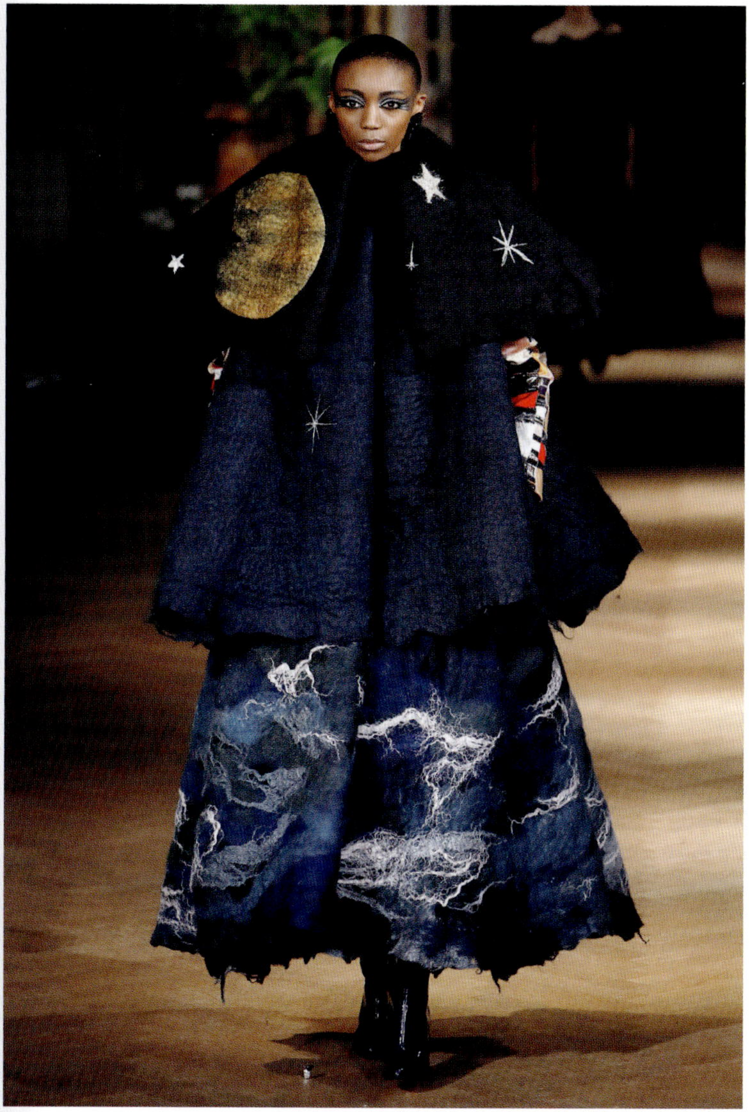

Viktor & Rolf, Paris, Herbst/Winter-Kollektion 2019/20

Ultramarin

Farbwerte
Hex Code: #4166F5
RGB: 65, 102, 245
CMYK: 77, 63, 0, 0
HSL: 228, 73%, 96%

Häufige Assoziationen
- Heiligkeit
- Würde
- Perfektion

Früher
Einst wertvoller als Gold, wird das Ultramarinpigment aus gemahlenem Lapislazuli gewonnen, einem in den Bergminen Afghanistans abgebauten Halbedelstein. Der hohe Preis und die Exklusivität der intensiv leuchtenden Farbe erklärt sich aus dem Aufwand der Beschaffung und der Herstellungsmethode. Hierbei werden die natürlichen Glanzpartikel und metallischen Amalgame des Steins zuerst geläutert und dann mit einer Kombination aus Wachs, Harz und Ölen vermischt.

Lapislazuli fand bereits im 6. Jahrhundert auf buddhistischen Gemälden im afghanischen Bamiyan Verwendung. Im ägyptischen Totenbuch findet man Lapislazuli bei einem in Gold gefassten Augen-Amulett, das dem Träger große Macht versprach. Die Farbe schmückte auch die höchsten Häupter Altägyptens: So war der Sarkophag Tutanchamuns damit verziert, und Kleopatra verwendete zu Puder gemahlenen Lapislazuli als Mascara.

In der angelsächsischen Buchmalerei des 13. und 14. Jahrhunderts wurde das Ultramarinpigment mit den Schlüsselelementen des Universums assoziiert. Dies sind Beispiele für eine frühe Farbsymbolik, die Gott als allmächtigen Schöpfer mit leuchtendem Ultramarin, die Erde und Natur mit Zinnoberrot (siehe Seite 66) und den fleischlichen Leib des Menschen mit Bleiweiß (siehe Seite 246) darstellte.

Aufgrund seiner Kostbarkeit nutzten italienische Maler dieser Zeit wie Cimabue, Duccio und Giotto Ultramarin ausschließlich für die Darstellung bedeutender religiöser Motive, vor allem der heiligen Jungfrau Maria. Nach ihr wurde sogar ein eigener Blauton benannt – das Marienblau. Die unwiderstehliche Leuchtkraft und Tiefe der kostspieligen Farbe trieb den barocken Meister Jan Vermeer in den Ruin. Erst durch die Erfindung eines

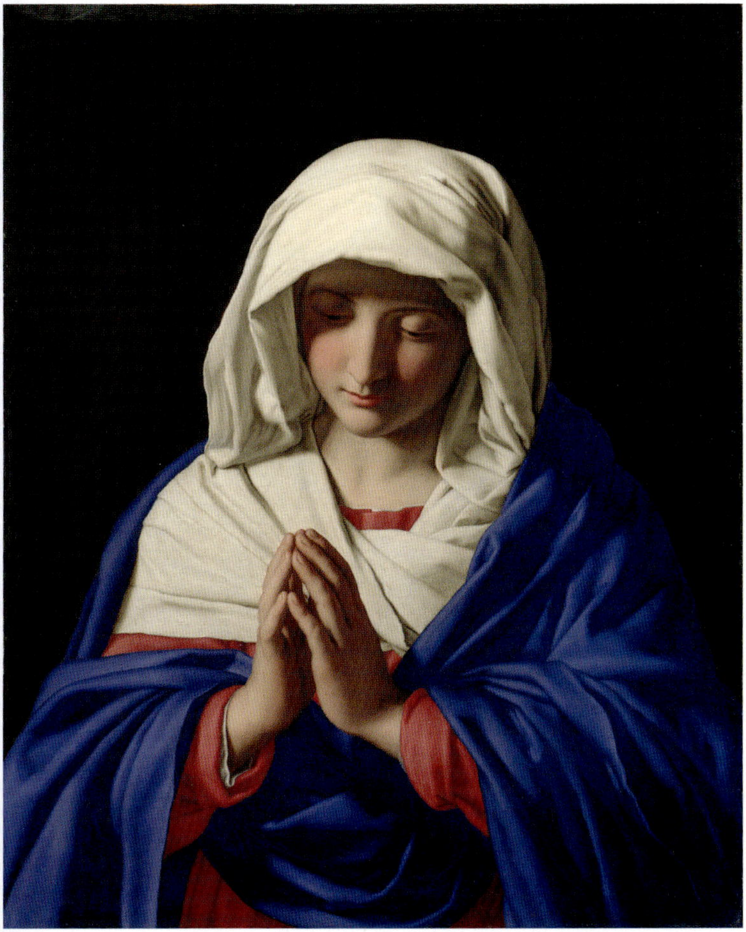

Die heilige Jungfrau im Gebet von Giovanni Battista Salvi,
genannt Sassoferrato, 1640–1650

synthetischen Ultramarins durch den französischen Chemiker Jean-Baptiste Guimet im Jahr 1826 wurde der Farbstoff als »Französisches Ultramarin« erschwinglicher.

Heute

Die Entwicklung synthetischer Farbstoffe und Pigmente führte zu einer ganzen Palette von Blautönen, aber Ultramarin behauptet sich bis heute. Für berühmte Künstler des 20. Jahrhunderts – darunter Wassily Kandinsky und Yves Klein – verkörpert dieses satte Blau geradezu überirdische Perfektion. Yves Klein schuf daraufhin sein eigenes patentiertes Blau IKB (International Klein Blue; siehe Seite 192). Bis heute lebt der Farbton als Symbol für Macht weiter: Die Königin von England trägt bei hochformellen Anlässen häufig eine königsblaue Schärpe.

Verwendung

Das satte und leuchtende Ultramarin bildet zusammen mit sonnigen Gelbtönen und einzelnen violett-pinken Akzenten eine machtvolle Farbtriade.

Ultramarin in Kunst, Design & Kultur

- *Der tote Christus und die Heilige Jungfrau* von einem Nachfolger von Giotto di Bondone, **Gemälde,** ca. 1330–1340
- *Hahn* von Katharina Fritsch, **Skulptur,** 2013
- Coverdesign des Buchs *Bluets* von Maggie Nelson, gestaltet von Suzanne Dean, **Buch,** 2017

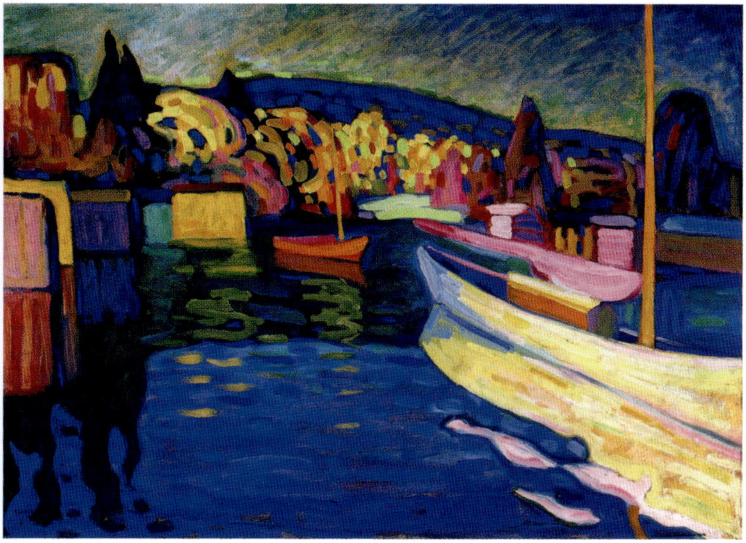

Herbstlandschaft mit Booten von Wassily Kandinsky, 1908

Preußischblau

Farbwerte
Hex Code: #010042
RGB: 1, 0, 66
CMYK: 100, 95, 31, 56
HSL: 241, 100%, 26%

Auch bekannt als
- Mitternachtsblau
- Berliner Blau

Häufige Assoziationen
- Melancholie
- Innere Einkehr
- Vertrauenswürdigkeit

Früher

Beim satten, dunklen Preußischblau handelt es sich um eine metallorganische Verbindung, die unter Verwendung von Blausäure hergestellt wird. Entwickelt wurde das intensiv leuchtende Farbpigment 1782 von dem deutsch-schwedischen Chemiker Carl Wilhelm Scheele. Im Sonnenlicht wird Preußischblau als Mitternachtsblau wahrgenommen. Aufgrund seiner chemischen Zusammensetzung und seiner Fähigkeit, einige Wellenlängen des Lichts zu absorbieren, wirkt es jedoch besonders unter bestimmten künstlichen Beleuchtungsverhältnissen wie Schwarz. Daher ist dieser Pigmentton auf einem digitalen Bildschirm auch nicht akkurat abbildbar.

Als eine der ersten synthetischen Pigmentfarben kommt dem Blauton, mit dem im 18. Jahrhundert die Uniformen der preußischen Infanterieregimente gefärbt wurden, eine Vorreiterrolle als weltweit anerkannter »Markenfarbe« zu. Wegen ihrer Lichtechtheit ersetzte sie bald auch Ultramarin und Ägyptisch Blau als Textil-, Tinten- und Ölfarbe.

Der neue intensive Blauton verbreitete sich zügig auf der ganzen Welt und ersetzte bei japanischen Malern wie Katsushika Hokusai das einheimische Indigo.

Heute

Zu Beginn des 20. Jahrhunderts malte Pablo Picasso in seiner »Blauen Periode« geradezu obsessiv mit dieser Farbe, in deren dunkler und changierender Natur er sich selbst und seine Emotionalität perfekt widergespiegelt fand. Vermutlich aus demselben Grund wird dieses Blau auch heute noch mit Intelligenz und Gedankentiefe assoziiert.

Preußischblau in Kunst, Design & Kultur

- *Die große Welle vor Kanagawa* von Katsushika Hokusai, **Holzschnitt,** ca. 1830–1832
- *Photographs of British Algae. Cyanotype Impressions* von Anna Atkins, **Fotobuch,** 1843–1853
- *Slice Painting in Prussian Blue* von Cian Donnelly, **Mixed Media,** 2004

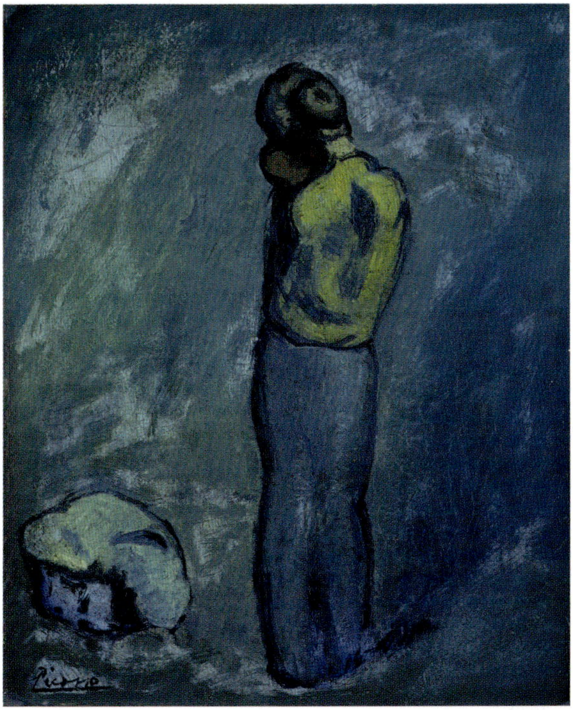

Mutter und Kind von Pablo Picasso, 1902

Verwendung

Die Eigenschaft von Preußischblau, wenig Licht zu reflektieren und den Blick des Betrachters in die Tiefe zu ziehen, verleiht ihm eine fast melancholische Ernsthaftigkeit und Intensität. Besonders in Kombination mit beruhigenden Grüntönen eignet es sich bestens für Bereiche, in denen das mentale Wohlbefinden im Vordergrund steht.

Smalte

Farbwerte
Hex Code: 295ea0
RGB: 41, 94, 160
CMYK: 90, 67, 8, 1
HSL: 213, 74%, 63%

Häufige Assoziationen
- Zeitlosigkeit
- Zuversicht
- Eleganz

Früher

Smalte hat als Blaupigment eine überaus wechselvolle Geschichte. Schon die Altägypter gewannen Smaltin-Erze aus dem Boden und stellten daraus ein Farbpigment her, das sie – ähnlich wie bei Ägyptisch Blau – mit Quarz und Pottasche vermischten (siehe Coelinblau, Seite 184). Sie erhielten eine leuchtend blaue, halb transparente Substanz, die abgekühlt, zerkleinert, fein gemahlen und hauptsächlich zum Färben von Glas- und Porzellangefäßen verwendet wurde.

Im 8. und 9. Jahrhundert nutzten die Chinesen Smalte, um Geschirr mit Natur- und Alltagsszenen zu bemalen, wie sie bis heute das klassische chinesische Porzellan zieren. Das Pigment wurde im 17. Jahrhundert durch Handelsgesellschaften in die Niederlande importiert, wo es die Keramikmaler zu den berühmten Delfter-Blau-Dekoren von Geschirr und Kacheln inspirierte. In den folgenden Jahrhunderten wurden je nach Geschmack der Künstler und Auftraggeber zahlreiche weitere Töne entwickelt: von einem zarten mineralischen Blau bis hin zu einem intensiven Kobaltblau.

Heute

Smalte verblasste wortwörtlich und wurde im 19. Jahrhundert durch das chemisch stabile und facettenreiche Kobaltblau ersetzt (siehe Seite 182). Doch bis heute wird Smalte in Anerkennung der langen Entwicklungsgeschichte in der Malerei und im Design Tribut gezollt. So kombinierte der für das Kunstmuseum Den Haag tätige Designer Olivier van Herpt 2016 für seine 3D-gedruckten Tonvasen erstmalig Smalte- und Kobaltpigmente. Er verschaffte der schwarzblauen Farbe damit ein kreatives Comeback.

Smalte in Kunst, Design & Kultur

- Delfter Fayenceteller der Manufaktur Het Moriaenshooft, **Keramik,** 1679–1686
- Arcanum von Olivier van Herpt, **Keramik,** 2017
- *A Pair of Memory Vessels LXIV* von Bouke de Vries, **Skulptur,** 2020

Verwendung

Die eleganten Smalte-Glasuren kommen in ihrer grafischen Wirkung besonders zur Geltung, wenn sie mit Beinweiß abgetönt und mit Akzenten von tiefem Mitternachtsblau kombiniert werden.

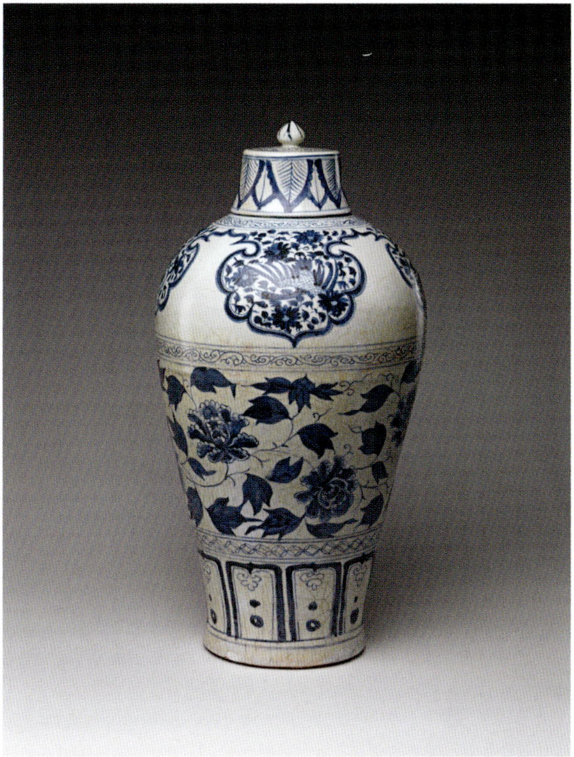

Vase mit Pfingstrosendekor, Jingdezhen-Porzellan, Yuan-Dynastie (1271–1368)

Kobaltblau

Farbwerte
Hex Code: #536fb0
RGB: 83, 111, 176
CMYK: 74, 57, 3, 0
HSL: 222, 53%, 69%

Häufige Assoziationen
- Transzendenz
- Fröhlichkeit
- Tiefgründigkeit

Früher

Das leuchtende Kobaltblau wird mit Porzellandekoren und impressionistischer Malerei assoziiert. Seine Geschichte hat jedoch auch dunkle Seiten. Das aus Mineralerzen gewonnene Element enthielt Anteile von Arsen, weshalb sein Abbau gesundheitsschädigend war und sogar zu damals unerklärlichen Todesfällen führte. Im 17. Jahrhundert gaben deutsche Bergleute dem Element daher in Anlehnung an die Bezeichnung für böswillige Naturgeister den Namen »Kobold«. Erst im 18. Jahrhundert gelang dem schwedischen Chemiker Georg Brandt eine exakte Analyse der Zusammensetzung des Elements, das er in »Kobaltblau« umbenannte.

Im Jahr 1802 verkochte der französische Chemiker Louis Jacques Thénard das Erz mit Aluminiumoxid zu einem chemisch stabilen Pigment, das impressionistische Maler wie William Turner, Pierre-Auguste Renoir und Vincent van Gogh begeisterte. Thénards Kobaltblau ersetzte rasch die zuvor verwendete Smalte (siehe Seite 180). Es begründete zusammen mit dem synthetisch gewonnenen Ultramarin (siehe Seite 174) und Preußischblau (siehe Seite 178) ein neues Zeitalter der Blautöne. Die Künstler konnten nun tiefblaues Wasser ebenso adäquat in Szene setzen wie ein zartes Himmelsblau. Van Gogh, der alle drei Pigmente in seinem Meisterwerk *Sternennacht* (1889) verwendete, beschrieb Kobaltblau als »eine göttliche Farbe, die besser als jede andere dazu geeignet ist, um malerisch Atmosphäre zu erzeugen«.*

Heute

Bis heute inspiriert der brillante Blauton Maler. In William Scotts 1972 entstandener Bilderserie *A Poem for Alexander* dominiert Kobaltblau buchstäblich die Farbkomposition von *Cobalt Predominates*. In den übrigen Bildern wird das Blau durch eine ausgewählte Palette von Braun, Schwarz, Weiß, Gelb und Grün ergänzt.

*Roskill, Mark (Hg.), *The Letters of Vincent van Gogh*, New York: Simon & Schuster, 1997

Kobaltblau in Kunst, Design & Kultur

- Chefchaouen, Stadt in Nordmarokko, **Architektur,** seit 1492
- Limnos-Weine: Krama Limnio Merlot, Etikett von Luminous Design Group, **Grafikdesign,** 2017
- *Darkening,* Bilderserie von Lorna Simpson, **Gemälde,** 2019

Verwendung

Kobaltblau hat seine düsteren Assoziationen mit lebensgefährlichen Minen längst abgeschüttelt und sich als brillantes Blau für die Darstellung sommerlicher Szenerien etabliert. Am schönsten wirkt es gepaart mit typisch impressionistischen Farben: Karminrot, Zinnoberrot, zartem Gelb und Grüntönen.

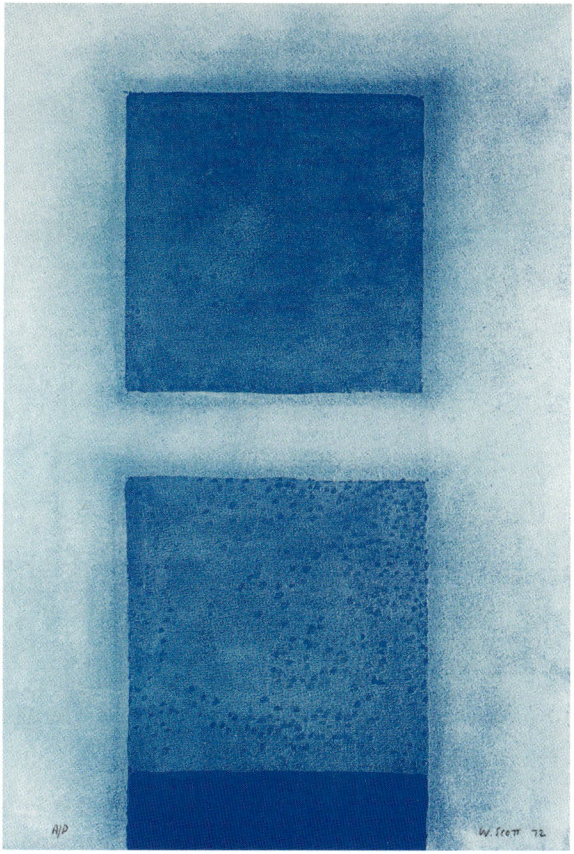

Cobalt Predominates aus der Serie *A Poem for Alexander* von William Scott, 1972

Coelinblau

Farbwerte
Hex Code: #6aa9de
RGB: 109, 169, 222
CMYK: 55, 22, 0, 0
HSL: 208, 51%, 87%

Auch bekannt als

- Ägyptisch Blau
- Himmelblau

Häufige Assoziationen

- Zuflucht
- Ruhe
- Kreativität

Früher

Der Name »Coelin« geht auf die lateinische Bezeichnung für Himmelsgewölbe zurück, das diesen Farbton treffend charakterisiert. Die Römer bezeichneten so das Ägyptisch Blau, das schon die Altägypter als erstes synthetisches Pigment hergestellt hatten – aus Kupfer (das ihm den Farbton verlieh) sowie einer Mischung aus Kieselsäure, Kalk und Alkali. Mit dem Ende des Römischen Reiches geriet die Herstellung dieses Pigments jedoch in Vergessenheit.

Als der Schweizer Chemiker Albrecht Höpfner 1805 ein neues Coelinpigment entwickelte, erfreute es sich unter den Malern – besonders mit Beginn des Impressionismus in der Mitte des Jahrhunderts – größter Beliebtheit. Besessen von der Idee, das natürliche Licht malerisch einzufangen, verfolgten die Künstler mit Interesse die Entwicklungen der Farbenlehre. Vor allem das Farbmodell des französischen Chemikers Michel Eugène Chevreul, demzufolge der visuelle Eindruck einer Farbe von deren benachbarten Tönen beeinflusst wird, fand viel Beachtung. Anstatt Farben auf der Palette zu mischen, arbeiteten die Impressionisten auf der Leinwand mit Farbklecksen, deren Töne sich bei der Betrachtung des Bildes optisch mischten. Besonders eindrucksvoll wird diese Technik durch Claude Monets Seerosenbilder illustriert.

Heute

Erst ein genauer Blick auf Monets Gemälde lässt bei den Pinselstrichen ein unerwartetes Nebeneinander von Farbtönen erkennen, die sich mit Abstand betrachtet visuell mischen und als ganz natürliche Farben wahrgenommen werden. Zudem bewirkt diese Farbmischung optisch den Eindruck von Licht und Schatten. In einer viel späteren Kunstepoche wählten Mark Rothko und Willem de Kooning als Vertreter der Farbfeldmalerei denselben Ansatz, um ausbalancierte Farbkompositionen zu kreieren.

Rechts: *Seerosen: Morgen* (Detail) von Claude Monet, aus einer Serie von acht großen, in Giverny entstandenen Gemälden, ca. 1914–1918

Coelinblau in Kunst, Design & Kultur

- *Junge Frau auf einem Sofa* von Berthe Morisot, **Gemälde,** ca. 1885
- Cinderellas Ballkleid, entworfen von Jane Law, getragen von Lily James in *Cinderella*, **Kostümbildnerei,** 2015
- Couture-Kollektion von Elie Saab, **Mode,** Frühjahr/Sommer-Kollektion 2016

Verwendung

In Monets Himmelslandschaften und Seerosenteichen finden sich – in Analogie zum Farbkreis – häufig Violett- neben Blautönen, ergänzt mit ein wenig komplementärem Gelb zur Belebung der Gesamtpalette. Seine Bilder lassen uns verstehen, wie Farben miteinander agieren – eine Erkenntnis, die wir auch auf unsere eigene Vorliebe für Farbkompositionen und -proportionen übertragen können.

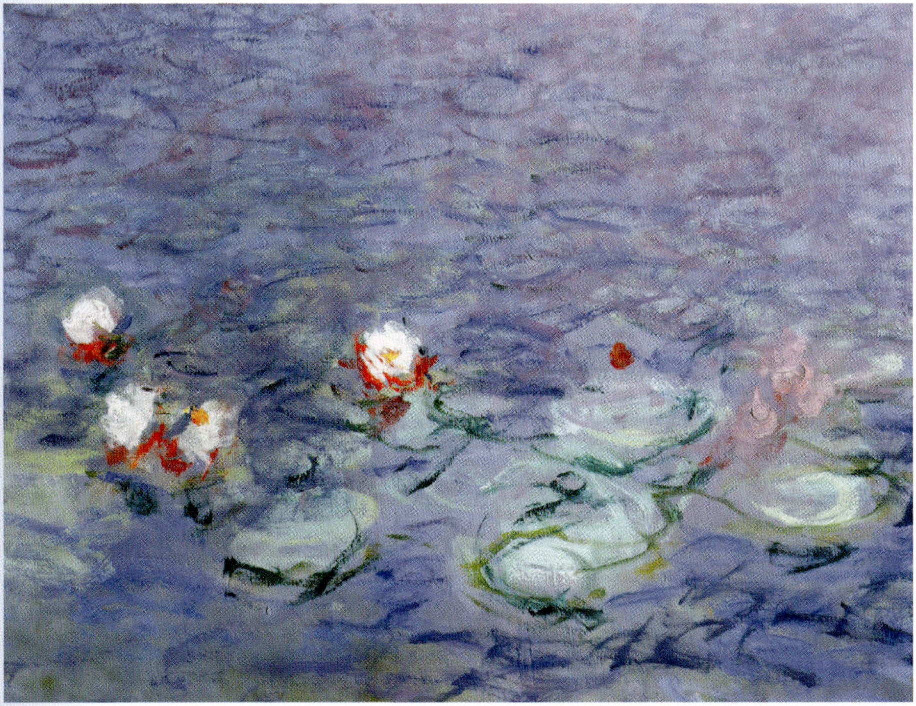

Blaugrün

Farbwerte
Hex Code: #849bab
RGB: 132, 155, 171
CMYK: 51, 31, 25, 0
HSL: 205, 23%, 67%

Häufige Assoziationen
- Natürlichkeit
- Uneindeutigkeit
- Meditation

Früher

Einmal mehr Grün, dann wieder mehr Blau – die alten Griechen fassten die beiden Farben zusammen und benutzten das Wort γλαυκός, oder *glaukós*, um das Blassgrau oder Blaugrün der Aloeblätter zu beschreiben. Später findet man diese Farbkennzeichnung noch als Wortbestandteil bei der Benennung des Glaukoms, einer Augenerkrankung. Die Dichter der Antike liebten diesen Farbton für seine Wandelbarkeit, die es zuließ, ihn sowohl Braun- und Gelb- als auch Grau-, Grün- oder Blautönen zuzuschreiben.

Über die Jahrhunderte behielt die changierende Farbe ihre Bezeichnung im Lateinischen. Unter den Künstlern und Dichtern der Romantik, die die griechische Antike verehrten, erlebte der Farbton und seine natürliche Uneindeutigkeit eine neue Blütezeit.

Heute

Nicht zuletzt aufgrund seiner Wandelbarkeit und Zartheit hat dieser Farbton nie an Bedeutung verloren. In den 1950er-Jahren sorgten der italienische Schreibmaschinenhersteller Olivetti und der dänische Architekt Arne Jacobsen für eine regelrechte Renaissance des Tons, den sie dazu nutzten, ihre progressive Formensprache abzumildern.

Die in der Natur häufig vorkommende, aber nur schwer darstellbare und geheimnisvoll anmutende Farbe fasziniert Künstler seit jeher. Bei einer von der Kunstgalerie Tate St. Ives in Auftrag gegebenen Multi-Media-Performance im Jahr 2018 setzte sich die aus Cornwall stammende Künstlerin Nina Royle unter dem Titel *Glaucous* mit der schillernden, sich einer eindeutigen Zuordnung entziehenden Farbe auseinander.

Blaugrün in Kunst, Design & Kultur

- Zimmer 606 – Arne-Jacobsen-Suite, SAS Radisson Hotel (ehemals Royal SAS), Kopenhagen, von Arne Jacobsen, **Innenarchitektur,** 1960
- Eventbrite Offices, San Francisco, gestaltet von Rapt Studio, **Innenarchitektur,** 2014
- Cosm Chair von Studio 7.5 für Herman Miller, **Möbel,** 2020

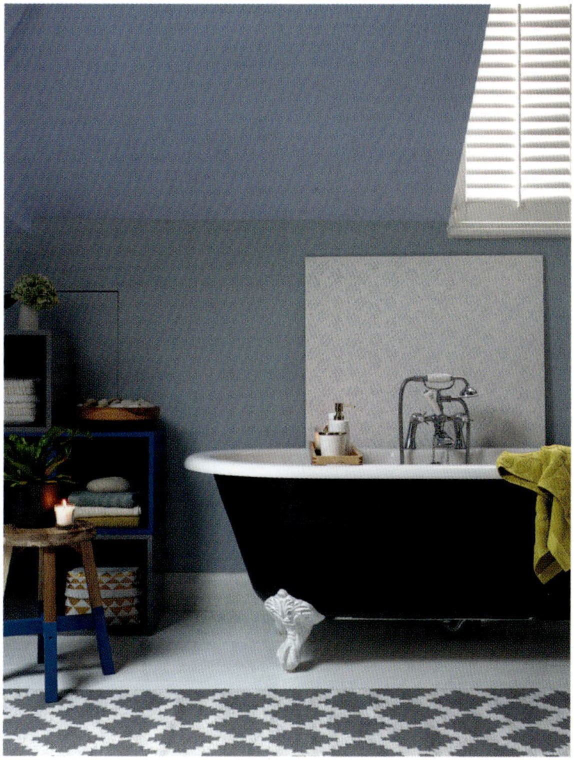

Ein in »Coastal Grey« aus der Dulux-Farbpalette *Colour Futures* gestalteter Raum

Verwendung

Direkt der Natur entlehnt, ist dieser Farbton bestens geeignet, um die meditative Ausstrahlung der blaugrünen Meeresfarben auf Räume und Objekte zu übertragen. Er ist so dezent, dass er auch großflächig verwendet werden kann, ohne den Betrachter zu überwältigen. Das kühle Blaugrün lässt sich mit einem warmen Terrakottaton ideal zu einer harmonischen und entspannenden Farbpalette ergänzen.

Petrol

Früher

Während die englische Bezeichnung dieses Tons – *teal* – auf die Krickente, eine Entenart mit auffällig grün gefärbten Streifen am Kopf, zurückgeht und auf das Jahr 1917 datiert werden kann, ist die Herkunft des deutschen Farbnamens unklar. Unstrittig aber ist, dass die ebenfalls 1917 geborene britisch-mexikanische Künstlerin Leonora Carrington die Farbe mit Begeisterung in ihren surrealistischen Bilderwelten einsetzte. Sie kombinierte sie mit Gold-, Blau- und Rottönen, die an leuchtende Juwelen erinnern. Auch Henri Matisse, der Meister der Farben, schuf mit Petrol in Kombination mit leuchtendem Orange faszinierende Effekte.

Doch den Höhepunkt ihrer Beliebtheit erlebte die Farbe im Nachkriegseuropa: 1946 verlieh sie dem ersten Vespa-Roller modernen Chic und machte ihn zum Medienstar. Zwei Jahre später wurde sie in das Plochere-Farbsystem für Innenarchitekten aufgenommen, was einen großen Einfluss auf das Wohndesign der 1950er- und 1960er-Jahre ausübte. Der italienische Designer Gio Ponti setzte Wände und Möbel in Petrol gekonnt in Szene. Er kombinierte die Farbe mit eleganten Pinktönen, modernistischer Architektur, modernen Ohrensesseln und zierlichen Teakholzmöbeln zu traumhaft eleganten Wohnlandschaften.

Heute

Die Beliebtheit dieses zeitlos modernen Farbtons hält seit Jahrzehnten an. Da ihm beruhigende und konzentrationsfördernde Eigenschaften zugesprochen werden, gehörte dieser Ton auch zu den 16 ersten bei der Gestaltung von Websites eingesetzten HTML/CSS-Farben und wurde als Farbakzent sowohl für den Hintergrund von Windows 95 als auch 1998 als Hingucker für den berühmten ersten iMac gewählt.

Farbwerte
Hex Code: #367589
RGB: 54, 118, 137
CMYK: 81, 43, 36, 8
HSL: 194, 61%, 54%

Häufige Assoziationen
- Klarheit
- Kreativität
- Luxus

Petrol in Kunst, Design & Kultur
- *Virginia Woolf* von Vanessa Bell, **Gemälde,** 1912
- Vespa 98 von Enrico Piaggio, **Motorroller,** 1946
- iMac G3 von Apple in »Bondi Blau«, **Produktdesign,** 1998

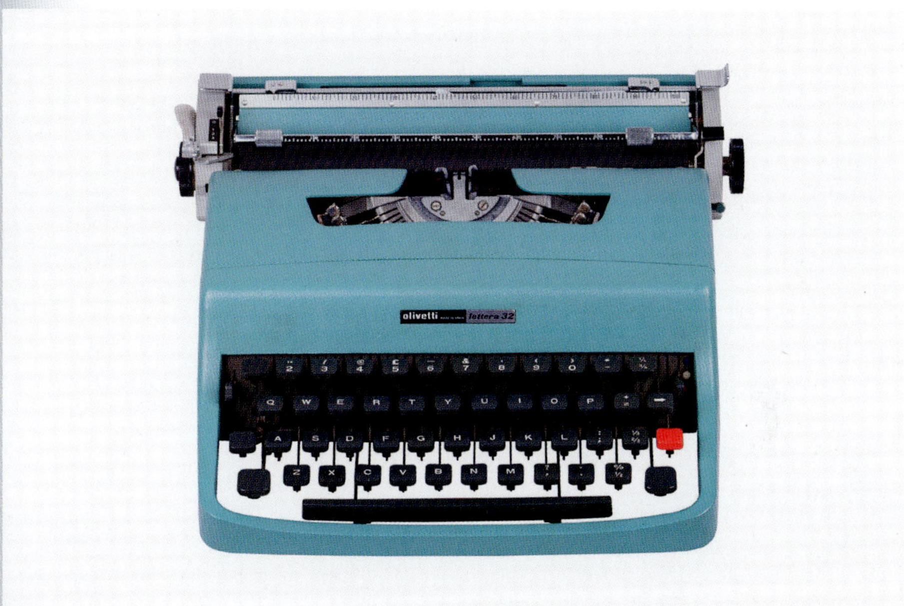

Lettera 32, Schreibmaschine, entworfen von Marcello Nizzoli für Olivetti, 1963

Doch Petrol ist seit vielen Jahren auch eine Lieblingsfarbe der Modebranche. Zum einen weckt es Erinnerungen an die glamouröse Ära der 1920er-Jahre sowie an die hippen 1950er- und 1960er-Jahre, zum anderen lässt es sich für den ganz großen Auftritt bestens mit Gold und damenhaften Rosatönen kombinieren.

Verwendung

Das moderne und vielseitige Petrol eignet sich im Bereich des Produkt- und Innendesigns als beruhigender und neutralisierender Farbakzent. Es darf aber auch zum ausdrucksstarken Hauptdarsteller werden. Gio Pontis eleganter Retro-Chic, der Petrol mit komplementären Rosatönen paarte und mit neutralen Tönen erdete, bietet hierfür jede Menge Inspiration.

Cyan

Farbwerte
Hex Code: #00aeef
RGB: 0, 174, 239
CMYK: 100, 0, 0, 0
HSL: 196, 100%, 94%

Auch bekannt als
- Druck-Cyan
- Prozessblau

Häufige Assoziationen
- Optimismus
- Klarheit
- Inspiration

Früher

Neben Gelb, Magenta und Schwarz ist Cyan eine der vier Farben des CMYK-Farbmodells, das im modernen Vierfarbdruck üblicherweise Anwendung findet. Die Farbe erhielt ihre Bedeutung erst durch die Entwicklung moderner Drucktechniken zu Beginn des 20. Jahrhunderts. Nicht zuletzt durch die wachsende Popularität der Comics ab den 1930er-Jahren kam dem kostengünstigen und qualitativ hochwertigen Druck von Farbillustrationen eine immer größere Bedeutung zu.

In den 1970er-Jahren erhöhte sich durch die stetig verbesserte Drucktechnik der Nuancenreichtum der bis dato sehr grellen Farben immer mehr. Zur selben Zeit überarbeitete der italienische Grafikdesigner Massimo Vignelli seinen Entwurf des Streckenplans der New Yorker U-Bahn. Der Plan war eine Synthese moderner Typografie mit einem wahren Regenbogen an primären und sekundären Farbtönen, unter anderem Cyan. Zudem war er durch seine geschickt konzipierte Grafik ausgesprochen übersichtlich. Zunächst stieß der Plan wegen des für die damalige Zeit hohen Abstraktionsgrads auf Ablehung, doch heute gilt er mit seinem geschickten Farbeinsatz als Vorbild für ein benutzerfreundliches Design.

Heute

Als Grundfarbe des CMYK-Modells erfüllt Cyan eine unersetzliche Funktion im Druck von Halbtonbildern. Bei dieser Technik werden winzige, in Größe und Abstand variierende Punkte in Cyan, Magenta, Gelb oder Schwarz gedruckt. Dies ermöglicht eine unendliche Kombination an Farbtönen. Da es sich um ein subtraktives Farbmodell (siehe Seite 10) handelt, wird das Ergebnis jedoch dunkler, je mehr Farben kombiniert werden. Es kann daher enttäuschen, weil sich die Farbkontraste verlieren und schlimmstenfalls alles in einem schlammigen Einheitsbraun endet. Deshalb wählen Designer häufig schlichte Mischungen oder sogar pures Cyan, Magenta oder Gelb, wenn die Farben besonders strahlen sollen.

Cyan in Kunst, Design & Kultur

- *Colour Sound* von Karl Gerstner, **Farbserigrafie,** 1973
- »Winston Churchill: The Wildnerness Years«, Posterdesign von Ivan Chermayeff, **Lithografie,** 1983
- *Amsterdam Urban Nature Map* von Urban Good/ Nature Desks, **Karte,** 2019

Verwendung

Farben können dabei helfen, auch komplizierte Sachverhalte klar und übersichtlich darzustellen. Mit klar unterscheidbaren Primärfarben lässt sich der nach Orientierung suchende Blick besonders gut und sicher leiten – ob auf Kartenmaterial, Plänen oder Gebrauchsanweisungen.

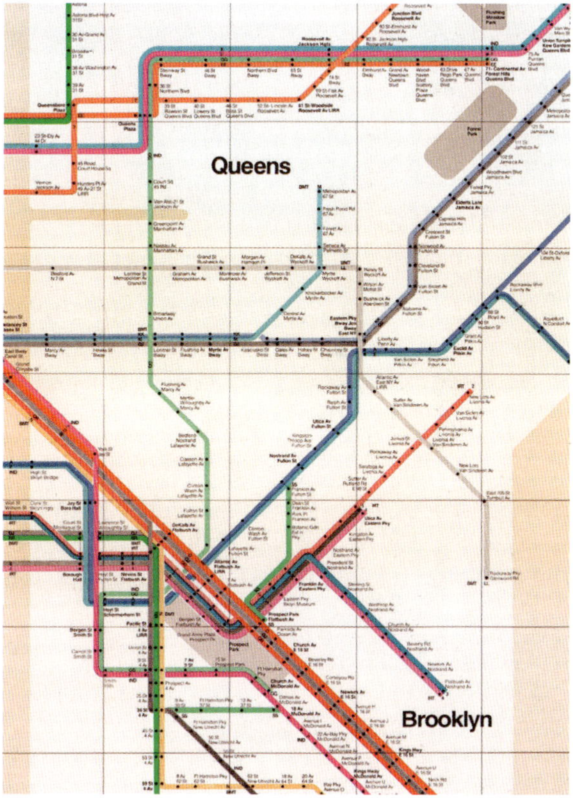

Netzplan der New Yorker U-Bahn von Massimo Vignelli, 1972

International Klein Blue

Farbwerte
Hex Code: #3b3ff6
RGB: 59, 63, 246
CMYK: 81, 73, 0, 0
HSL: 239, 76%, 96%

Häufige Assoziationen
- Unendlichkeit
- Verspieltheit
- Faszination

Früher

»Blau ist das sichtbar werdende Unsichtbare«, sagte der französische Künstler Yves Klein einmal.* Für ihn war Blau nicht nur eine Farbe, sondern ein Ausdruck der Unendlichkeit. Seine Faszination war so groß, dass er sein eigenes Blaupigment kreierte.

Auf der Suche nach dem perfekten Blau entwickelte er mit dem Farbexperten Edouard Adam ein neues Bindemittel, das die Leuchtkraft von Ultramarin dauerhaft erhielt. Das Ergebnis war ein strahlendes Blau von körniger, matter Konsistenz, das Klein sich 1960 unter der Bezeichnung International Klein Blue (IKB) patentieren ließ. Der Künstler malte in seinem berühmten Blau rund 200 monochrome Bilder. Darüber hinaus setzte er es bei seinen *Anthropometries* ein: Performance-Kunst, bei der sich unbekleidete Frauen mit IKB einstrichen und ihre Körper als »menschliche Pinsel« auf einer Leinwand hin- und herrollten.

Heute

Klein folgte einer langen Tradition von Künstlern, die seit der Renaissance und zuvor schon im Nahen Osten und Afrika das kostbare Ultramarin nur für ihre bedeutendsten und heiligsten Motive benutzten. Indem Klein sein Blau selbst zum Objekt machte, statt es nur als Darstellungsmittel zu nutzen, änderte er die Wahrnehmung von Farbe von Grund auf. IKB wird bis heute von Künstlern und Kreativen verwendet: Im Frühjahr 2017 brachte das Modelabel Celine eine von den *Anthropometries* inspirierte Kollektion heraus, und John Galliano wählte als verbindendes visuelles Motiv seiner Frühjahr/Sommer-Kollektion für Maison Margiela 2019 einen Pudel in leuchtendem IKB.

*Weitemeier, Hannah, *Yves Klein*, Köln: Taschen, 2016

International Klein Blue in Kunst, Design & Kultur

- *Blue* von Derek Jarman, **Film**, 1993
- Prêt-à-porter-Kollektion von Céline, **Mode**, Frühjahr/Sommer-Kollektion 2017
- Haute-Couture-Kollektion von Maison Margiela, **Mode**, Frühjahr/Sommer-Kollektion 2019

Verwendung

Anlässlich des 90. Geburtstags von Yves Klein kreierte der Farbenhersteller Ressource in Zusammenarbeit mit dem Yves-Klein-Archiv eine offizielle IKB-Farbe. Als strahlendes, die Aufmerksamkeit bannendes Blau eignet sich IKB gleichermaßen für Produkt- und Webdesign sowie für Grafik und Schriftgestaltung. Am besten entfaltet es seine Wirkung monochrom oder auf weißem Hintergrund.

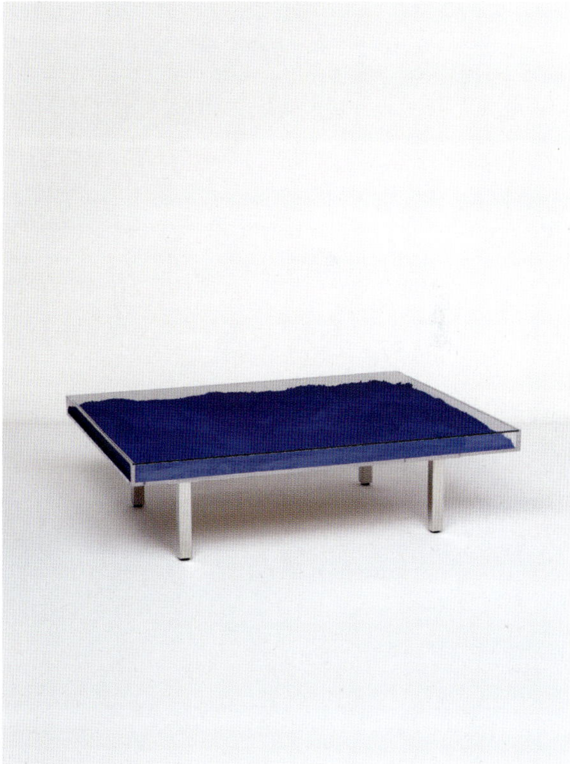

Tisch IKB® von Yves Klein, 1961

»Blau ist
die Farbe der
unbegrenzten
Dimensionen …
Blau erinnert
vor allem
anderen an das
Meer und den
Himmel,

und beide
gehören
schließlich
zur sichtbaren
Natur, was
besonders
abstrakt ist.«
– Yves Klein

Electric Blue

Farbwerte
Hex Code: #0091ff
RGB: 0, 145, 255
CMYK: 73, 40, 0, 0
HSL: 206, 100%, 100%

Häufige Assoziationen
- Konnektivität
- Technologie
- Geschwindigkeit

Electric Blue in Kunst, Design & Kultur
- *276. (On Colour Blue)* von Joseph Kosuth, **Lichtinstallation,** 1990
- ID.R, Elektro-Rennwagen von Volkswagen, **Automobil,** 2018

Früher

Seit mithilfe von Thomas Edisons Erfindungen Ende des 19. Jahrhunderts Licht durch Strom erzeugt werden konnte, werden Blautöne mit Elektrizität und technologischem Fortschritt assoziiert. Fast 100 Jahre später malte David Bowie mit seinem Song aus dem Jahr 1977 eine Vision von der Zukunft der Wohnraumgestaltung: »Blue, blue, electric blue / That's the colour of my room / Where I will live.«

Heute

Electric Blue ist die Farbe der Wahl, wenn es darum geht, Zukunftsvisionen atmosphärisch eindrucksvoll zu visualisieren: so in Science-Fiction-Filmen wie *Minority Report* (2002), *Tron* (1982) und *Wall-E.* (2008). Auch für innovative, zukunftsweisende Produkte wird gern mit diesem pulsierenden und Energie ausstrahlenden Farbton geworben. Beispiele hierfür sind der Werbefeldzug für die 5G-Netzwerke oder die »Go Electric«-Kampagne von Ford aus dem Jahr 2020, die bei der Darstellung von Fahrzeugen auf visuelle Effekte in Electric Blue zurückgriff. Auch VW, Mercedes-Benz und Virgin wählten diesen leuchtstarken Ton für ihre PR-Strategien.

Doch bei aller Wertschätzung ist Vorsicht geboten: Eine Studie der Harvard Medical School hat aufgezeigt, dass der Blauanteil im Licht von Displays und Monitoren den Melatoninspiegel senken und somit zu Schlaf- sowie anderen Gesundheitsstörungen führen kann.

Verwendung

Electric Blue sollte mit Bedacht eingesetzt werden. Ideal für Werbezwecke und modernes Interfacedesign, kann man es wunderbar mit ruhigem Marineblau kombinieren. Buttons zum Anklicken lassen sich mit Electric Blue benutzerfreundlich von der Typografie und von Grafiken in leuchtendem Violett als Komplementärfarbe abheben.

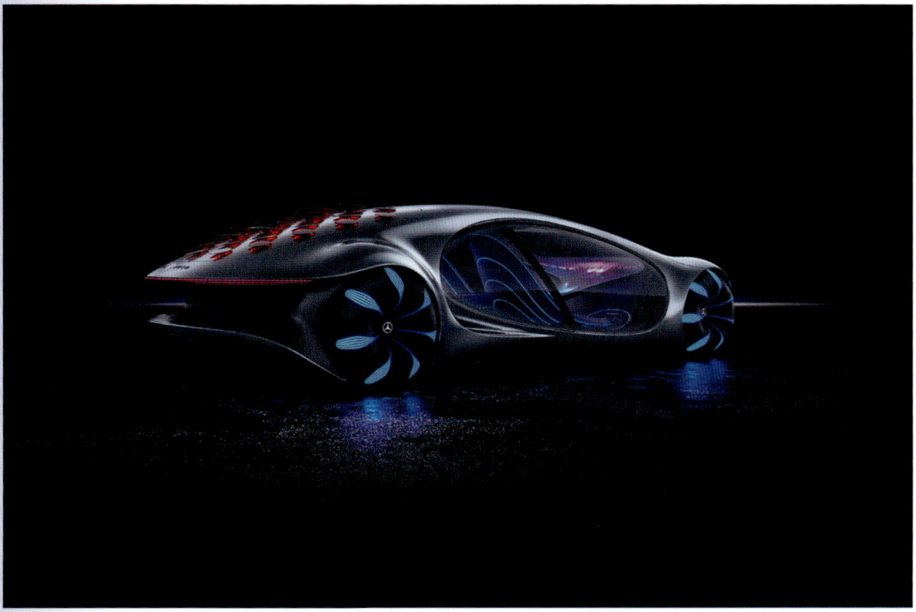

Vision AVTR, Concept Car von Mercedes-Benz, 2020

YInMn-Blau

Farbwerte
Hex Code: #00289B
RGB: 0, 40, 155
CMYK: 100, 94, 4, 2
HSL: 225, 100%, 61%

Häufige Assoziationen
- Abkühlung
- Zukunftsorientierung
- Balance

Früher

Im Jahr 2009 machte der Chemiker Mas Subramanian an der Oregon State University aus heiterem Himmel eine zufällige Entdeckung, deren fantastisches Potenzial wir jetzt erst langsam erschließen. Zu verdanken hatte er den Glücksfall einem Laborexperiment mit überraschendem Ausgang: Aus einer hocherhitzten Mischung der Elemente Yttrium (Y), Indium (In) und Mangan (Mn) entstand als völlig unerwartete Verbindung ein leuchtend reines Blaupigment – das erste neue seit der Herstellung von Kobaltblau mehr als 200 Jahre zuvor.

Heute

Dieses künstliche Pigment weist eine besondere Farbreinheit auf, ist lichtecht, lässt sich perfekt mit Öl oder Wasser mischen und reflektiert einen hohen Anteil von Infrarotlicht. Es ist das reinste Blau, da seine kristalline Struktur rote und grüne Lichtwellen absorbiert, während es die blauen fast komplett reflektiert. Seit 2012 steht die Farbe, die für den Maschinen-, Automobil- und Flugzeugbau wegen ihrer temperatursenkenden Eigenschaften besonders interessant und wertvoll ist, unter Patentschutz.

Verwendung

Kombiniert mit Grün- und pastelligen Violetttönen, verbreitet der brillante Blauton eine angenehm kühle Atmosphäre. Abgesetzt mit einem intensiven Rot, eignet sich der leuchtende Ton in einem kontrastreichen Farbschema ideal für Wegweiser oder Warnhinweise.

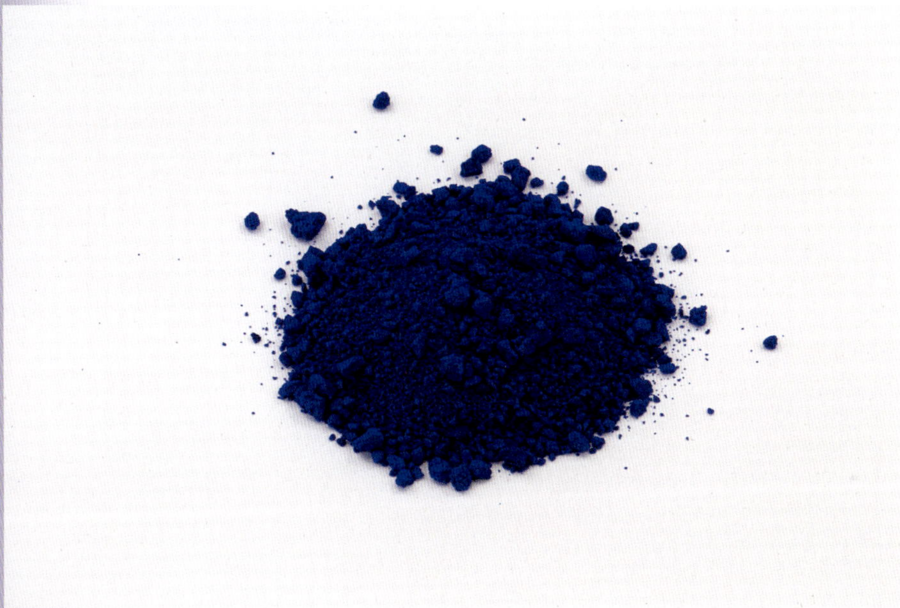

»YInMn-Blue« von Kremer Pigmente

Rosa & Violett

Violetttöne mit ihrem hohen Rot- und Blauanteil, einschließlich Lila und Purpur, tauchen in reiner Form kaum in der Natur auf. Sie liegen zudem in einem Bereich des Lichtspektrums, das für unser Auge nur schwer wahrnehmbar ist. Deshalb ist Violett nicht leicht definierbar und wirkt geheimnisvoll. Rosa wiederum zeigt viele verschiedene Gesichter: mal sanft und beruhigend, mal als Pinkton rebellisch grell und aggressiv. Beide sind Mischfarben und vereinen daher eine Vielzahl von Charaktermerkmalen, Assoziationen und Stimmungen.

Im Lauf der Jahrhunderte war die Wahrnehmung von Rosa stark vom jeweiligen Zeitgeschmack beeinflusst: mal wurde es als maskulin, mal als feminin und sinnlich, mal als kitschig, mal als stilvoll-elegant angesehen. Im China des 17. Jahrhunderts war Rosa nicht mehr als eine namenlose »ausländische Farbe«, die unter dem wachsenden westlichen Einfluss ins Kaiserreich gelangt war. Doch bereits im alten Ägypten färbte man Textilien für die Bekleidung mit natürlichen, vermutlich aus Kalkstein gewonnenen Farbmitteln rosa.

Erst seit dem frühen 20. Jahrhundert gilt Rosa in der westlichen Welt als typisch femininer Farbton. Als rosafarbene und blaue Pastelltöne im 19. Jahrhundert entwickelt wurden, betrachtete man Rosa noch als eine jungenhafte Variante des als maskulin empfundenen Rots, während das damalige zarte Blau eher für Mädchen passend schien. In den 1950er-Jahren etablierte der Aufschwung der Konsumwirtschaft im Nachkriegsamerika Rosa als hyperfeminine Symbolfarbe. Allerdings avancierte Rosa in den 1970er- und 1980er-Jahren zur Farbe der damaligen Gegenkulturbewegungen. Später wurde es als Millennial Pink zum Statement der Generation junger erfolgsbewusster Menschen, die vor der Jahrtausendwende geboren wurden. Rosa stellt somit eine perfekte Fallstudie dar, wie sich die Wahrnehmung einer Farbe mit den jeweils wechselnden Wertorientierungen verschiedener Generationen wandelt.

Violett wurde zunächst unter dem Einfluss Kleopatras auf Julius Cäsar zur Herrscherfarbe. Diese Tradition setzten Könige und Kaiser fort, die als Einzige das kostspielige Privileg genossen, sich in Purpurtönen zu kleiden. Es bedurfte immerhin rund 12 000 Stachelschnecken, um 1,4 Gramm Tyrischen Purpurs zu produzieren, mit dem man nur ein kleines Stück Stoff färben konnte.

Noch immer wird Violett in großen Teilen der Welt mit dem Hochadel, hohem Ansehen und Luxus assoziiert, darüber hinaus auch mit Mystik und göttlicher Würde. Da die Farbe in der ayurvedischen Heilkunst und den Ritualen des tantrischen Buddhismus zumeist das Kronenchakra Sahasrara repräsentiert, versinnbildlicht sie auch die reinste Form spiritueller Bewusstseinszustände. In der westlichen Welt wurde Violett lange mit übersinnlichen Phänomenen in Zusammenhang gebracht. Heute bestaunen wir vor allem die Magie hochmoderner, nachhaltiger Färbetechniken, für die violett getönte Bakterien eingesetzt werden.

Farben in diesem Kapitel:

Tyrischer Purpur

Früher

Die intensive Farbe wird durch Trocknen und Kochen eines übel riechenden Sekrets gewonnen, das die räuberisch lebenden Purpurschnecken (Familie Muricidae) in einer Schleimdrüse produzieren. Laut griechischer Mythologie wurde der Farbstoff entdeckt, als der Hund des Herakles eine Purpurschnecke fraß und sich dabei sein Maul violett färbte. Daraufhin habe eine Nymphe von dem Helden ein Gewand in der gleichen Farbe verlangt. Nachdem König Phoinix von der Entdeckung erfahren hatte, entschied er, dass sich fortan alle phönizischen Herrscher als Zeichen ihres königlichen Ranges in Purpur kleiden sollten.

Die Römer drückten ihre Verehrung des Farbtons mit dem Namen *sacer murex* (heiliger Purpur) aus und verhängten schwere Strafen über jene, die ihn ohne kaiserliche Erlaubnis trugen. Zu den wenigen Privilegierten zählten die Vestalinnen: jungfräuliche Priesterinnen, die für das Wohlergehen Roms verantwortlich waren und deren purpurfarbener Kopfschmuck ihren sakralen Status signalisierte. Die Römer waren so fasziniert von der Reinheit und dem gesellschaftlichen Status der Farbe, dass Untertanen ihre Ehrerbietung gegenüber dem Kaiser durch das Ritual der *adoratio purpurae* demonstrierten: dem Küssen eines purpurfarbenen Tuches zu Füßen des Herrschers.

Farbwerte
Hex Code: #472a4c
RGB: 71, 42, 76
CMYK: 72, 87, 42, 39
HSL: 291, 45%, 30%

Häufige Assoziationen
- Hochadel
- Exklusivität
- Macht

Tyrischer Purpur in Kunst, Design & Kultur
- New Balance x Concepts 990v2 in der Farbe »Tyrian«, **Schuhe, 2016**
- »The Soft Enfilade« von AMO für Miu Miu, **Bühnendesign, 2017**
- *Purple Poem for Miami* von Judy Chicago, **Kunstperformance, 2019**

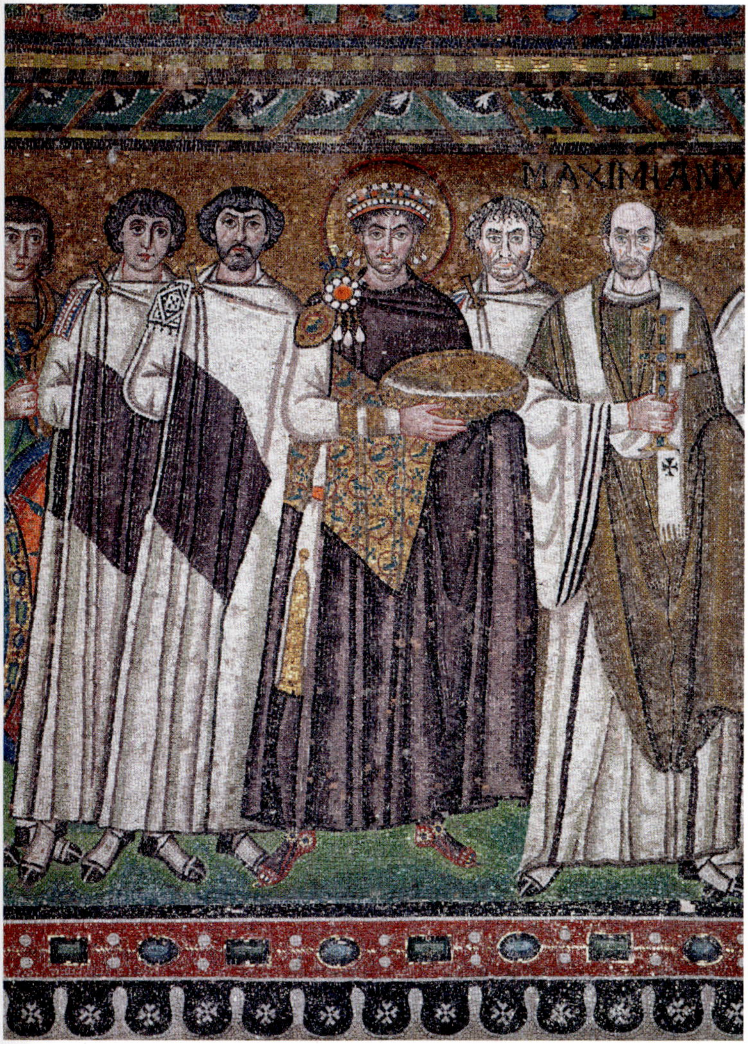

Kaiser Justinian I. und sein Gefolge, Ausschnitt eines Mosaiks in der Basilika San Vitale, Ravenna, Italien, ca. 547 n. Chr.

Heute
Im Jahr 1856 entwickelte der britische Chemiker William Perkin eher zufällig aus Teeröl einen malvenfarbenen Farbstoff, der im Zeitalter der industriellen Revolution leicht herzustellen war. Als Königin Viktoria und Kaiserin Eugénie dann kostbare Kleider in Mauve trugen, brach in ganz Europa eine wahre »Mauve-Mania« aus.

Perkins Erfindung führte zu einer weiten Verbreitung des violetten Farbtons auch außerhalb des Hochadels. Dieser verlor nichts von seiner Strahlkraft, sondern avancierte zur Symbolfarbe radikaler Reformbewegungen wie dem Feminismus. Zusammen mit Grün und Weiß trugen ihn zu Beginn des 20. Jahrhunderts die Suffragetten bei ihren Frauenrechtskampagnen. In der jüngeren Vergangenheit ist vor allem wieder die mystische Aura der Farbe von Luxuslabels wie Dior und Yves Saint Laurent bei der Flakongestaltung für so brisant klingende Parfüms wie Poison und Opium in den Mittelpunkt gerückt worden.

Verwendung
Der exklusive Ton kann gepaart mit einem lebendigen Smaragdgrün höchst wirkungsvoll in eine moderne und überzeugende Farbpalette eingebettet werden.

»Der violette Farbton verlor nichts von seiner Strahlkraft, sondern avancierte zur Symbolfarbe radikaler Reformbewegungen.«

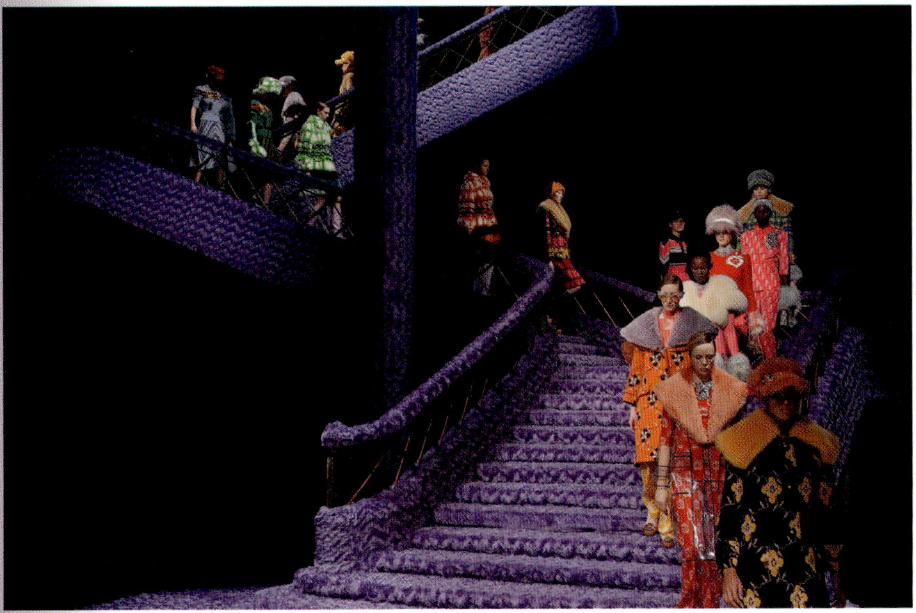

Miu Miu: Paris Fashion Week, Damenmode Herbst/Winter-Kollektion 2017/18; Bühnendesign von AMO

Magenta

Früher

Der Erfolg des von William Perkin erfundenen Mauve löste einen Wettbewerb unter den europäischen Wissenschaftlern aus, der in die Entwicklung von 50 verschiedenen Violetttönen mündete. Der französische Chemiker François-Emmanuel Verguin brachte 1859 Anilin und Zinnchlorid zu einer Reaktion, aus der ein rotviolettes Färbemittel resultierte, das Verguin nach der Fuchsie, einer Pflanze, als Fuchsin bezeichnete.

Zur gleichen Zeit entdeckten die britischen Chemiker George Maule und Chambers Nicolson den nahezu identischen Farbstoff Rosein. Fuchsin und Rosein wurden von Farbenherstellern zu Magenta umbenannt, um während des damaligen Zweiten Italienischen Unabhängigkeitskriegs der blutigen Schlacht von Magenta zu gedenken.

Der extravagante und faszinierende Farbton fand großen Anklang unter den Modebewussten der viktorianischen Zeit, die ihre Kleider, Unterröcke, Mützen, Strümpfe, Schuhe, Handschuhe, Sonnenschirme, Fächer und Schmuckstücke damit färbten. Wie auch andere der frühen synthetischen Farben barg Magenta ein tödliches Geheimnis, denn es enthielt Spuren von Arsen. Nachdem schadstoffärmere Herstellungsverfahren entwickelt worden waren, diente Magenta überdies zum Färben von Wein und Sirup sowie von pharmazeutischen Artikeln und Tapeten.

Farbwerte
Hex Code: #ec008c
RGB: 236, 0, 140
CMYK: 0, 100, 0, 0
HSL: 324, 100%, 93%

Auch bekannt als
- Fuchsin
- Fuchsia

Häufige Assoziationen
- Rebellion
- Selbstbewusstsein
- Extravaganz

Magenta in Kunst, Design & Kultur
- *Die Dächer von Collioure* von Henri Matisse, **Gemälde,** 1903
- Foyer des Königlichen Theaters von Turin, gestaltet von Carlo Mollino, **Innenarchitektur,** 1965–1967
- The American Restaurant von Warren Platner, Kansas City, **Innenarchitektur,** 1974

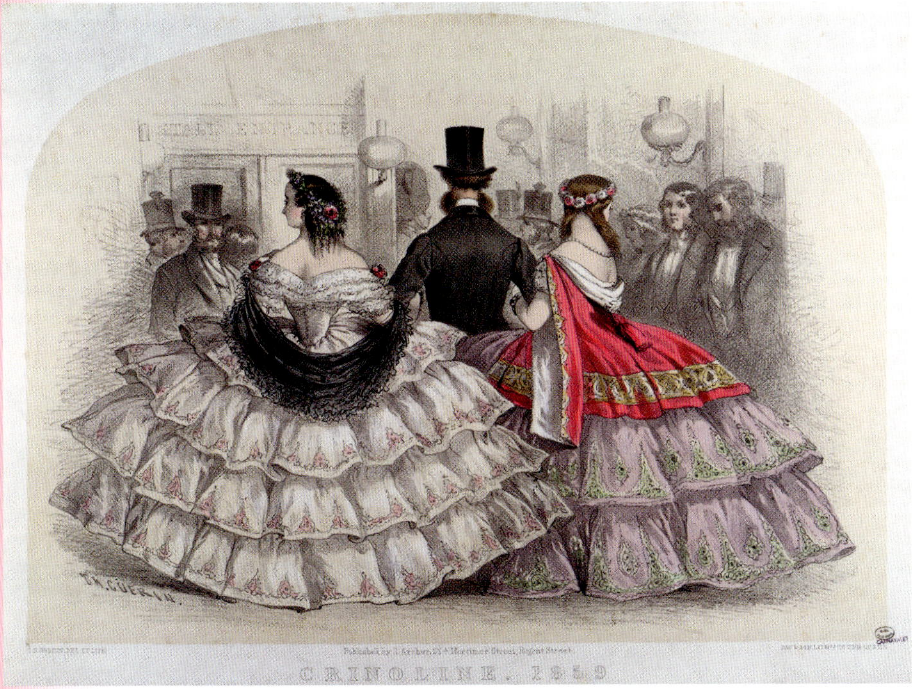

Damen in Reifröcken in der Königlichen Oper, Covent Garden London, von T. H. Guerin, 1859

Heute
Die wachsende Produktion billiger Färbemittel überflutete den Markt mit grell leuchtenden Magentatönen. Der amerikanische Künstler Jeff Koons nutzte sie für seine bewusst kitschig gestalteten Skulpturen *Sacred Heart* (1994–2007) und *Balloon Dog* (1994–2000), die auf ironische Weise die mit Magenta assoziierte Kommerzialisierung von Liebe und Zuneigung zur Schau stellen.

Heute zählt Magenta zu einer der Grundfarben des CMYK-Druckverfahrens, die im Farbkreis ihren festen Platz zwischen Rot und Blau sowie direkt gegenüber von Grün gefunden hat: eine zugleich eigenwillige wie stilvolle Farbe, die vielseitig einsetzbar ist.

Verwendung
In einer ausgewogenen Kombination mit Brombeer-, Gold- und hellen Beigetönen bildet Magenta ein luxuriöses Farbensemble, das sich ideal für Verpackungen und Branding eignet.

»Der ebenso extravagante wie faszinierende Farbton fand großen Anklang unter den Modebewussten der viktorianischen Zeit, die ihre Kleider, Unterröcke, Mützen, Strümpfe, Schuhe, Handschuhe, Sonnenschirme, Fächer und Schmuckstücke damit färbten.«

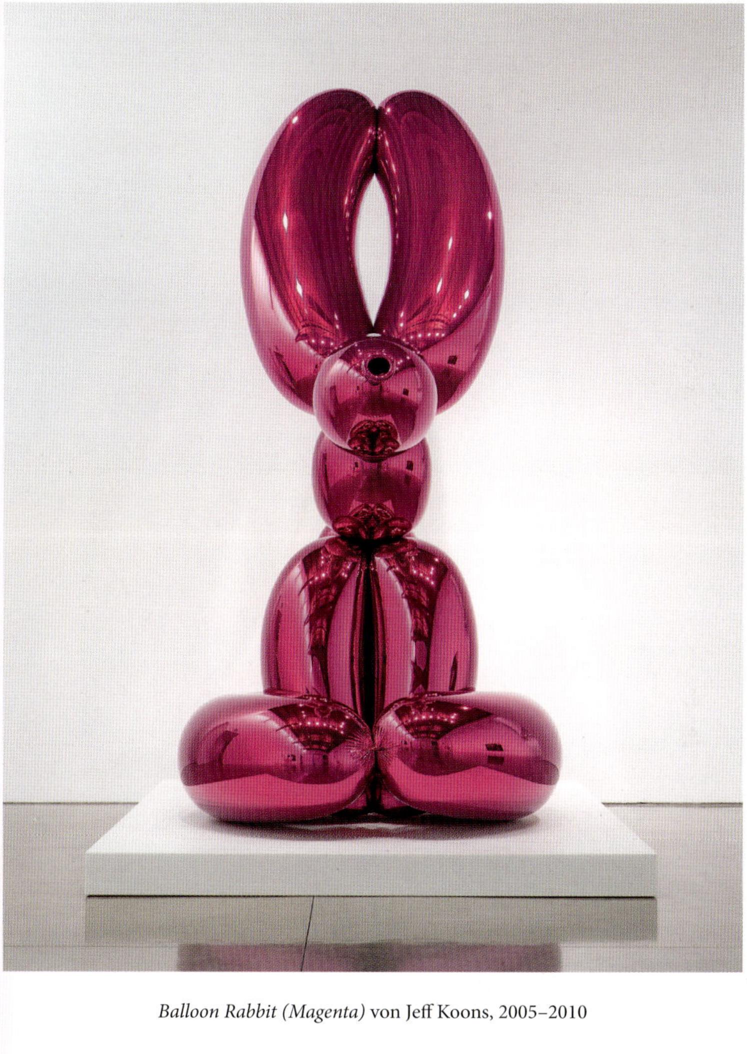

Balloon Rabbit (Magenta) von Jeff Koons, 2005–2010

Violett

Farbwerte
Hex Code: #6f6cb7
RGB: 111, 108, 183
CMYK: 63, 62, 0, 0
HSL: 242, 41%, 72%

Häufige Assoziationen
- Spiritualität
- Intuition
- Exzentrik

Früher

Was Violett von seinen Varianten unterscheidet, ist seine Reinheit, denn es handelt sich nicht um eine Mischung aus Rot und Blau, sondern um eine in der Natur seltene Spektralfarbe. Gleichwohl entdeckten schon vor über 25 000 Jahren die Neandertaler Manganminerale, die sie zu einem tiefvioletten Farbpigment zermahlten. Dieses benutzen die Hopi-Ureinwohner im heutigen Arizona noch immer zum Färben ritueller Gegenstände.

Nach der Erfindung von Mauve und anderer violetter Färbemittel folgten rasch weitere Varianten: 1859 das äußerst farbreine, aber giftige Kobaltviolett sowie 1868 das synthetische Manganviolett. Von den neuen Farben machten insbesondere die impressionistischen Maler so ungezügelt Gebrauch, dass Kritiker von einer »Violettomania« sprachen. Die *en plein air* arbeitenden Maler faszinierte das Wechselspiel von Licht und Schatten. Um einen möglichst lebendigen Eindruck zu erzeugen, setzten sie Komplementärfarben ein: Malten sie das Sonnenlicht gelb, stellten sie Schatten nicht schwarz, sondern violett dar.

Heute

Violett hat eine sehr kurze Wellenlänge, auf die unser Auge kaum reagiert. Häufig nehmen wir es deshalb als Schwarz wahr. Vielleicht ist dieser trügerische Eindruck der Grund dafür, dass wir die Farbe als geheimnisvoll empfinden und dem Sakralen zuordnen: In der ayurvedischen Lehre wird das Kronenchakra Sahasrara, unser reinstes spirituelles Energiezentrum, durch die Farbe Violett repräsentiert. Der Musiker Prince machte sich mit seinem Titel »Purple Rain« metaphorisch ebenfalls die mystische Kraft von Violett zu eigen. Und 2018 ernannte das Pantone-Institut den Ultraviolett-Ton 18-3838 zur Farbe des Jahres, denn in einer mit oberflächlichen Informationen übersättigten Welt symbolisiere sie das Bedürfnis nach Tiefgründigem und innerer Einkehr.

Violett in Kunst, Design & Kultur

- Pantone 18-3838 »Ultra Violet«, Pantone-Farbe des Jahres, **Design,** 2018
- Le Creuset »Ultra Violet«, Topf-Kollektion, **Haushaltswaren,** 2019
- Pegasus XP-2 von Virgin Hyperloop mit BIG und Kilo Design, **Hochgeschwindigkeitstransportsystem,** 2020

Verwendung

Das eigenwillige Violett wird nicht selten als ein wenig kapriziös wahrgenommen. In einer selbstbewussten monochromen Palette weckt es beim Betrachter oder Nutzer Respekt und Vertrauen.

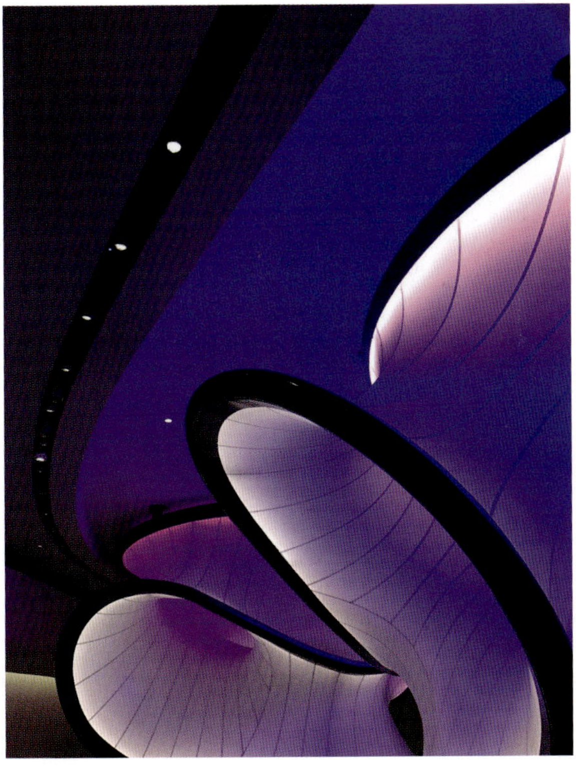

Mathematics: The Winton Gallery, Science Museum, London, von Zaha Hadid Architects, 2016

»Ich habe endlich die wahre Farbe der Atmosphäre entdeckt.

Es ist Violett. Frische Luft ist violett.«
– Monet

Heliotrop

Farbwerte
Hex Code: #9A7ccf
RGB: 154, 124, 207
CMYK: 43, 55, 0, 0
HSL: 262, 40%, 81%

Häufige Assoziationen
- Zartheit
- Heilkraft
- Individualität

Heliotrop in Kunst, Design & Kultur
- *Ziff* von Frank Bowling, **Gemälde,** 1974
- *Die Farbe Lila* von Alice Walker, **Buch,** 1982
- »Piggy Ring Box« von Wang & Söderström, **Skulptur,** 2018

Früher

Der aufsehenerregende Farbton wurde erstmals 1882 aus den Blütenblättern der Vanilleblume *(Heliotropium arborescens)* gewonnen. Der in ihr wie auch in den Blättern, Wurzeln und Stielen anderer Pflanzen vorkommende Farbstoff Anthocyan bewirkt eine intensive Rot-, Blau- oder Violettfärbung. Heute weiß man, dass z. B. Heidelbeeren nicht nur reich an Anthocyanen sind, sondern auch an Antioxidantien. Doch Pflanzen wurden schon zu medizinischen Zwecken eingesetzt, lange bevor solche Zusammenhänge bekannt waren. So behandelten traditionelle Heiler der Stadt Kanchipuram im südindischen Bundesstaat Tamil Nadu jahrhundertelang Hautkrankheiten und Giftbisse mit Wurzeln und Blättern bestimmter Pflanzen.

Heute

Natürliche Pigmente dieses Farbtons sind rar, weshalb man immer wieder versucht hat, ihn synthetisch herzustellen. Schließlich gelang es durch die Entdeckung des YInMn-Blaus (siehe Seite 198) in den 2000er-Jahren, neue anorganische Violett-Farbmittel zu entwickeln.

Für seine leuchtend bunte, hochmoderne Innenarchitektur setzt Adam Nathaniel Furman Adaptionen dieses verspielten und frischen Farbtons ein. In der Modeszene wählte Nina Ricci ihn in der kühnen Farbpalette ihrer 2020er-Kollektion als anregenden Akzent.

Verwendung

Zusammen mit seinem Komplementärton – dem sonnigen, gelborangefarbenen Ringelblumengelb – signalisiert Heliotrop Individualität und Fröhlichkeit.

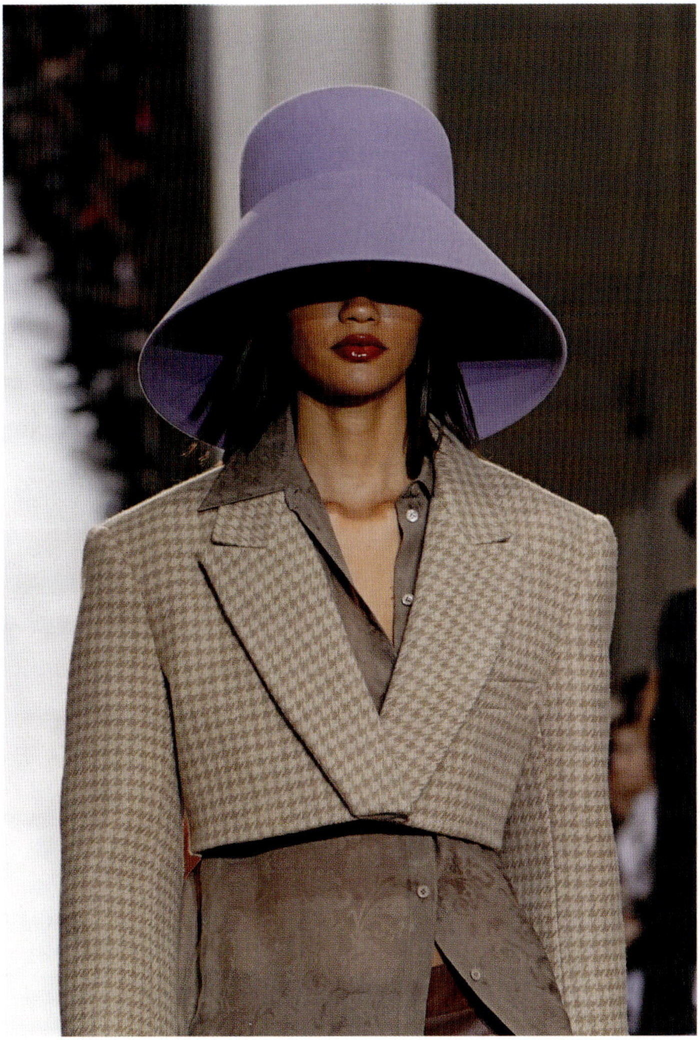

Nina Ricci, Paris Fashion Week, Damenmode, Herbst/Winter-Kollektion 2020/21

Rosa

Früher

Kein Geringerer als Homer beschrieb in der *Odyssee* die Erscheinungsform dieses Farbtons wiederholt als »Rosenfinger«, mit denen die Sonne ehrfurchtgebietend die Morgendämmerung vertreibt und uns den aufziehenden Tag mit Optimismus begrüßen lässt.

Die wechselvollen Assoziationen, die im Lauf der Jahrhunderte mit Rosa verknüpft wurden, pendeln zwischen maskulin und feminin, extravagant und unschuldig. Raphael verwendete die Farbe, um zärtliche Momente zwischen Mutter und Kind darzustellen. Doch Rosa wurde auch gewählt, um entschlossene Männlichkeit zu repräsentieren, wie die um 1400 entstandene Gesetzessammlung *Nova Statuta* beweist, die König Heinrich V. in einer rosafarbenen Tunika zeigt. Ihren eher femininen Status erhielt die Farbe im europäischen Adel des 18. Jahrhunderts, als die Mätresse Ludwigs XV., Madame de Pompadour, Rosa so sehr schätzte, dass 1757 die französische Manufaktur Sèvres den Farbton eines exquisiten neuen Porzellanservices »Rosé Pompadour« nannte.

Im Amerika des frühen 20. Jahrhunderts galt Rosa wieder als maskuline Farbe, die mit männlichen Sportarten und opulentem Reichtum assoziiert wurde. In der Verfilmung von F. Scott Fitzgeralds 1925 veröffentlichtem Roman *Der große Gatsby* trägt Leonardo DiCaprio als Darsteller des Lebemannes Jay Gatsby einen rosafarbenen Anzug: Er illustrierte Gatsbys gesellschaftlichen Status, verlieh seinem extravaganten Lebensstil jedoch zugleich etwas Sympathisches.

Farbwerte

Hex Code: #d0747c
RGB: 208, 116, 204
CMYK: 16, 66, 40, 0
HSL: 355, 44%, 82%

Auch bekannt als

- Rosarot
- Altrosa

Häufige Assoziationen

- Sanftheit
- Süße
- Privilegiertheit

Rechts: Elefanten-Kandelabervase *(Vase à Tête d'Eléphant)*, Manufaktur Sèvres, 1757–1758

Folgende Doppelseite: »Community is Kindness.«, Plakatkampagne der BUILDHOLLYWOOD FAMILY, bestehend aus JACK, JACK ARTS und DIABOLICAL, London, 2020

Rosa in Kunst,
Design & Kultur

- *Nova Statuta*, England, **Handschrift**, ca. 1400
- *Die Schaukel* von Jean-Honoré Fragonard, **Gemälde**, 1767
- Nous Restaurant und Blumenladen, Dongguan, China, Studio 0321, **Innenarchitektur**, 2018

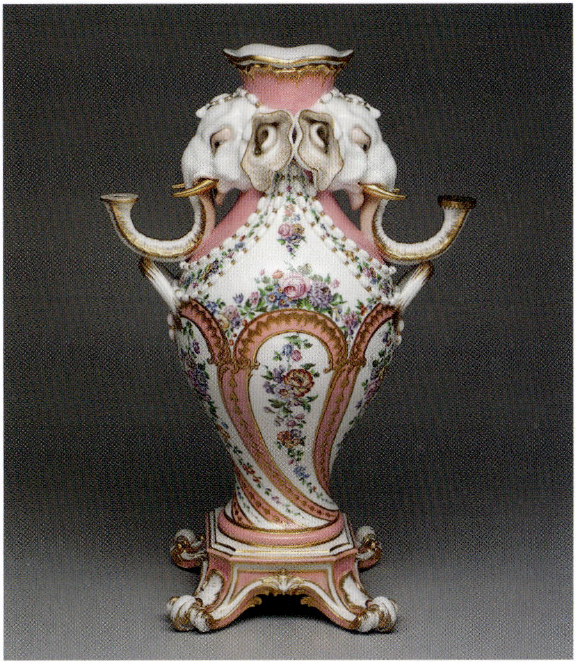

Heute

In unserer modernen Welt wird Rosa eingesetzt, um schlechten Nachrichten ihre Schärfe zu nehmen und in Krisenzeiten Optimismus zu verbreiten. Dies funktionierte auch hervorragend, als 2020 die Agentur JACK ARTS in London die Plakat-Kampagne »Community is Kindness.« startete, um während der Corona-Pandemie für Solidarität mit Betroffenen zu werben.

Verwendung

Natürliche Rosatöne lassen sich mit dem kühnen, dunklen Violett zu einer modernen Farbkombination ergänzen, die auf subtil verknüpfte Verbindungen – etwa im Bereich digitaler Kommunikation – verweist.

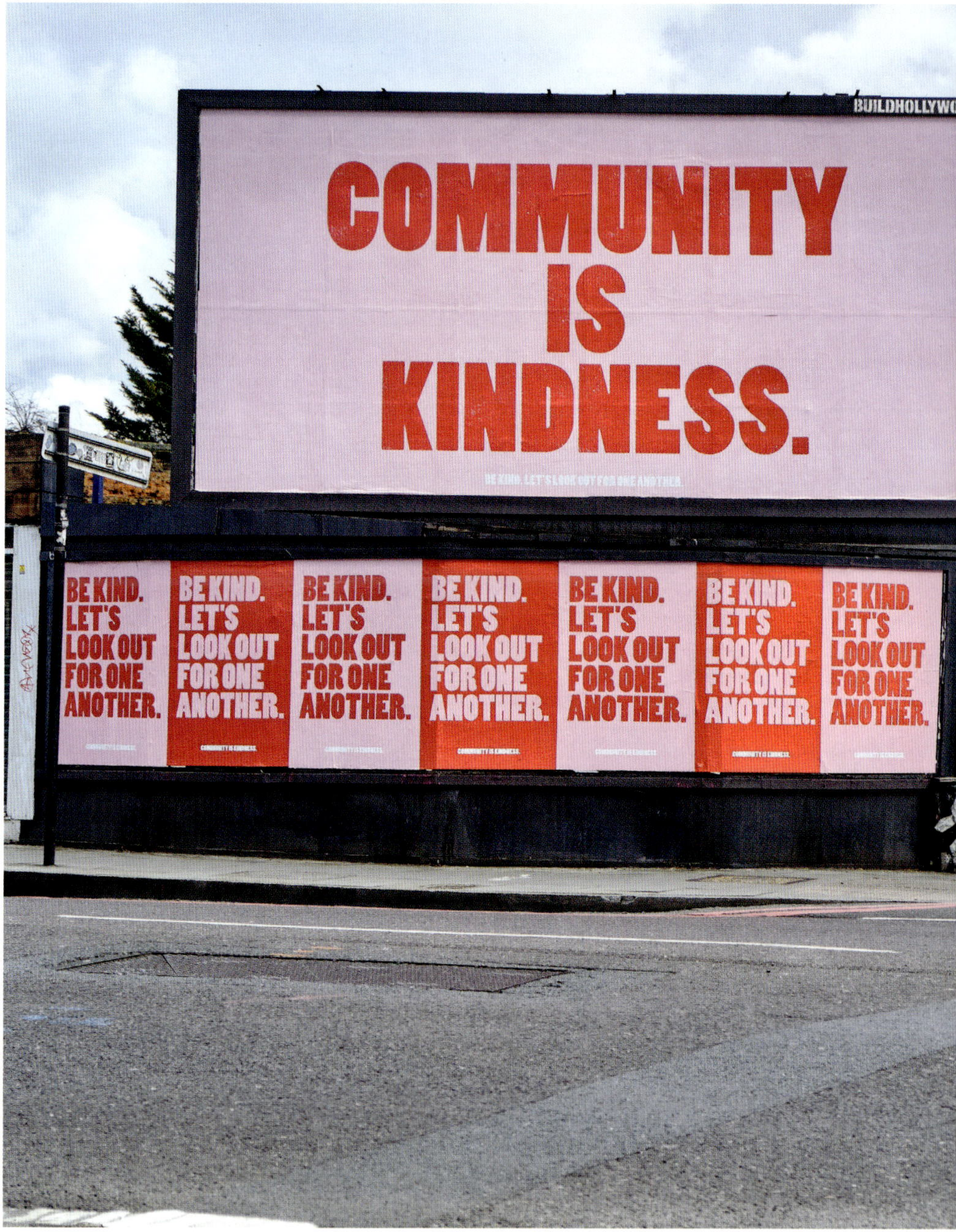
COMMUNITY IS KINDNESS.
BE KIND. LET'S LOOK OUT FOR ONE ANOTHER.
BE KIND. LET'S LOOK OUT FOR ONE ANOTHER.
BE KIND. LET'S LOOK OUT FOR ONE ANOTHER.
BE KIND. LET'S LOOK OUT FOR ONE ANOTHER.
BE KIND. LET'S LOOK OUT FOR ONE ANOTHER.
BE KIND. LET'S LOOK OUT FOR ONE ANOTHER.
BE KIND. LET'S LOOK OUT FOR ONE ANOTHER.
BE KIND. LET'S LOOK OUT FOR ONE ANOTHER.

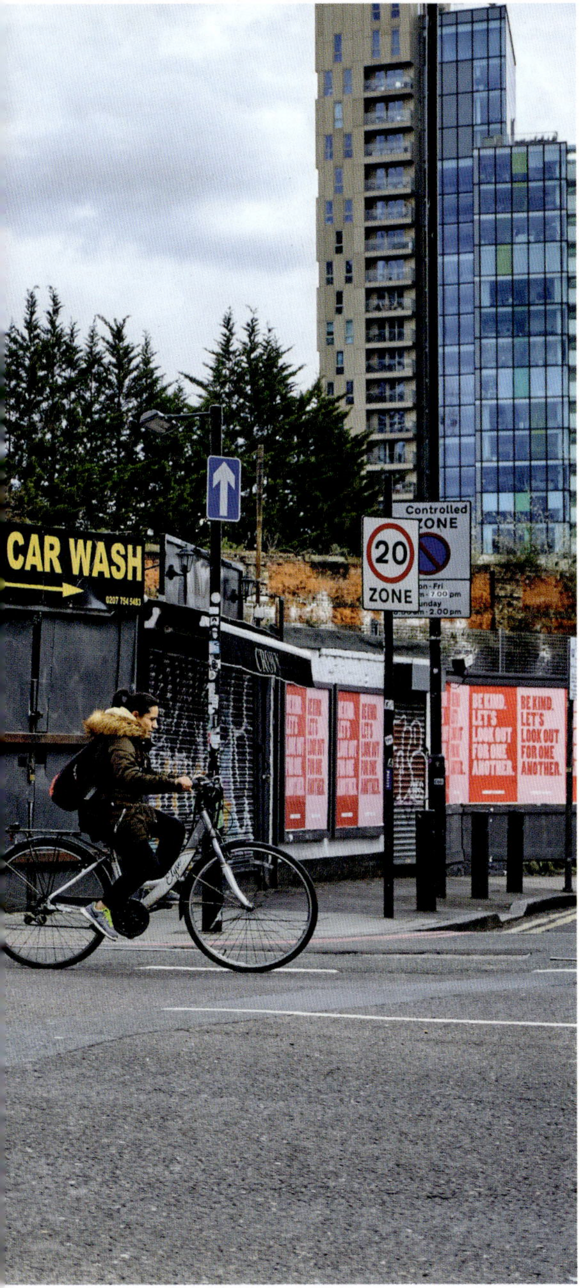

»In unserer modernen Welt wird Rosa eingesetzt, um schlechten Nachrichten ihre Schärfe zu nehmen und in Krisenzeiten Optimismus zu verbreiten.«

Shocking Pink

Früher
Im Jahr 1937 prägte die Modedesignerin Elsa Schiaparelli diesen schrillen Farbton. Er hob ihre Kollektion in der Zeit des Zweiten Weltkriegs von den damals üblichen gedeckten Tönen deutlich ab. Allen leuchtenden Farben voran gelang es Pink, einen modischen Kontrapunkt zu den Verlusten und Entbehrungen jener Zeit zu setzen.

In den nachfolgenden Jahrzehnten verlor Shocking Pink jedoch an Beliebtheit. In der Nachkriegszeit wurden Pastelltöne bevorzugt, und im Amerika der 1960er-Jahre stieß das mit der Frauenrechtsbewegung assoziierte Pink auf breite Ablehnung. Doch in der Londoner Punkszene der 1970er-Jahre erlebte die Farbe eine Renaissance, als Vivienne Westwood und Malcolm McLaren in der King's Road ihre berühmte Boutique eröffneten. Der Name prangte in über einen Meter großen Gummilettern über dem Eingang: SEX.

Seitdem war Pink ein Synonym für Gegenkultur und Provokation, zumal Punkbands wie The Ramones und The Clash sich pinkfarben kleideten. Auch die Modedesignerin Zandra Rhodes färbte sich ihre Haare in Shocking Pink. Später wurde der pinkfarbene Winkel in den USA zum Symbol bei politischen Kampagnen der Homosexuellenszene: ein Vorläufer der roten Aids-Schleife.

Farbwerte
Hex Code: #B51366
RGB: 255, 0, 255
CMYK: 25, 100, 36, 3
HSL: 329.3, 81%, 39.2%

Häufige Assoziationen
- Bekräftigung
- Leidenschaft
- Energie

Shocking Pink in Kunst Design & Kultur
- »Silence = Death«-Projekt von Avram Finkelstein, Brian Howard, Oliver Johnston, Charles Kreloff, Chris Lione und Jorge Socarrás, **Lithografie,** 1987
- *Do Women Have To Be Naked To Get Into the Met. Museum* von Guerilla Girls, **Siebdruck,** 1989
- Lady Gaga in einem Brandon-Maxwell-Kleid auf der Met-Gala, **Mode,** 2019

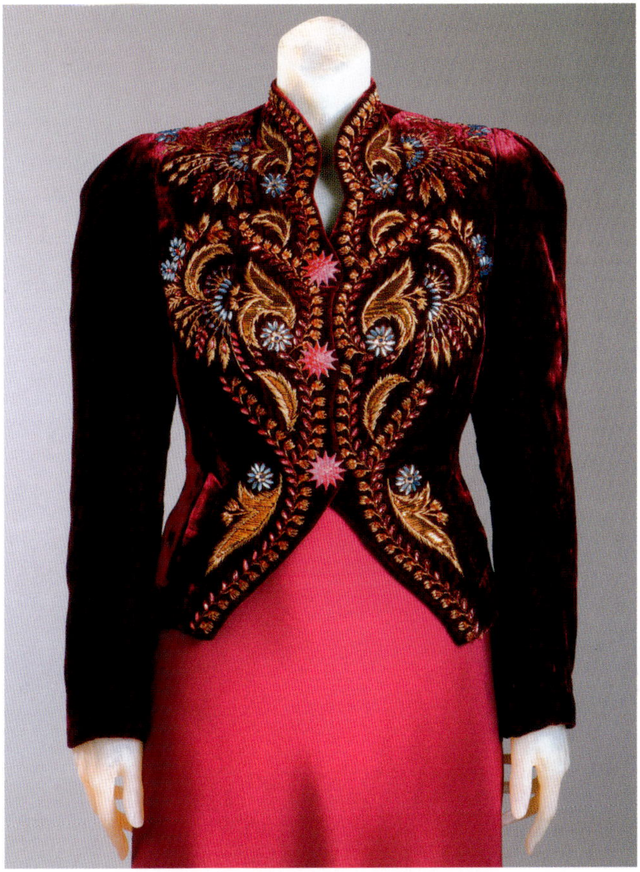

Abendjacke (Seidensamt, Seide und Metallfaden-Stickerei mit Pailletten), Herbst/Winter-Kollektion von Elsa Schiaparelli, 1937/38

Heute
Auch in unserer heutigen Zeit ist Shocking Pink die Farbe politischen Protests. Beispiele hierfür sind der Pussyhat-Protestmarsch, bei dem Tausende von Frauen mit pinkfarbenen Hüten gegen Donald Trump demonstrierten, die indische Frauenrechtsbewegung Gulabi Gang oder die 2020 durchgeführte Kampagne der Umweltaktivisten von Extinction Rebellion.

Verwendung
Die grelle Leuchtkraft von Shocking Pink, vereint mit einer Reihe weiterer unkonventioneller Töne, eignet sich ganz ausgezeichnet dazu, eine nachdrückliche Botschaft – sei sie digital oder analog – zu vermitteln.

»Ich machte aus Pink, dem Inbegriff des Rots, ein Neonpink, ein irreales Pink.«
– Elsa Schiaparelli

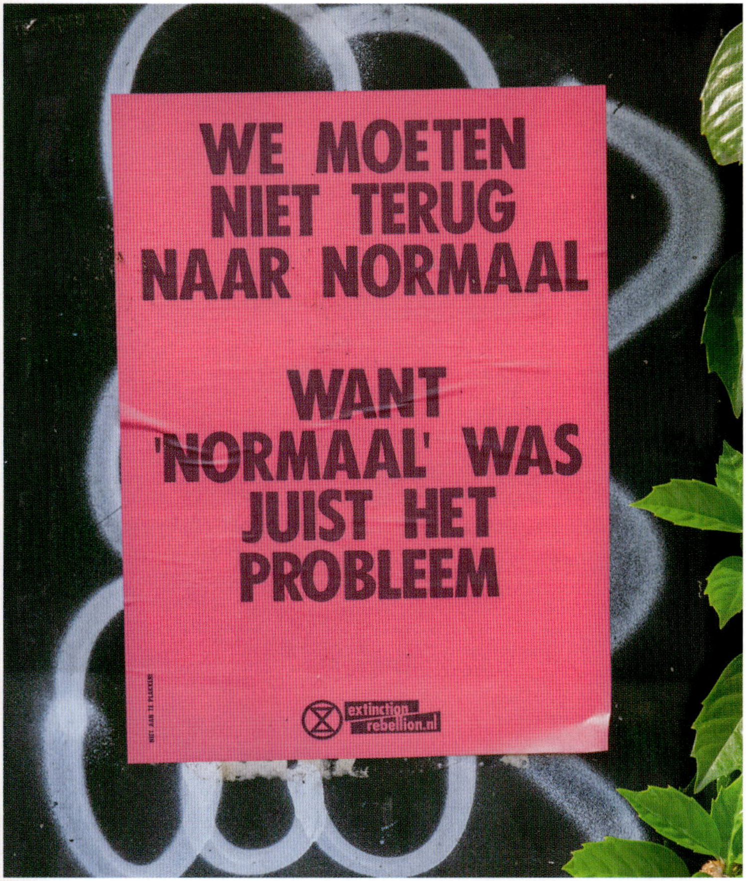

Plakat von der Extinction Rebellion Group in Amsterdam, Niederlande, 2020

Baker-Miller-Pink

Früher

Selbst flüchtige Farbeindrücke können ausreichen, um unsere Stimmung und unser Verhalten zu beeinflussen. Ende der 1970er-Jahre beschäftigte sich Alexander Schauss, der Direktor des Amerikanischen Instituts für Biosoziale Forschung in Tacoma, mit den psychischen und physiologischen Reaktionen von Menschen auf Farbreize. Seine Experimente mit Insassen eines Militärgefängnisses in Seattle führten zu dem Ergebnis, dass ein bestimmter Pinkton, den Schauss aus reinem Weiß und seidenmattem Rot mischte, eine beruhigende Wirkung auf die Gefangenen hatte. Die Zellen und der Gebäudetrakt waren für das Experiment in dieser Farbe gestrichen worden. Der Wissenschaftler benannte den Ton nach den beiden Gefängnisdirektoren Gene Baker und Ron Miller, die ihm das Experiment ermöglicht hatten. Der Studie zufolge gab es in den 156 Tagen des Versuchs keine einzige der gewaltsamen Übergriffe, für die das Gefängnis sonst berüchtigt war.

Heute

Die Aussagekraft des Experiments mit Baker-Miller-Pink ist seither zwar mehrfach infrage gestellt worden, aber nach wie vor zeigen sich Designer von der Hypothese inspiriert. Der dänische Designmöbel-Hersteller Normann Copenhagen gestaltete seine Filialen in dem Farbton und stellte fest, dass die Kunden viel entspannter einkauften und sich mehr Zeit nahmen. Speziell für Athleten stellte Vollebak einen Hoodie in Baker-Miller-Pink her, um die Pulsfrequenz des Trägers in den Wettkampfpausen zu senken und so zum Wohlbefinden des Sportlers beizutragen.

Verwendung

Sanfte Neutralfarben und Baker-Miller-Pink sorgen in Erholungsbereichen für Entspannung und Ausgleich. Es lohnt sich, in diesem Zusammenhang auch mit anderen beruhigenden Farben wie Türkis zu experimentieren.

Farbwerte
Hex Code: #e68d8d
RGB: 230, 141, 141
CMYK: 7, 54, 34, 0
HSL: 0, 39%, 90%

Häufige Assoziationen
- Entspannung
- Besänftigung
- Zuversicht

Baker-Miller-Pink in Kunst, Design & Kultur
- Normann-Copenhagen-Flagship-Store, Kopenhagen, von Hans Hornemann und Britt Bonnesen, **Innenarchitektur,** 2016
- Museum of Ice Cream, New York, USA, von Maryellis Bunn und Manish Vora, **Innenarchitektur,** 2016

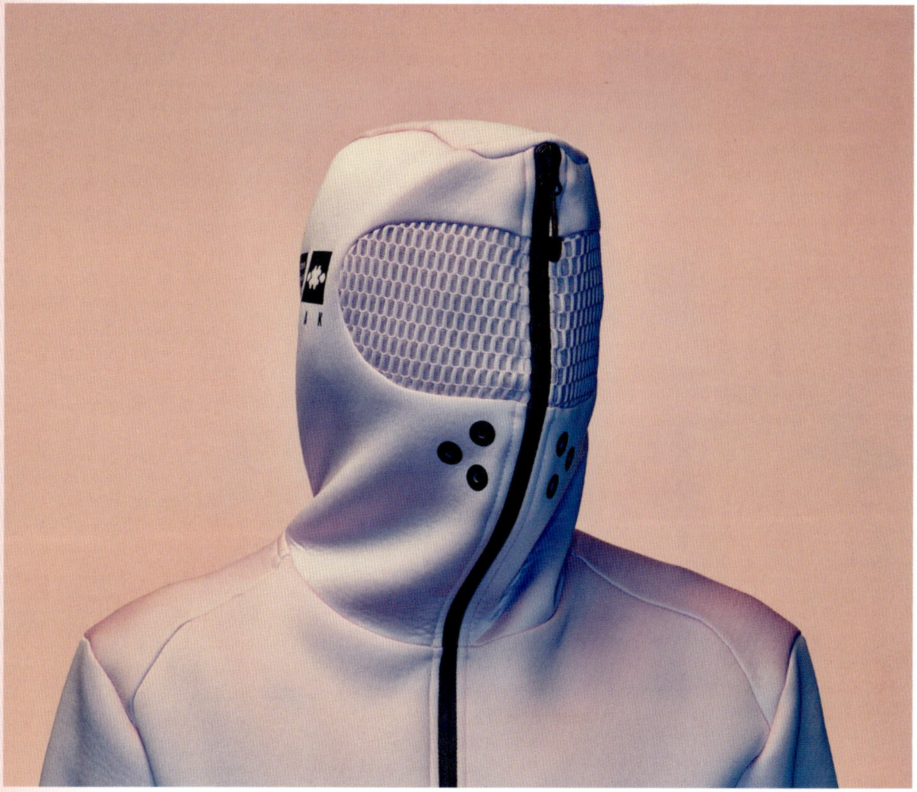

Relaxation Hoodie in Baker-Miller-Pink von Vollebak, 2016

Neonpink

Früher

Neonfarben verfügen über eine starke Leuchtkraft und stehen für Modernität, Innovation und Spiritualität. In den 1960er- und 1970er-Jahren schuf der amerikanische Künstler Dan Flavin Lichtinstallationen, die mithilfe fluoreszierender Leuchtstoffröhren schlichte geometrische Formen bildeten, Licht und Farben jedoch in einer nie zuvor gesehenen Weise mischten. Zeitgleich experimentierte sein Landsmann James Turrell mit monochromen Raum-Licht-Installationen, für die er ein diffuses, aber sattes und intensives Pink verwendete, dessen Wirkung die Betrachter zutiefst faszinierte.

Von den 1960er-Jahren mit ihren psychedelischen Farbspiralen in Pink und Orange bis zum Acid-House-Musikstil der 1990er-Jahre repräsentierten Neonfarben verschiedene Subkulturen. Auch die Erstausgabe des Modemagazins *i-D* erschien 1980 als ein in Hot Pink gedrucktes Heft.

Heute

Die erste Dekade unseres Jahrtausends stand im Zeichen einer nostalgischen Rückkehr zur Musik sowie zu den Filmen und Videogames früherer Jahrzehnte. Synthwave-Klänge und fluoreszierende Neon-Pink-Lichtblitze prägten in dieser Zeit auch vielfach das Grafikdesign, die Mode und die Werbung.

Verwendung

Neonfarben sollten sparsam eingesetzt werden. Gezügelt von einem schlicht schwarzen oder weißen Hintergrund sorgt Neonpink jedoch für einen hochmodernen und wirkungsstarken grafischen Akzent.

Farbwerte
Hex Code: #f600ca
RGB: 246, 0, 202
CMYK: 17, 87, 0, 0
HSL: 311, 100%, 96%

Häufige Assoziationen
- Trance
- Ausgelassenheit
- Innovation

Neonpink in Kunst, Design & Kultur
- *End Around: Ganzfeld* von James Turrell, **Lichtinstallation,** 2006
- Prêt-à-porter-Kollektion von House of Holland, **Mode,** Frühjahr/Sommer-Kollektion 2019
- *Ohne Titel/Night-Time Traffic (Pink and Red Traffic Stream with White Sparks)* von László Moholy-Nagy, **Fotografie,** ca. 1937–1946

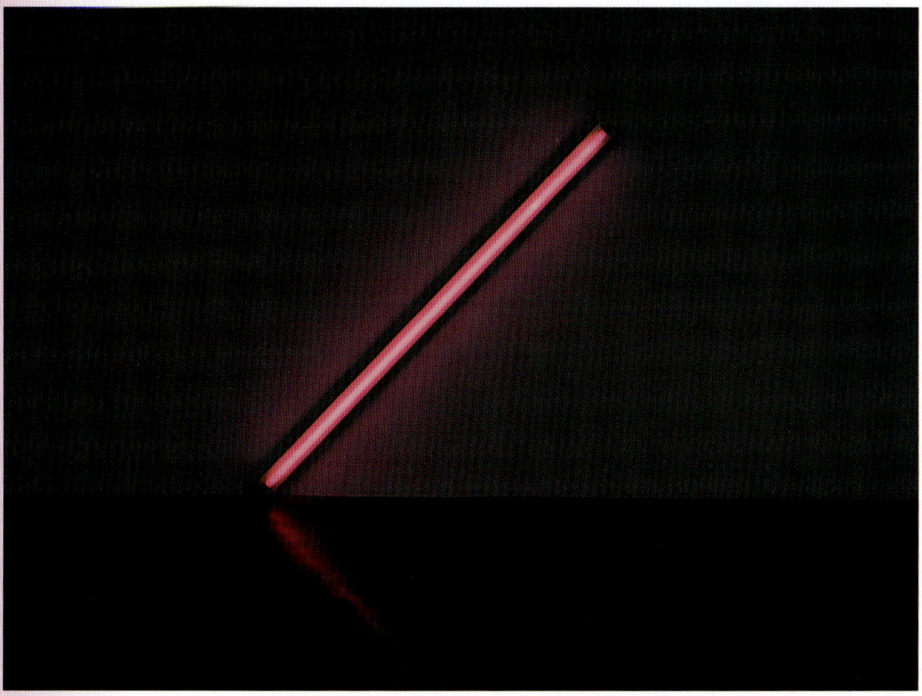

The Diagonal of May 25th von Dan Flavin, 1963

Gedecktes Rosa

Früher

Wenn wir an den Bauhaus-Stil denken, haben wir vor allem Primärfarben und beeindruckende Architektur vor Augen. Und doch gehört zur reduzierten Bauhaus-Farbpalette auch ein erdiges, gedecktes Rosa, das man in der Fotografie, dem Tapetendesign und den Plakaten dieser Stilrichtung findet. Der zeitgemäße Rosaton unterstrich unaufdringlich die elegante Wohnkultur und fügte sich dezent in die bewusst schlichte Formensprache der Bauhaus-Designer ein.

Die Restaurierung des Hauses von Wassily Kandinsky, der auch als Bauhaus-Lehrer tätig war, offenbarte, dass das Wohnzimmer ursprünglich in Senfgelb und Rosa gestaltet worden war; zudem fand man mit viel Bedacht platzierte Blattgoldapplikationen. Auch die Flure und Eingangsbereiche der Häuser in der von Walter Gropius entworfenen Sozialsiedlung Dessau-Törten erhielten durch ein zurückhaltendes Rosa eine warme Atmosphäre. In Paul Klees Bild *Drei Häuser* (1922) dient ein gedecktes Rosa zum Ausloten von Raum und Tiefe, während Anni und Josef Albers den freundlichen und unaufdringlichen Ton für die Gestaltung von Wohntapeten und -textilien einsetzten.

Heute

Vielleicht ist die Verwendung des Rosatons in der Bauhaus-Zeit relativ unbemerkt geblieben, weil sich der vermutlich von Hand gemischte Farbton kaum präzise beschreiben lässt. Und doch sind er und seine Varianten untrennbar mit einer modernen, zeitlosen Ästhetik verknüpft. Bis heute wirken sie auf Architekten wie David Adjaye nach, der schmucklose Betonfassaden eindrucksvoll in Rosa gestaltet.

Verwendung

Ein neutrales, warmes Rosa ist die ideale Basisfarbe einer Raumgestaltung. Als Verbeugung vor dem Modernismus können dazu Kontraste mit komplementärem Pflanzengrün und einem satten Rot oder Orange gesetzt werden.

Farbwerte
Hex Code: #ceafb2
RGB: 206, 175, 178
CMYK: 19, 31, 21, 0
HSL: 354, 15%, 81%

Häufige Assoziationen
- Intelligenz
- Ruhe
- Freundlichkeit

Gedecktes Rosa in Kunst, Design & Kultur
- *Drei Häuser* von Paul Klee, **Gemälde,** 1922
- »A Tribute to Bauhaus«, Wohnkollektion von Sarit Shani Hay, **Einrichtung/ Textilien,** 2019
- The-Webster-Flagship-Store, Los Angeles, USA, von Adjaye Associates, **Architektur,** 2020

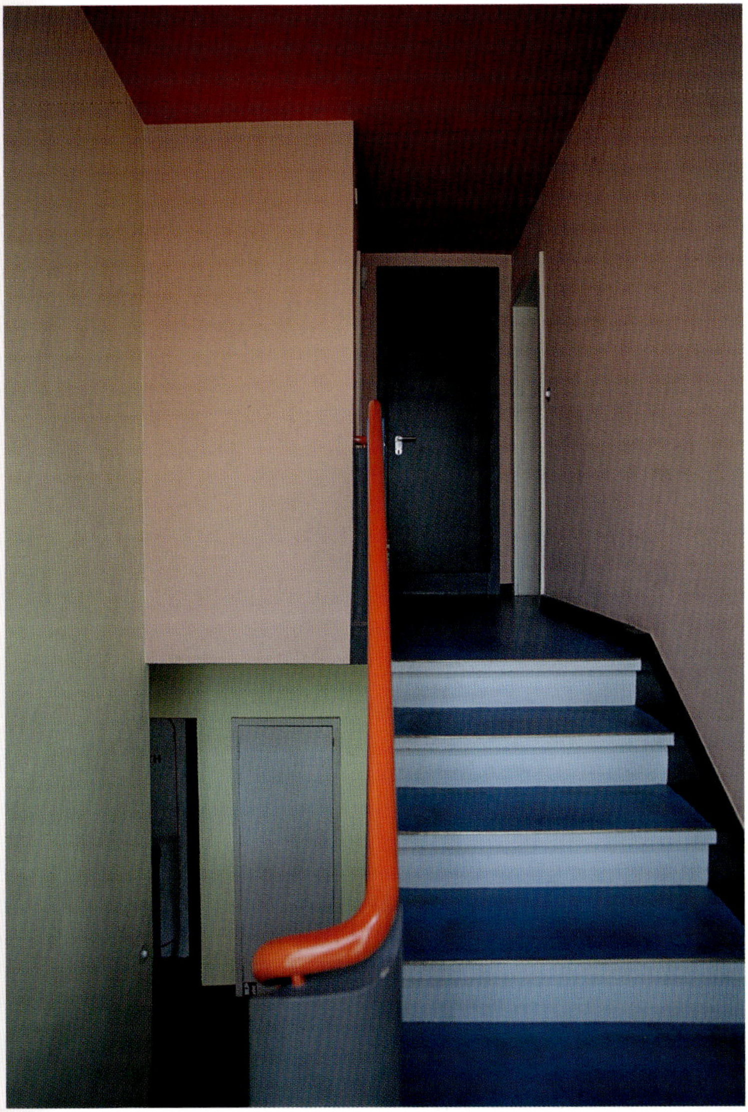

Meisterhaus Nr. 3, Bauhaus Dessau, Innengestaltung

Millennial Pink

Farbwerte
Hex Code: #efc7c5
RGB: 239, 189, 185
CMYK: 4, 29, 19, 0
HSL: 5, 22%, 94%

Auch bekannt als
- Tumblr Pink
- Scandinavian Pink
- Rosenquarz

Häufige Assoziationen
- Jugendlichkeit
- Herausforderung
- Ehrgeiz

Früher

Millennial Pink brachte es 2017 online zu mehr als 32 000 Erwähnungen. Cleveres Markenmanagement, die sozialen Medien und die Konsumbereitschaft der Generation Y bewirkten die unglaubliche Medienpräsenz und Popularität eines Farbtons, ohne dass dieser näher definiert worden wäre. Irgendwo zwischen Rotgold und Staubrosa angesiedelt, wurde sogar die Namensgebung zu einem Hashtag-Wettbewerb, bei dem auch Tumblr Pink und Scandinavian Pink zur Wahl standen.

Vielleicht tauchte der Ton zum ersten Mal 1998 in einem Foto von Juergen Teller auf, das Kate Moss mit ihren leuchtend pink gefärbten, aber am Ansatz lachsfarben ausgebleichten Haaren zeigte. In Los Angeles eröffnete der britische Modedesigner Paul Smith 2005 eine Filiale, die innen komplett in einem rosafarbenen Pastellton gestaltet war. Doch erst 2010 wurde die Farbe zum Wahrzeichen einer ganzen Generation, als die Pink Wall in Hollywood zu einer der beliebtesten Locations für Instagram-Fotos avancierte. Auch Paul Smiths Herrenkollektion im Frühjahr 2014 zeigte jede Menge Pink. Im selben Jahr übernahm die Innenarchitektin India Mahdavi die Neugestaltung des Londoner Restaurants Gallery. Sie richtete es in einem außergewöhnlichen Rosenquarzton ein, der das Lokal bei Instagram zum weltweit meist fotografierten machte.

Auch einige der großen Marken – darunter Nike, Acne, Celine und Jonathan Saunders – nahmen die Erfolgsphase dieses Farbtons mit.

Heute

Der Aufstieg von Millennial Pink markierte einen Wendepunkt, da Rosatöne sich wieder erfolgreich gegen die konventionelle Vorstellung behaupten konnten, es handle sich um eine rein geschlechtsspezifische Farbe.

Rechts: Fenty x Puma von Rihanna, Frühjahr/Sommer-Kollektion 2017

Millennial Pink in Kunst, Design & Kultur

- iPhone 6S in »Roségold« von Apple, **Produktdesign,** 2015
- Pantone 13-1520 »Rose Quartz«, Pantone-Farbe des Jahres, **Design,** 2016
- Peggy-Porschen-Flagship-Store, London, von Kinnersley Kent Design, **Innenarchitektur,** 2019

Verwendung

Für eine besonders ausgefeilte Verwendung dieses modernen Tons sollte er in eine monochrome Pinkpalette integriert werden, die eine perfekte Grundlage für vielfältige und ungewöhnliche Einsatzmöglichkeiten bietet.

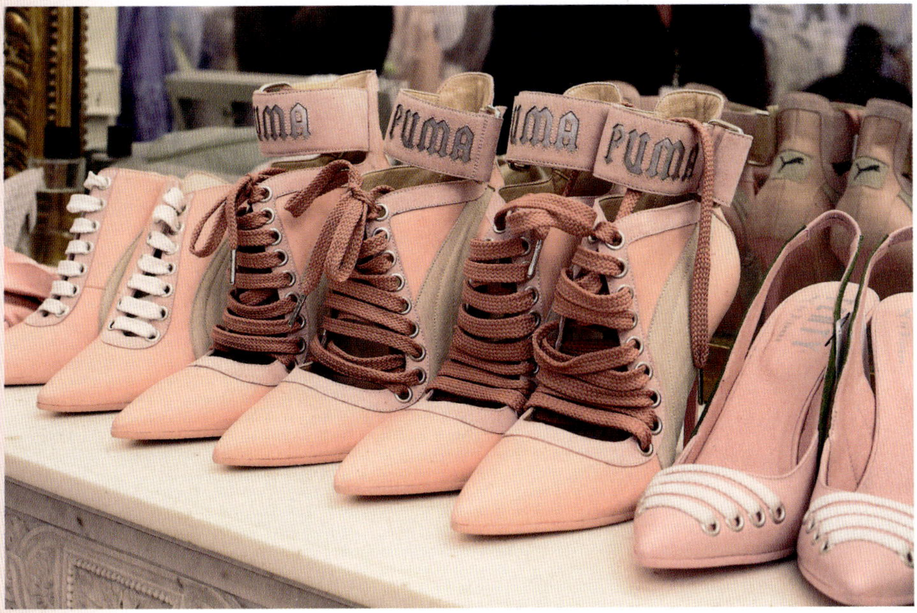

Blassrosa

Früher

Nachdem der Ruhm von Millennial Pink verblasst war, setzte sich ein dezenterer Farbton durch. Dem Konsumrausch der vergangenen Jahrzehnte folgte ein bedachteres und rationaleres Kaufverhalten, das sich auch in der Farbwahl zeigte.

Im Sommer 2017 wurden im Rahmen eines größeren Bauprojekts im Londoner Viertel King's Cross zwei Bürogebäude fertiggestellt. Was diese von anderen prestigeträchtigen Neubauten unterscheidet, sind vor allem die in Erikaviolett und Blassrosa gestalteten Fassaden. Diese beiden verwandten Töne wurden der Farbgebung des nahe gelegenen, aus Ziegelsteinen erbauten St. Pancras Renaissance Hotel nachempfunden.

Heute

Blassrosa spricht uns intuitiv an und empfiehlt sich deshalb als Farbgebung in der Architektur und Stadtplanung. Ein Beispiel dafür ist die von Bak Gordon Arquitectos und dem Architekturbüro Bernhard Maurer 2019 im schweizerischen Romanshorn erbaute Sekundarschule. Die nüchterne Zweckmäßigkeit der Architektur wird durch die Fassade in Blassrosa, die in einem etwas kräftigeren Rosaton abgesetzten Jalousien und die Verwendung von beigefarbenen Kacheln aufgebrochen. So entstand ein hell und frisch anmutender Ort zum Lernen.

Intelligent eingesetzt, eignen sich in der Architektur insbesondere hellere Farben dazu, auch in einem oftmals beengten urbanen Umfeld Lernbereiche freundlicher zu gestalten und das einfallende natürliche Licht optimal zu nutzen.

Verwendung

Gekonnt gesetzte Kontraste in Grün und Himmelblau zu einem einladenden Blassrosa – das Ergebnis: ein einnehmender und zugleich außerordentlich dynamischer Farbdialog.

Farbwerte
Hex Code: #efded4
RGB: 239, 222, 203
CMYK: 5, 12, 13, 0
HSL: 22, 11%, 94%

Auch bekannt als
- Pastellrosa

Häufige Assoziationen
- Beruhigung
- Gastlichkeit
- Kontaktfreudigkeit

Blassrosa in Kunst, Design & Kultur
- *Untitled* von Agnes Martin, **Gemälde,** 1963
- COS + Snarkitecture, Pop-up-Store, Los Angeles, USA, **Innenarchitektur,** 2015

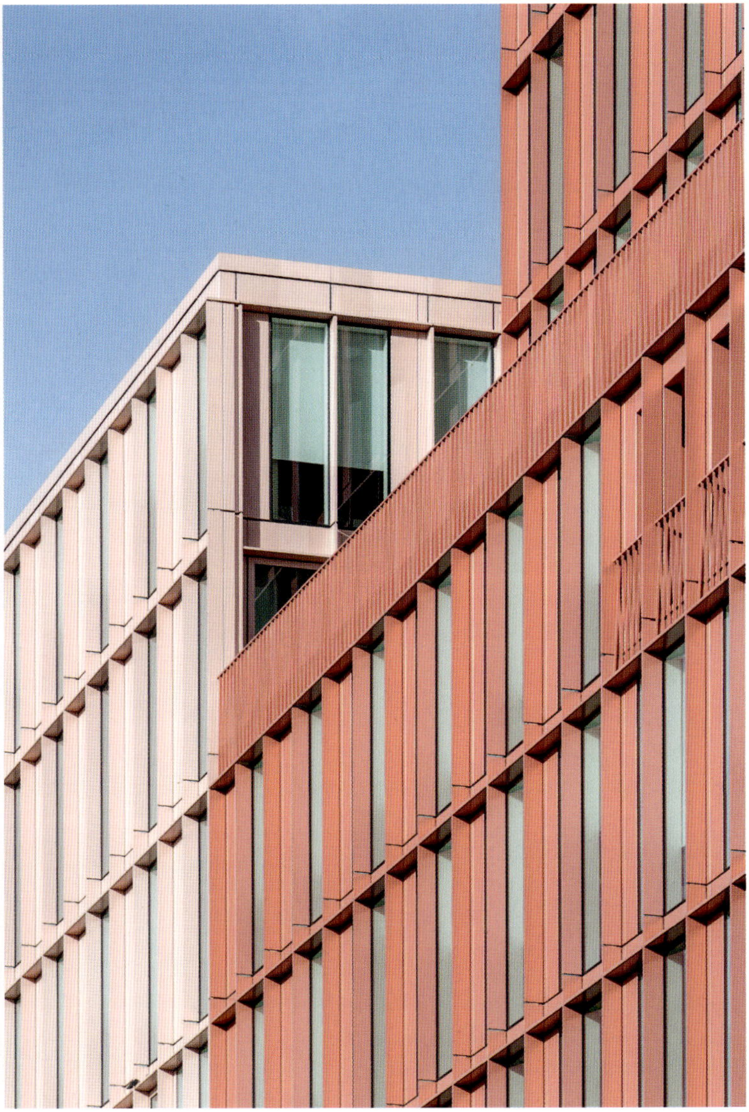

R7, London, von Duggan Morris Architects, 2017

Aubergine

Farbwerte
Hex Code: #503c47
RGB: 80, 60, 71
CMYK: 61, 68, 47, 49
HSL: 237, 25%, 31%

Häufige Assoziationen

- Individualität
- Kultiviertheit
- Aufgeschlossenheit

Aubergine in Kunst, Design & Kultur

- 670 Lounge Chair von Charles und Ray Eames für Herman Miller, **Möbel,** 1958
- Vegetal-Stuhl von Ronan und Erwan Bouroullec für Vitra, **Möbel,** 2009

Früher

Der lilabraune Farbton wurde erstmals 1915 mit der Bezeichnung Aubergine klassifiziert. Noch unter dem Einfluss der Nachkriegszeit war die erste Hälfte des 20. Jahrhunderts vor allem durch Pragmatismus geprägt. Bei der industriellen Produktion führte dies zu einer limitierten Zahl standardisierter Farben. Einen geradezu legendären Ruf erwarb sich Henry Ford mit seiner bewussten Beschränkung auf Schwarz als einziger Farbe für sein Modell T. Viele Designer – wie Charles und Ray Eames – gaben sich damit nicht zufrieden. Inspiriert von einer japanischen Aubergine wählte Ray Eames daher den dunklen Ton für die Beine einer 1968 für Herman Miller entworfenen Chaiselongue sowie für das Leder des berühmten Lounge Chair. Die Farbe avancierte schnell zum eleganten Modeton.

Heute

Heute wird Aubergine gern als edle Alternative zu Schwarz eingesetzt. Die Brüder Ronan und Erwan Bouroullec wählten den eleganten Ton für Möbel, die sie für Vitra entwarfen, darunter das Stuhlmodell Vegetal. Bei diesem kaschierte die dunkle Farbgestaltung die etwas nüchtern wirkenden nackten Verstrebungen des Plastikstuhls. Sie schufen damit eine dezent-elegante Ästhetik, die mit verschiedensten Wohnkonzepten harmoniert.

Verwendung

Warme goldene Akzente stellen die ideale Balance zum tiefdunklen Aubergine und zu Schwarz dar. Das Ergebnis: eine Raumatmosphäre voller Behaglichkeit und Wärme.

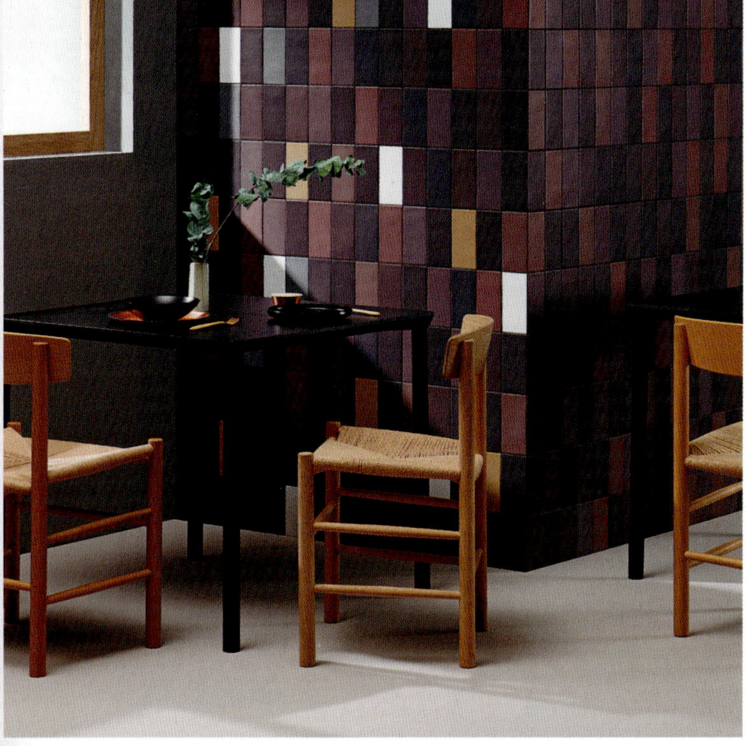

Kollektion »Lane« aus glasiertem Feinsteinzeug von
Barber & Osgerby für Mutina, 2018

Rote Bete

Früher

Wer schon einmal mit Roter Bete gekocht hat, kennt die hartnäckigen Flecken, die sie auf Textilien hinterlässt. Der Rübensaft wird bereits seit dem 16. Jahrhundert als Farbstoff verwendet. Im viktorianischen England färbte man damit Lebensmittel. Zudem diente er nicht nur als Haarfarbe, sondern auch als preiswerter Ersatz für Lippenstift und Rouge. Das natürliche Pinkviolett der Roten Bete besteht aus einer Mischung von Betalainpigmenten. Bis 1856 wurden Textilien fast nur mit natürlichen Farbstoffen gefärbt. Sie gerieten jedoch mehr und mehr in Vergessenheit, als Farben synthetisch hergestellt werden konnten und die Nachfrage nach immer bunteren Stoffen zunahm.

Heute

Naturfarben erleben heute ein Comeback – nicht zuletzt wegen des zunehmenden Gesundheitsbewusstseins und einer kritischeren Sicht auf umweltschädliche synthetische Färbemittel. Natürliche Farbstoffe lassen sich auch in Verbindung mit der Entsorgung von Bioabfällen gewinnen: Die Schalen vieler Obst- und Gemüsesorten, darunter Avocados, Zwiebeln und Orangen, enthalten wertvolle Farbstoffe. Auch das von Nicole Stjernswärd gegründete Start-up-Unternehmen Kaiku Living Color stellt aus solchem Abfall, der sonst auf einer Müllkippe verrotten würde, hochwertige Farben für Künstler und Designer her.

Verwendung

Die verschiedenen Teile der Roten Bete – von den erdig braunen Wurzeln über den lilaroten Rübenkörper bis zu den zartgrünen Blättern – laden zum Nachahmen dieser natürlichen Farbpalette ein.

Farbwerte
Hex Code: #d31448
RGB: 344, 90, 83
CMYK: 10, 99, 59, 2
HSL: 344, 90%, 83%

Häufige Assoziationen
- Lebendigkeit
- Geerdetsein
- Natürlichkeit

Rote Bete in Kunst, Design & Kultur
- »Dyed by Nature« von G-Star Raw mit Archroma, **Mode,** 2019
- *From a Mezzanine Window* von Jane Bustin, **Mixed Media,** 2019

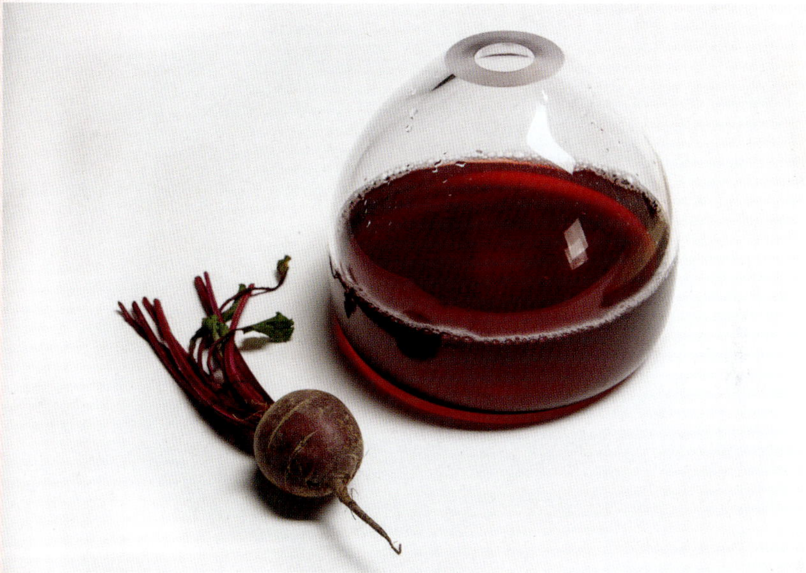

Rote-Bete-Farbstoff, gewonnen mithilfe der Kaiku-Maschine, die Pflanzenreste zu Farben verarbeitet

Lebendes Violett

Früher

Kleine verstreute violettfarbene Punkte können einen verblüffenden Effekt erzeugen. Die optisch komplex anmutende Struktur ist jedoch nicht das Werk eines Menschen, sondern sich vermehrender Bakterien. Es sind Mikroben, die uns derzeit den Zugang zu neuen Farbtönen eröffnen. Deshalb sammelt das Londoner Biodesign-Labor Faber Futures seit 2018 nicht nur neue Pigmente, sondern widmet sich auch den Möglichkeiten zur bakteriellen Farbherstellung.

Seit sieben Jahren erforscht Natsai Audrey Chieza, Biodesign-Pionierin und Gründerin von Faber Futures, die Fähigkeit von Mikroben, Pigmente zu produzieren. Das von dem Bakterium *Streptomyces coelicolor* gebildete Pigmentmolekül Actinorhodin bildet den Schlüssel zur Herstellung diverser blauvioletter Farbtöne. Interagieren die im Boden vorkommenden Mikroorganismen mit Proteinfasern, entsteht dabei ein lebendes und biologisch abbaubares Pigment, mit dem sich Textilien ohne Verwendung von Chemikalien und mit einem weit geringeren Wasserverbrauch als bei konventionellen Verfahren färben lassen.

Farbwerte
Hex Code: #9E9AF7
RGB: 158, 154, 247
CMYK: 39, 39, 0, 0
HSL: 243, 38%, 97%

Auch bekannt als
- Lividum

Häufige Assoziationen
- Innovation
- Nachhaltigkeit
- Intelligenz

Lebendes Violett in Kunst, Design & Kultur
- Living Colour, Designprojekt von Laura Luchtman & Ilfa Siebenhaar, **Textilien, 2017**
- Bio-Farbstoffe für Textilien von Colorifix, **Farbstoffe, 2018**

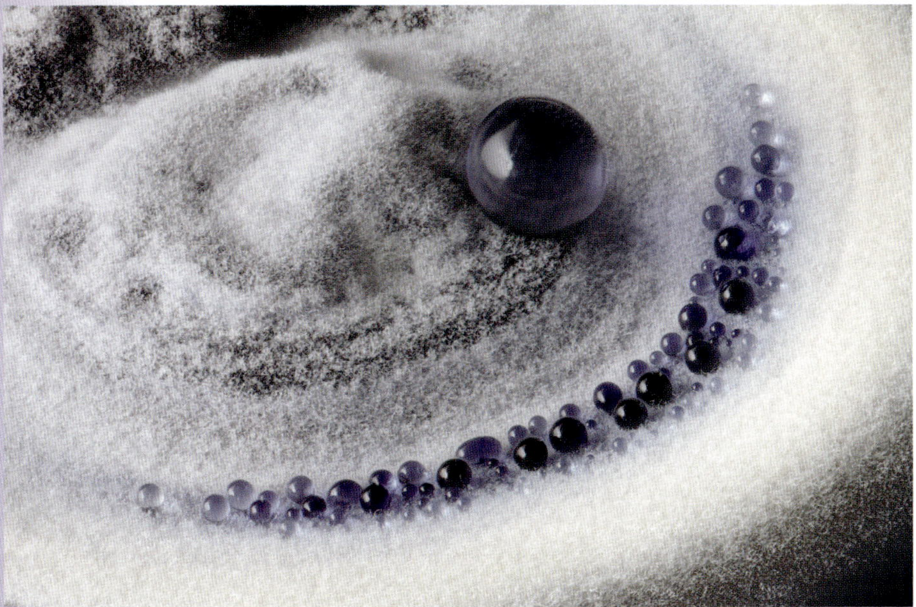

Bakterienkolonie von *Streptomyces coelicolor*

Heute
Umweltfreundliche und zugleich ästhetisch überzeugende Innovationen wie diese bedeuten einen erheblichen Technologiewandel beim zukünftigen Färben von Textilien. Im Jahr 2020 entwickelte das Biodesign-Forschungskollektiv Living Colour mit dem von der Bakterienart *Janthinobacterium lividum* hergestellten Pigmentmolekül Violacein einen violetten Farbstoff. In Zusammenarbeit mit dem Sportartikelriesen PUMA wurde damit die Kollektion »Design to Fade« nachhaltig und mit minimalen Auswirkungen auf die Umwelt produziert.

Die wissenschaftliche Forschung auf diesem Gebiet verspricht weitere Fortschritte auf dem Weg, lebende Farben auf der Basis von Bakterien zu erzeugen, die gezielt auf unterschiedliche Materialien und Umgebungsbedingungen reagieren.

Verwendung
Die durch organische Substanzen erzeugten blauvioletten Farbtöne inspirieren zu einer modernen Farbpalette mit leuchtenden korallenroten Akzenten.

»Umweltfreundliche und zugleich ästhetisch überzeugende Innovationen wie diese bedeuten einen erheblichen Technologiewandel beim zukünftigen Färben von Textilien.«

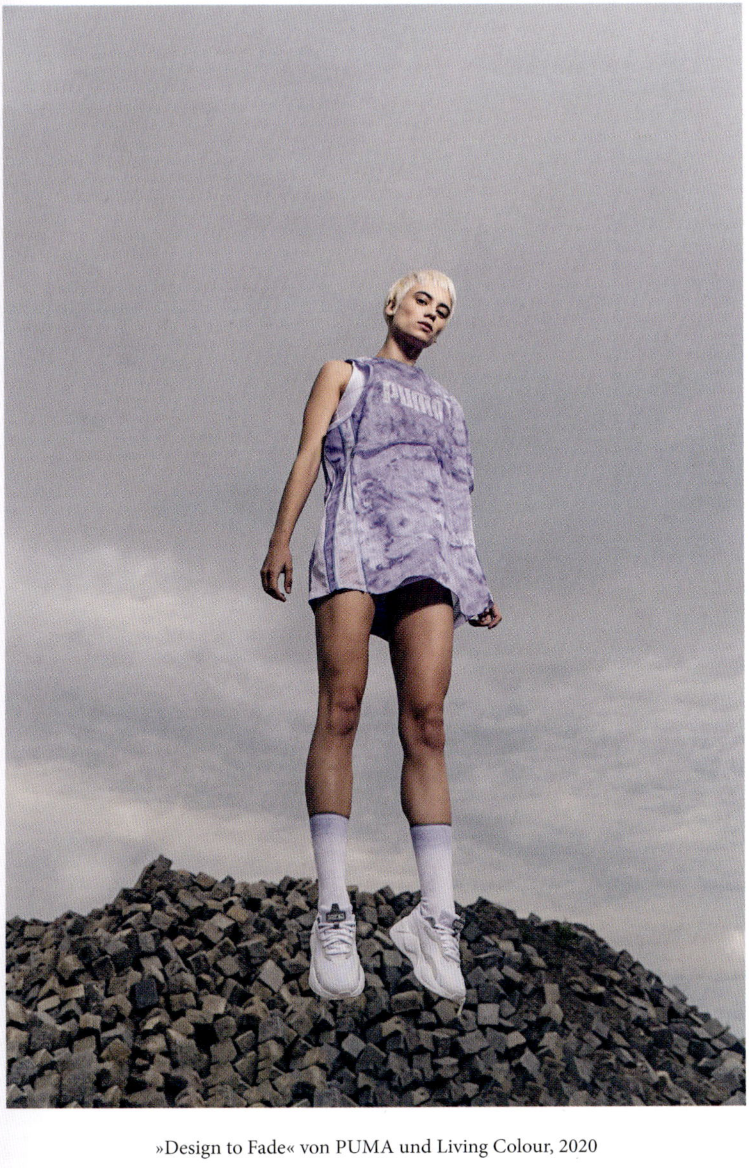

»Design to Fade« von PUMA und Living Colour, 2020

Weiß & Weißtöne

Man kann die vielfältigen Varianten dieser unaufdringlichen Farbe leicht übersehen, aber wer einen Blick für die subtilen Qualitäten von Weiß entwickelt, wird feststellen, dass Weiß viel mehr ist, als es auf den ersten Blick erscheint. Sobald man an der Oberfläche kratzt, entdeckt man die ungeahnte Tiefe und Komplexität. Denn je heller eine Farbe ist, desto mehr Licht wird in unseren Augen reflektiert und desto mehr Töne und Schattierungen nehmen wir wahr.

Dass die jeweiligen situativen und kulturellen Rahmenbedingungen die emotionalen Reaktionen auf Farben beeinflussen können, zeigt sich nirgendwo deutlicher als beim unbunten Weiß. Halten wir einen hellen Kieselstein in unserer Hand, wirkt er rein und makellos auf uns; wird jedoch ein ganzer Raum in demselben Farbton gestaltet, kann dieser kalt, klinisch und abweisend anmuten.

Mit den ältesten natürlichen Weißpigmenten – Kalk und Knochenasche – sind sehr unterschiedliche traditionelle Auffassungen verknüpft. Während in Japan das Schriftzeichen für »Weiß« mit dem für »Leere« verknüpft ist, steht die Farbe in China für Tod und Trauer, aber auch für Wiedergeburt. Ob ein weißes Blatt Papier oder aufkeimendes Leben in einer weißen Eierschale: Weiß ist ein leerer Raum, der danach verlangt, gefüllt zu werden.

Seit dem frühen 20. Jahrhundert gibt es das ultimativ reine und mittlerweile omnipräsente Titanweiß. Nicht nur als Farbe von Fahrbahnmarkierungen, Küchen und medizinischen Produkten signalisiert es Sicherheit und Sauberkeit und weckt Vertrauen.

Der Minimalismus in der Kunst der späten 1950er-Jahre verschaffte der Farbe durch die Idealisierung leerer weiße Räume, die mit der Wahrnehmung von Licht experimentierten, eine zuvor so nicht gekannte Beachtung. Heute verwenden Firmen wie Google und Facebook vorrangig Weiß für ihre Typografie und das Hintergrunddesign. Auch Apple setzt auf Weißtöne und zudem auf den Einsatz von Edelmetall, um durch die minimalistisch-moderne Gestaltung die Wahrnehmung des Betrachters auf die Qualität der Produkte zu fokussieren.

Seit einigen Jahren beschäftigen sich Designer und Wissenschaftler darüber hinaus mit dem Phänomen irisierender Oberflächen, wie man sie bei Perlen und einer Reihe anderer Materialien findet. Die faszinierenden Farbeffekte, die nicht durch Pigmente, sondern durch Brechung und Interferenzen des Lichts an bestimmten Materialstrukturen entstehen, haben gänzlich neue Perspektiven bei der Betrachtung von Farben eröffnet.

Farben in diesem Kapitel:

Kreideweiß

Farbwerte
Hex Code: #f5ede4
RGB: 245, 237, 288
CMYK: 0, 3, 7, 4
HSL: 32, 7%, 96%

Auch bekannt als
- Weißmachpulver
- *creta* (lat.)

Häufige Assoziationen
- Greifbarkeit
- Bedacht
- Ausdrucksstärke

Kreideweiß in Kunst, Design & Kultur
- White Horse Hill (Uffington White Horse), Großbritannien, **Land Art,** 800 v. Chr.–100 n. Chr.
- *Chalk Paths* von Eric Ravilious, **Gemälde,** 1935
- *The Erratics* von Darren Harvey-Regan, **Fotobuch,** 2019

Früher

Vor Millionen von Jahren, als die Erde in einzelne Kontinente zerfiel, ließen die Ozeane riesige Mengen an mikroskopischem Phytoplankton zurück, das im Lauf der Zeit zu Calciumcarbonat bzw. Kalk versteinerte. Die berühmten weißen Klippen der südenglischen Küste sind ein aus diesen fossilen Überresten gebildetes Monument.

Kalk ist als weiße, pudrige Substanz Mineral und Farbe zugleich. Bei den steinzeitlichen Höhlenzeichnungen diente er bei den Bison-Darstellungen dazu, den hierfür verwendeten roten Ocker zu binden. Und vor Tausenden von Jahren entstanden in Großbritannien sogenannte Scharrbilder, darunter das berühmte Pferdemotiv des Uffington White Horse in Oxfordshire. Da die Darstellungen in Kreideboden gekratzt wurden, waren die Bilder weithin sichtbar. Bis heute wird Kreide auch als Füllmasse und zum Abtönen für zarte Farben genutzt.

Heute

Ob auf der Haut, der Schultafel oder auf Asphalt: Kreide ist seit jeher ein visuelles Mittel der Kommunikation. Bei der äthiopischen Volksgruppe der Kara dient die rituelle Verzierung von Körper und Gesicht mit Kreide gleichermaßen dazu, um eine Partnerin zu umwerben oder Feinde abzuschrecken. Zudem kennzeichnet die Körperbemalung, welcher Gruppe jemand angehört und ob er sich in einem Übergangsritus zwischen zwei Lebensstadien befindet.

Verwendung

Kreideweiß ist ein idealer Ausgleich zu grellen Farben. Zusammen mit einem leuchtenden Pink und Ockergelb bietet es einen visuell ebenso selbstbewussten wie einprägsamen Auftritt.

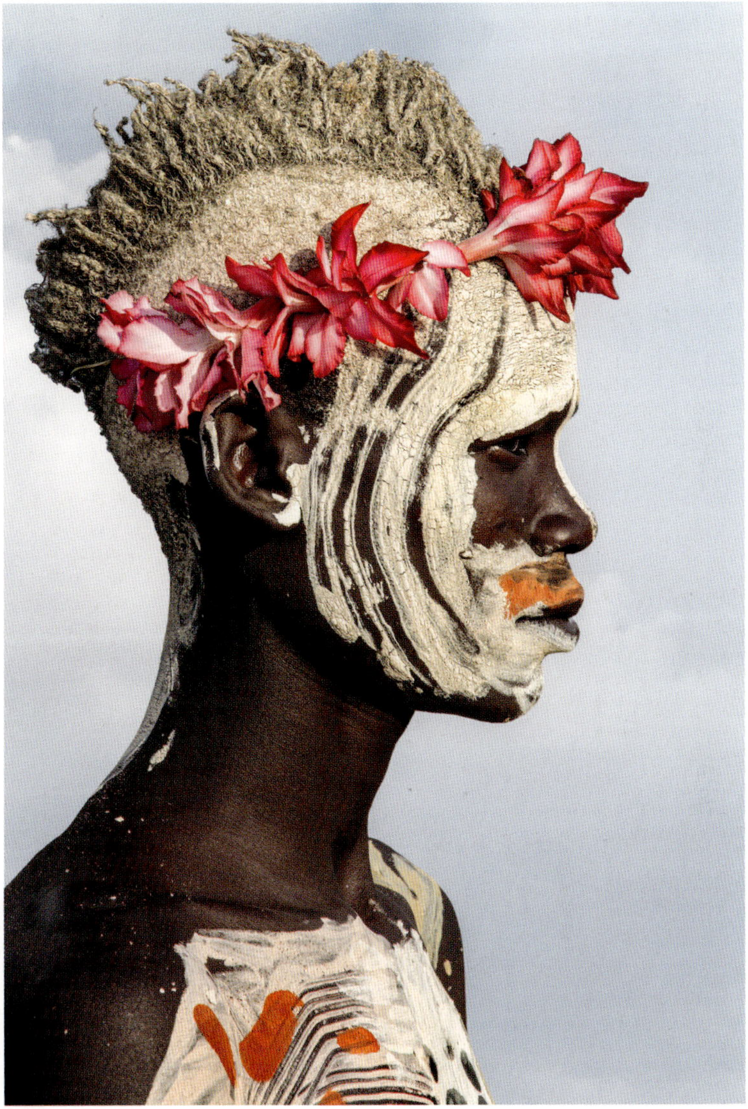

Junger Mann vom Volk der Kara mit Körperbemalung aus Kreide, Omo-Fluss, Äthiopien, Fotografie von Carol Beckwith und Angela Fisher

Bleiweiß

Früher

Bevor die gesundheitsschädliche Farbe im 19. Jahrhundert durch synthetisch erzeugte Alternativen ersetzt wurde, war Bleiweiß in der Malerei die Farbe der Wahl. Bereits im 4. Jahrhundert malte man in Anatolien mit Blei und Essig Linien auf Steingutgefäße, die dann mit Tierdung abgedeckt wurden. Die Fermentierung setzte giftige Dämpfe frei, die sich auf der Keramik als Flocken von Bleicarbonat ablagerten. Dieses wurde abgeschabt, zu Puder zerrieben und verkauft. Künstler wie Tizian, Vermeer und Rembrandt verliehen mit diesem auf Blei basierenden Pigment in ihren Gemälden dem Faltenwurf kostbarer Gewänder sowie der Darstellung von Porzellangefäßen und zarten Hauttönen eine leuchtende Transparenz. Im elisabethanischen England diente Bleiweiß als kosmetischer Puder, der über die Haut vom Körper aufgenommen wurde und zu Erkrankungen führte.

Heute

Das giftige Pigment wurde bis in die 1970er-Jahre hinein in Haushaltsfarben, Steingutlasuren und für kosmetische Zwecke eingesetzt, bis es schließlich verboten wurde: ein ernst zu nehmender Fingerzeig darauf, dass der Drang nach perfekter Schönheit sogar tödlich enden kann.

Verwendung

Opakes Weiß liefert den idealen Hintergrund für eine unkonventionelle Farbpalette. Der schon für Bleiweiß typische warme Unterton ergibt kombiniert mit zartem Senfgelb eine perfekt ausgewogene Duoton-Palette, mit der sich auch die luxuriöseste Marke angemessen präsentieren kann.

Farbwerte
Hex Code: #f2f9e7
RGB: 242, 249, 231
CMYK: 3, 0, 7, 2
HSL: 83, 7%, 98%

Auch bekannt als
- Holländerweiß
- Venezianerweiß
- Kremserweiß

Häufige Assoziationen
- Reinheit
- Geborgenheit
- Melancholie

Bleiweiß in Kunst, Design & Kultur
- *Porträt einer Frau (»La Schiavona«)* von Tizian, **Gemälde,** ca. 1510–1512
- *Lucy* von Marlene Dumas, **Gemälde,** 2004

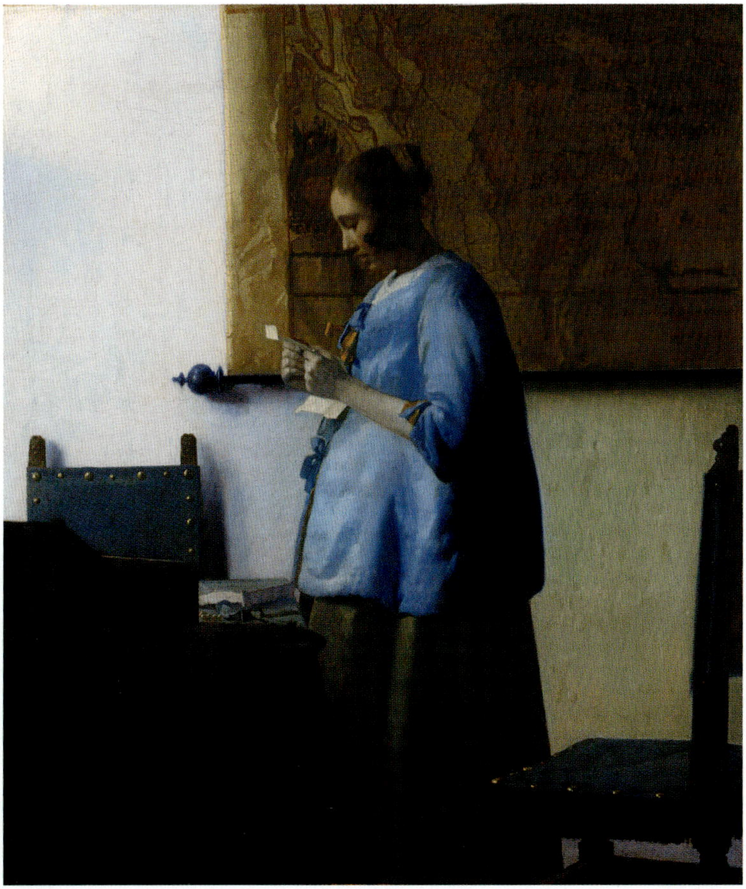

Briefleserin in Blau von Jan Vermeer, 1663–1664

Kalkweiß

Früher

Als warmer, gedeckter Ton mit einem Hauch von Rosa ist Kalkweiß die perfekte Basisfarbe. Traditionell hergestellt aus Kalk oder Gips, Wasser und Asche, wurde die Farbe schon in der Steinzeit als Schutzanstrich für Schilfunterstände genutzt. Die ägyptischen Hieroglyphen wurden häufig auf Kalktafeln geschrieben, und die Römer gossen aus Gips unzählige Kopien griechischer Skulpturen. Zudem entwickelten sie die Freskenmalerei, indem sie – wie am Haus der wohlhabenden Vettier in Pompeji – die Farben direkt auf den Kalkputz der Wände auftrugen.

Heute

In der modernen Innenarchitektur hat man Kalkweiß mit seiner von den Häusern südlicher Länder bekannten Patina neu entdeckt. Eine Wand in gedecktem Kalkweiß vermittelt mit ihrer erdenden Haptik ein unvergleichliches Gefühl von Geborgenheit. Und natürliche, raue Oberflächen entsprechen ganz dem heutigen Zeitgeist.

Auch das wachsende Umweltbewusstsein und das Wissen um die Schädlichkeit chemischer Farbbestandteile lässt das Interesse an Wandfarben auf Kalk- oder Kreidebasis steigen.

Verwendung

Der dezente Farbton ist tief in der Vergangenheit verwurzelt, doch seine warme, authentische Ausstrahlung ist hochaktuell. Für einen entspannten und natürlichen Wohnstil lässt er sich wunderbar mit dunklem Braun und Karamelltönen kombinieren.

Farbwerte
Hex Code: #dbcabf
RGB: 219, 202, 191
CMYK: 16, 21, 24, 1
HSL: 23, 13%, 86%

Auch bekannt als
- Kalktünche
- Cremeweiß

Häufige Assoziationen
- Geborgenheit
- Ehrlichkeit
- Ursprünglichkeit

Kalkweiß in Kunst, Design & Kultur
- Frau – ein Sistrum haltend, Ägypten, **Gemälde,** 1250–1200 v. Chr.
- »Der Tod des Pentheus«, Haus der Vettier, Pompeji, Italien, **Fresko,** 62 n. Chr.
- *Model III* von Rachel Whiteread, **Skulptur,** 2006

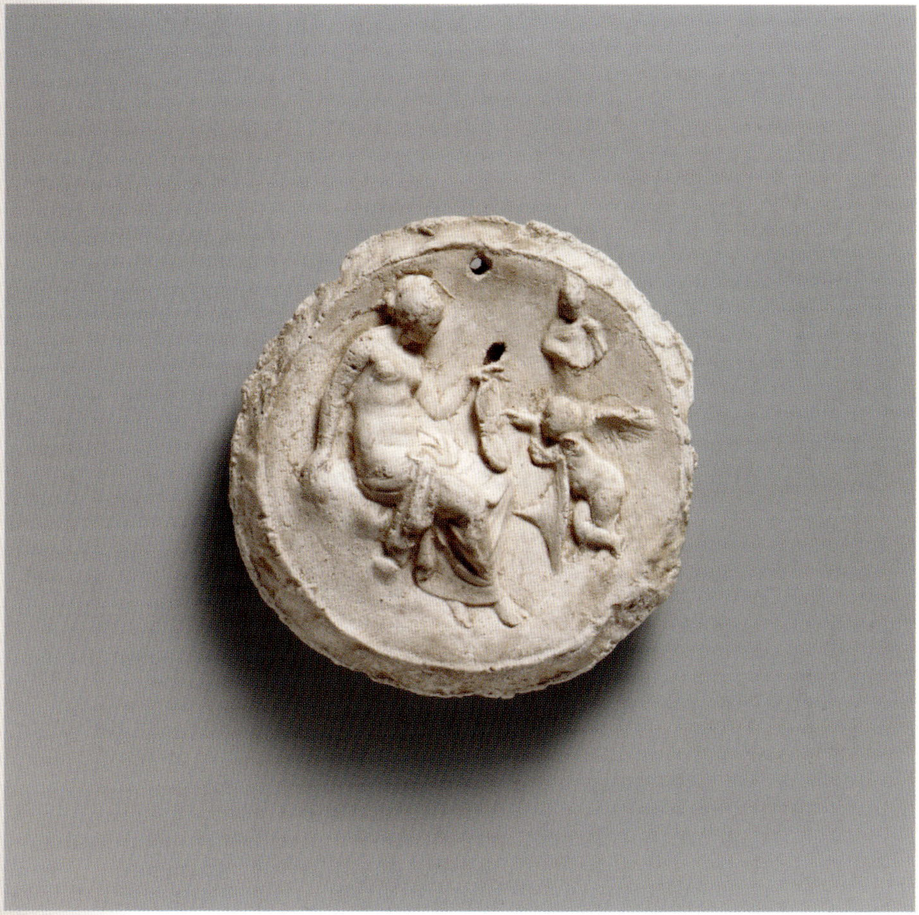

Gipsrelief mit Aphrodite und Eros, Mittelmeerraum,
ca. 1.–2. Jahrhundert n. Chr.

Beinweiß

Farbwerte
Hex Code: #d9cfc6
RGB: 217, 207, 198
CMYK: 17, 18, 22, 1
HSL: 28, 9%, 85%

Häufige Assoziationen
- Körperlichkeit
- Erdverbundenheit
- Sanftheit

Früher
Die Urvölker stellten ihre ersten Farbpigmente her, indem sie Tierskelette in Feuergruben verbrannten. Die Knochenasche ergab eine körnig-kalkige, weißliche Mineralsubstanz mit einem warmen Unterton. Später griff man in der Malerei zwar auf weniger schaurig hergestellte Farben zurück, doch Gebeine spielten in der Kunst auch weiterhin eine bedeutende Rolle: sei es während der Leichensezierungen, die Leonardo da Vinci durchführte, um seine anatomischen Studien zu perfektionieren, oder in Form der bleichen Totenschädel, die in den Stillleben der niederländischen Maler des 17. Jahrhunderts als Symbole der Vergänglichkeit dienen.

Heute
Der Tod wird traditionell als Skelett dargestellt, das manchmal in ein Kapuzengewand gehüllt ist. Doch nicht nur beim Legen von Tarotkarten steht der Tod auch für einen Wandel und Neubeginn. Bis heute bilden unsere sterblichen Überreste eine Inspirationsquelle für die Kunst. In einer Installation aus dem Jahr 2002 arrangierte der Schweizer Künstler Olaf Breuning Skelette in Räumen oder Gärten, um die Betrachter mit ihrem unverhüllten Innenleben zu konfrontieren. Yesenia Thibault-Picazo wiederum bezieht sich mit ihrem Werk *Cumbrian Bone Marble* auf die Maul-und-Klauen-Seuche, die Großbritannien im Jahr 2001 heimsuchte. Das provokante Projekt erinnert daran, dass man in Tausenden von Jahren auf Knochenfunde von den Massenschlachtungen der Millionen von Rindern stoßen wird. Gleichzeitig prangert es unsere gegenwärtige Fleischüberproduktion an.

Beinweiß in Kunst, Design & Kultur

- *Stillleben mit Schädel (Vanitas)* von Philippe de Champaigne, **Gemälde,** ca. 1660er-Jahre
- *Skeletons* von Olaf Breuning, **Installation,** 2002
- *Remember You Must Die,* Serie von Emma Witter, **Skulpturen,** 2019

Verwendung

Die erdende Farbe gepaart mit zarten Neutraltönen passt hervorragend in ein Umfeld, in dem es um einen Dialog mit unserer Vergangenheit geht.

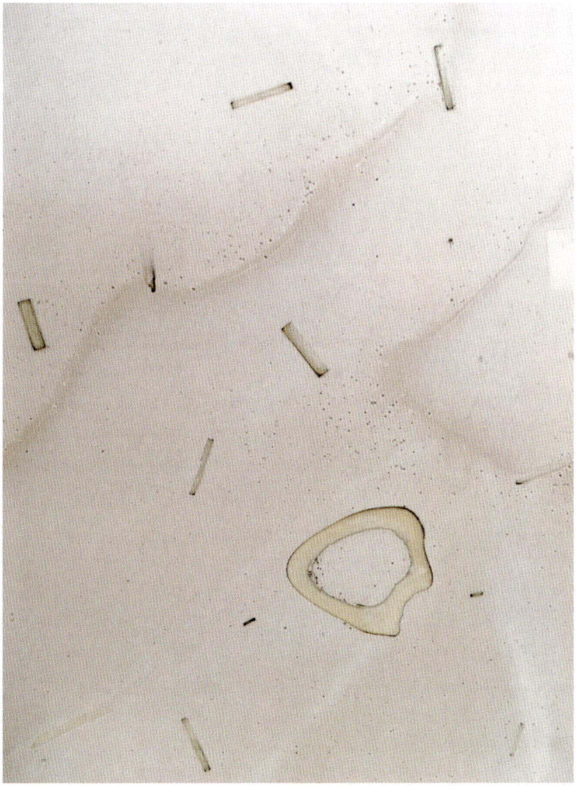

»Cumbrian Bone Marble«-Kollektion von Yesenia Thibault-Picazo, 2013

Titanweiß

Farbwerte
Hex Code: #fbfaf6
RGB: 251, 251, 251
CMYK: 2, 1, 4, 0
HSL: 48, 2%, 98%

Auch bekannt als
- Brillantweiß
- Hellweiß

Häufige Assoziationen
- Reinheit
- Göttlichkeit
- Sinnbildlichkeit

Titanweiß in Kunst, Design & Kultur
- *Weiß auf Weiß* von Kasimir Malewitsch, **Gemälde,** 1918
- *Broadway Boogie Woogie* von Piet Mondrian, **Gemälde,** 1942–1943
- iBook in Weiß von Apple, **Produktdesign,** 2001

Früher

Was über Jahrtausende nicht erreicht wurde, gelang endlich im frühen 20. Jahrhundert mit der Herstellung des Titandioxidpigments: des weißesten aller Weißtöne. Mit dem doppelten Deckvermögen von Bleiweiß (siehe Seite 246) und einem höheren Reflexionsvermögen als alle Vorgänger revolutionierte es den Gebrauch von Weiß in Kunst und Design. Als Konzeptfarbe eignet sich das brillante Weiß besonders gut für starke Auftritte: sei es, um Bedeutendes ins Licht zu rücken, für einen energievollen Start oder auch einen trotzigen Neuanfang.

Heute

Strahlendes Weiß ist heute ein Symbol für Qualität. Die Firma Apple setzt es bei ihrer Produktgestaltung neben eloxiertem Metall als Hauptfarbe ein, die nicht von der klaren Designlinie ablenkt. Eine monochrome Farbpalette von Weiß, Schwarz und Creme hat viele Erfolgsstorys in Szene gesetzt und wird von Luxusmarken verwendet, um ihre Modernität zu unterstreichen. Wie Karl Lagerfeld es einmal als Creative Director der Marke Chanel ausdrückte: »Schwarz und Weiß sind als Farbtöne stets modern, was immer das Wort auch bedeuten mag.«*

Verwendung

Die leuchtende, reine Qualität von Titanweiß bildet das ideale Gegengewicht zu Pechschwarz. Als zeitlose Kombination eignen sich die beiden Farben besonders gut, um die Exklusivität einer Luxusmarke zu unterstreichen.

*Lagerfeld, Karl, und Roitfeld, Caroline, *The Little Black Jacket: Chanel's Classic Revisited*, Göttingen: Steidl, 2014

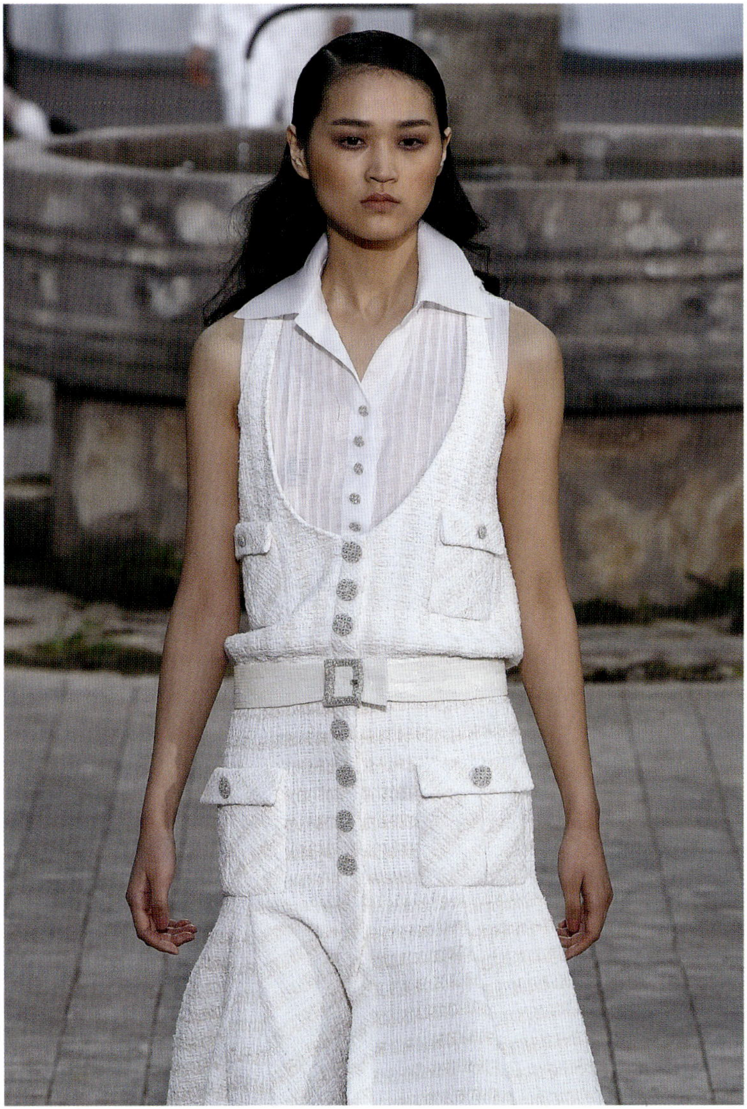

Haute Couture von Chanel, Paris, Frühjahr/Sommer-Kollektion 2020

Mondweiß

Früher

Die geheimnisvolle Aura des Mondes hat Künstler und Wissenschaftler schon immer fasziniert. Als Maler der Romantik gestaltete Francisco Goya in seinem 1789 entstandenen Gemälde *Hexensabbat* das Mondlicht als eine diffuse Verbindung zu jener verborgenen, jenseitigen Welt. Und auch auf William Turners Bild *Die letzte Fahrt der Temeraire* (1938) schafft das fahle, irisierende Licht der schmalen Mondsichel eine stimmungsvolle Szenerie. Im Jahr 1969 eröffneten die ersten unscharfen Fernsehbilder von der Mondlandung und der realen, weißlich grauen Kraterlandschaft die Phase einer völlig neuen Ästhetik in der Wahrnehmung des Erdtrabanten.

Heute

Noch heute gilt der Mond als Inspirationsquelle für Kunst und Design. 2007 produzierte Habitat mit Buzz Aldrin die Leuchte Moonbuzz – eine detailgetreue Miniaturreplika des Mondes und dessen Oberfläche, die Aldrin 1969 erkundet hatte. Zu seinen 2019 kreierten und zur Kontemplation einladenden Lichtskulpturen *Aquarius, Medium Circle Glass* wurde James Turrell ebenfalls vom Mond inspiriert. Der Audiogeräte-Hersteller Sonos wählte für sein Lautsprechermodell Move den Farbton Lunar White als zeitgemäße Alternative zum kalten Weiß und harten Schwarz, das die Branche sonst beherrscht.

Verwendung

Das ätherische Mondweiß mit seinen violettgrauen Anklängen hat eine kontemplative Ausstrahlung, die in unserer hektischen Welt als wohltuend empfunden wird. Das weiche Mondweiß sorgt, gepaart mit sanften lilablauen Tönen, für entspannende Seelenruhe.

Farbwerte
Hex Code: #ced5dc
RGB: 206, 213, 220
CMYK: 23, 13, 11, 0
HSL: 210, 6%, 86%

Auch bekannt als
- Lunar White

Häufige Assoziationen
- Kontemplation
- Verführung
- Meditation

Mondweiß in Kunst, Design & Kultur
- *Le Monde* von Man Ray, **Fotografie,** 1931
- *Earthrise* von William Anders, **Fotografie,** 1968
- *Totality* von Katie Paterson, **Installation,** 2016

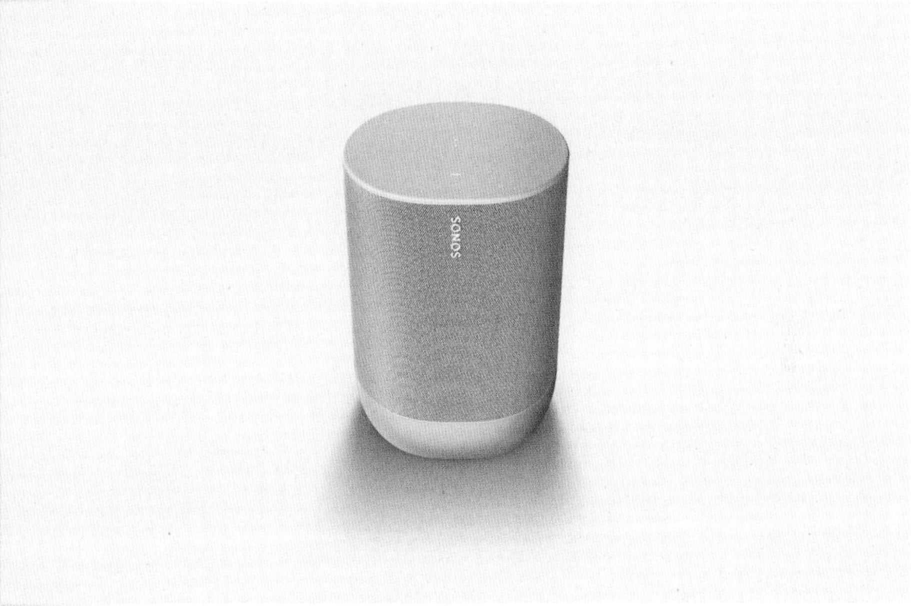

Move von Sonos in Mondweiß

Gletscherweiß

Früher

Der Norweger Fridtjof Nansen sinnierte 1893 während seiner Arktikexpedition: »Es gibt nichts so wunderbar Schönes wie die arktische Nacht. Es ist ein Traumland, in den zartesten Tönen gemalt, die man sich denken kann; es ist in Äther verwandelte Farbe. Ein Schatten verschmilzt in den andern.«* Die arktische Eislandschaft in ihrem strahlenden Weiß mit seinem kühlen azurblauen Unterton hat die Menschen seit jeher fasziniert. Im 19. Jahrhundert erkor der bedeutende amerikanische Landschaftsmaler Frederic Edwin Church Eisberge und Gletscherformationen zu seinen bevorzugten Motiven.

Heute

28 Billionen Tonnen Eis sind in den vergangenen 30 Jahren in der Antarktis geschmolzen – Tendenz steigend. Um die Auswirkungen der globalen Erderwärmung zu verdeutlichen, erforschte Olafur Eliasson den Gletscherschwund und dessen Folgen für die Natur. Er fror Wasser und Farben ein, um die Fragilität der für unsere Welt so wichtigen Gletscher zu veranschaulichen. Als Andy Goldsworthy 1989 zum Nordpol reiste, ließ er sich von den Inuit das traditionelle Schneiden von Schnee in große Blöcke zeigen und errichtete vier riesige Ringe um den abgelegenen nördlichsten Punkt des Planeten. Die hohe Aktualität der von Menschen verursachten Umweltzerstörung hat dem Farbton Gletscherweiß neue Relevanz und Aktualität verliehen.

Verwendung

Das weiche und doch frische Gletscherweiß repräsentiert ein für das Überleben unseres Planeten zentrales Element der Natur. Kombiniert mit Algengrün und leuchtendem Cyan verschafft der Farbton ökologischen Botschaften die ihnen angemessene Aufmerksamkeit.

Farbwerte
Hex Code: #c7d9e7
RGB: 199, 217, 231
CMYK: 26, 9, 7, 0
HSL: 206, 14%, 91%

Häufige Assoziationen
- Jenseitigkeit
- Kälte
- Stille

Gletscherweiß in Kunst, Design & Kultur
- *Die Eisberge* von Frederic Edwin Church, **Gemälde,** 1861
- *Axing Ice to Cross the Sea* von Hu Xiaoyuan, **Videoinstallation,** 2014
- Eisinsel in der »Altered States«-Installation von Snarkitecture und Caesarstone, **Design,** 2018

*Nansen, Fridtjof, *In Nacht und Eis*, 1. Band. Autorisierte Ausgabe, Leipzig: Brockhaus, 1897

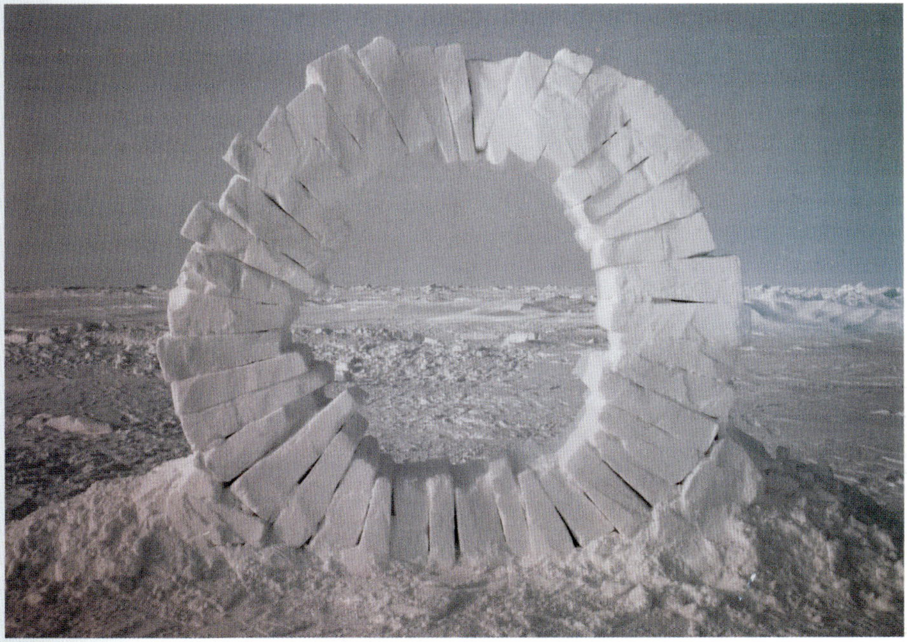

Touching North von Andy Goldsworthy, 1989

Weiß als Farbe der Architektur

Früher

Weiß steht für Weite, Öffnung und Spiritualität. Kein Wunder, dass ein zumeist weiches Weiß mit einem leicht neutralen Unterton in der Designwelt so beliebt ist. Zu Beginn des 20. Jahrhunderts und in den nachfolgenden Jahrzehnten setzte der berühmte Schweizer Architekt Le Corbusier die Farbe Weiß ein, um die Klarheit seiner modernen, minimalistischen Formensprache zu unterstreichen. Eine rein weiße Innenraumgestaltung, die Klarheit und Unberührtheit ausstrahlt, ist seitdem dauerhaft zum ästhetischen Symbol eines modernen Designs und Lebensstils geworden.

Heute

Architekten und Designer schätzen die Farbe Weiß, da sie einen neutralen Hintergrund für jedwede Form von Raumgestaltung bietet. In den 1980er-Jahren machte der britische Architekt John Pawson Weißtöne zu seinem Markenzeichen. Mit ihnen verlieh er seinen minimalistisch ausgestatteten Räumen ein Gefühl von wohltuender Weite. »Die Herausforderung besteht darin, die Raumgröße, die Raumproportion und den Lichteinfall möglichst harmonisch aufeinander abzustimmen«,* betont der Architekt, dem auch die Calvin Klein Stores ihre edle Schlichtheit verdanken. Darüber hinaus tragen die Boutique Hotels von Ian Schrager ebenfalls Pawsons Handschrift, indem sie den Verzicht auf jegliche grelle Opulenz zum neuen Luxus erheben.

Verwendung

Der schlichte Farbton verträgt sich in ausgewogenen Proportionen wunderbar mit den Farben Grasgrün und Himmelblau, die an die Natur erinnern.

*Pawson, John, »White on White«, *John Pawson Journal*, Januar 2016
http://www.johnpawson.com/journal/white-on-white

Farbwerte
Hex Code: #e3e3e3
RGB: 227, 227, 227
CMYK: 13, 9, 11, 0
HSL: 0, 0%, 89%

Häufige Assoziationen
- Modernität
- Einvernehmlichkeit
- Leichtigkeit

Weiß als Farbe der Architektur in Kunst, Design & Kultur
- Villa Savoye, Paris, Frankreich, von Le Corbusier, **Architektur,** 1928–1931
- Kloster Nový Dvůr, Tschechien, von John Pawson, **Architektur,** 1999–2004
- Museum Louvre-Lens, Frankreich, von SANAA, **Architektur,** 2012

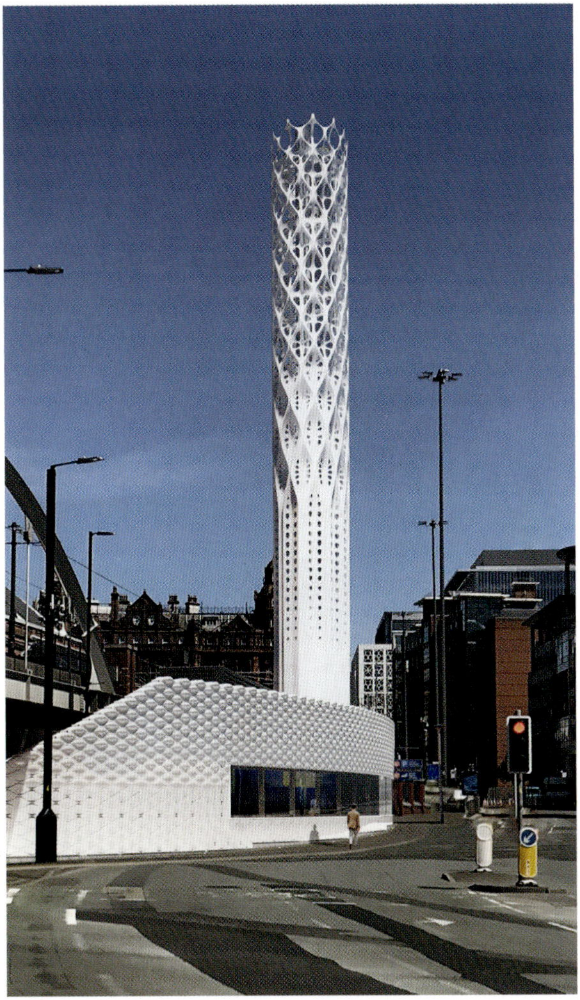

Tower of Light von Tonkin Liu, Manchester, 2021

Perlweiß

Früher

Wer je beobachtet hat, wie das Licht sich in den Flügeln einer Libelle, in einer Seifenblase oder im Perlmuttinneren einer Muschelschale bricht, kennt die Faszination dieses Farbspiels zart leuchtender Töne. Ganz ähnlich zeigt auch Perlweiß, ein cremiger Ton mit zarten Farbanklängen an das Licht bei Sonnenuntergängen, einen silbrig zarten Schimmer. Dieses als Irideszenz bekannte Phänomen ist der Ausdruck von natürlichen Strukturfarben. Winzige, für das bloße Auge unsichtbare Rillen streuen die Reflektion der Lichtwellen, sodass die Farben je nach Blickwinkel changieren. Den Effekt findet man sowohl bei hellen als auch bei dunklen Materialien, etwa dem Gefieder einer Elster, Öl oder den seltenen schwarzen (sowie weißen und grauen) Opalen. Die irisierende Lichtfarbe ist immateriell und verblasst somit erst, wenn das materielle Substrat sich zersetzt.

Im 19. Jahrhundert versuchten Künstler, dieses Farbphänomen in ihren Bildern einzufangen, so auch John James Audubon mit seinen farbenfrohen Illustrationen exotischer Vögel. Doch er verfügte zu der Zeit noch nicht über die Mittel, die Irideszenz zu reproduzieren.

Auch bekannt als
- Perlmutt
- Irideszenz

Häufige Assoziationen
- Faszination
- Magie
- Exotik

Perlweiß in Kunst, Design & Kultur
- Jardinière von Clément Massier, **Lüsterkeramik,** 1893–1895
- *Ohne Titel* von Matti Braun, **Textilmalerei,** 2014
- »Inkjet Colour Printing by Interference Nanostructures« von Aleksandr V. Yakovlev et al., ACS Publication, **Forschungsprojekt mit Nanotinte,** 2016

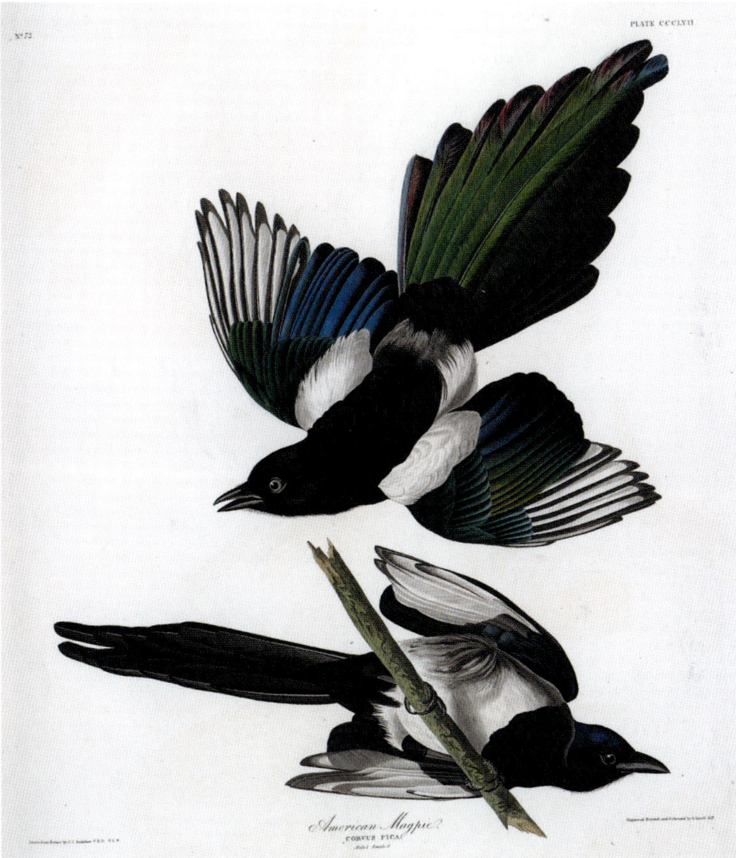

»American Magpie« (dt. »Hudsonelster«), aus: *The Birds of America* von John James Audubon, 1827–1838

Heute
Seit Mitte des 20. Jahrhunderts hat die eingehende Erforschung des Prinzips der natürlichen Irideszenz zur Erfindung zahlreicher Materialien geführt, die diesen Effekt künstlich imitieren. Ihre Einsatzbereiche sind vielseitig – vom Autolack über Kosmetik bis hin zu den Sicherheitsmerkmalen der Banknoten. Die zeitgenössische Designerin Elissa Brunato nutzte die durch Zellulose bewirkten Interferenzen von Lichtwellen dazu, eine abfallfrei herstellbare und kompostierbare Alternative zu Plastikpailletten zu entwickeln.

Doch Wissenschaft und Design stehen erst am Anfang ihrer Erkenntnisse über das volle Potenzial von Strukturfarben. Die magischen Eigenschaften natürlich irisierender Oberflächen sowie ihre schimmernde Transparenz bei Lichteinfall lassen ahnen, dass es in der geheimnisvollen Welt pigmentfreier Farben noch viel zu entdecken gibt.

Verwendung
Setzt man die achromatischen Primärfarben Schwarz und Weiß durch lebendige Farbverläufe in leuchtend irisierenden Tönen grafisch in Szene, eignen sie sich perfekt für das Markenimage innovativer Hightechunternehmen.

»Die magischen Eigenschaften natürlich irisierender Oberflächen sowie ihre schimmernde Transparenz bei Lichteinfall lassen ahnen, dass es in der geheimnisvollen Welt pigmentfreier Farben noch viel zu entdecken gibt.«

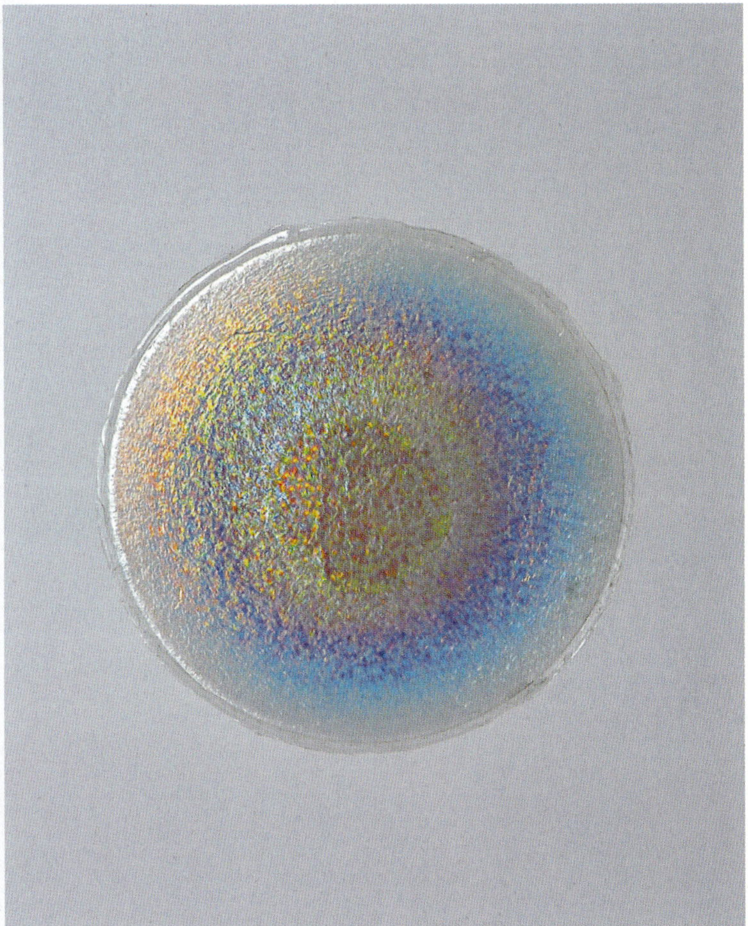

Bio Iridescent Sequin (kompostierbare Pailletten auf Holzbasis)
von Elissa Brunato, 2018

Grau & Schwarz

Grau und Schwarz mögen dunkle und trübe Assoziationen wecken, bieten jedoch bei genauem Hinsehen eine Bandbreite raffinierter Töne, die alle ihre eigene Geschichte und Persönlichkeit haben. Zudem verläuft die Reise von Weiß zu Schwarz keineswegs gradlinig durch rein monochromes Terrain, sondern durch Regionen mit unzähligen Nuancen von Blau, Grün, Lila und Braun. Die Spannung zwischen dunkel und hell und dem, was sich zwischen den Schatten verbirgt, ist seit Langem ein beliebtes Stilmittel der Kunst. Es waren italienische Renaissance-Maler, die mit der Chiaroscuro-Technik dramatische Hell-Dunkel-Kontraste nutzten, um ihre Motive wie mit einem Scheinwerfer auf der Bühne wirkungsvoll ins rechte Licht zu setzen.

Viele der Grau- und Schwarztöne – darunter Silber, Beton und Obsidian – bezeichnen in erster Linie Materialien, die jedoch nicht nur wegen ihrer physikalischen Charakteristika geschätzt werden, sondern auch wegen ihrer Farbqualität. Das früheste Schwarzpigment wird noch heute verwendet: Holzkohle, mit der schon vor mehr als 30 000 Jahren unsere Urahnen Höhlenwände verzierten. Von Künstlern und Designern wird sie noch heute für die samtige, satte Schwarznote und ihre Saugfähigkeit geschätzt. Am anderen Ende der technologischen Entwicklung steht das surreal wirkende Vantablack. Diese innovative Substanz ist so schwarz, dass sie 99,965 Prozent des Lichts absorbiert und es fast unmöglich macht, die Form von Objekten überhaupt wahrzunehmen. Sie wird gern für Darstellungen des Weltalls verwendet, aber auch für verblüffende Kunst- und Designprojekte.

Grautöne hingegen sind eine wertvolle Stütze. Sie geben Formen häufig erst Tiefe und Nuancen. Viele der hier vorgestellten Grauvarianten kennen wir vor allem aus industriellen Produktionsbereichen. Und ob man sie nun mag oder nicht, sie sind zu einem selbstverständlichen Teil unseres Alltags geworden: sei es in Form einer Treppe aus Aluminium oder einer Straßenüberführung aus Beton. Mehr denn je stellt jedoch die umweltverträgliche Nutzung dieser Materialien eine Herausforderung unserer Zeit dar.

Das vielfältige Grauspektrum offenbart sich also keineswegs ein-, sondern multidimensional. Es sollte in seiner Qualität als funktionales und facettenreiches Werkzeug für zeitgemäßes Design begriffen werden.

Farben in diesem Kapitel:

Silber

Farbwerte
Hex Code: #d5d5d5
RGB: 213, 213, 213
CMYK: 19, 14, 15, 0
HSL: 0, 0%, 84%

Häufige Assoziationen
- Reichtum
- Erlesenheit
- Futurismus

Früher

Während Gold mit der Sonne und männlicher Energie assoziiert wird, steht Silber für den Mond und die Weiblichkeit. Und wie der Mond hat auch das schimmernde Edelmetall etwas schwer Erfassbares. Es wird einerseits mit Reinheit assoziiert, zeigt andererseits aber nicht selten Eintrübungen: So wird beispielsweise im englischen Sprachraum jemand als *silver tongue* (Silberzunge) bezeichnet, wenn er mit seinen Worten Sachverhalte zu vernebeln versteht. Silber ist als Material relativ weich und gut formbar, daher wird es seit Urzeiten zu Schmuck und anderen dekorativen Objekten verarbeitet.

Als eines der wertvollsten Metalle der Welt ist Silber nicht selten Anlass für Kriege gewesen. Regionen wurden nach ihm benannt und Münzen aus ihm geprägt. War Silber daher seit jeher ein Symbol für Reichtum und sozialen Status, erhielt es in den 1960er-Jahren eine ganz neue Bedeutung: als der Pop-Art-Künstler Andy Warhol sein Haar silbern färbte, viele seiner Werke aus und mit Silber gestaltete und das Jahrzehnt zur »perfekten Zeit für Silber«* ernannte. Die vom Wettlauf ins All inspirierte Mode dieser Zeit kombinierte silbernen Lidschatten mit silbern schimmerndem Bodypainting, und Designer wie André Courrèges kleideten ihre Models in futuristische Silberkostüme.

Heute

Ungeachtet der zahlreichen Assoziationen ist Silber ein vielseitiger und zeitloser Farbton. Seine neutrale Tonalität passt im Unterschied zu Gold zu einem sehr breiten Farbspektrum. Vom roten Teppich bis zur Silberleinwand: Silber wird zumeist mit einem eleganten, spektakulären Ambiente assoziiert. Zudem dient das Metall wegen seiner antibakteriellen Eigenschaften in der Medizintechnik unter anderem als Beschichtung für Operationskittel und Wundverbände.

* *An Atlas of Rare and Familiar Colour: The Harvard Art Museums' Forbes Pigment Collection*, Los Angeles: Atelier Éditions (Hg.), 2019

Silber in Kunst, Design & Kultur

- *Silver Clouds* von Andy Warhol, **Installation,** 1966
- Kleid in Silber und Schwarz aus der Kollektion »Twelve Unwearable Dresses in Contemporary Materials« von Paco Rabanne, 1966
- Prêt-à-porter-Kollektion von MM6 Maison Margiela, **Mode,** Herbst/Winter-Kollektion 2018/19

Verwendung

Silber taugt für weitaus mehr als nur zur Verzierung oder zum Schmuckdesign. Als neofuturistisches Statement macht sich der Farbton, eingebettet in zarte Creme- und Nudetöne, besonders gut.

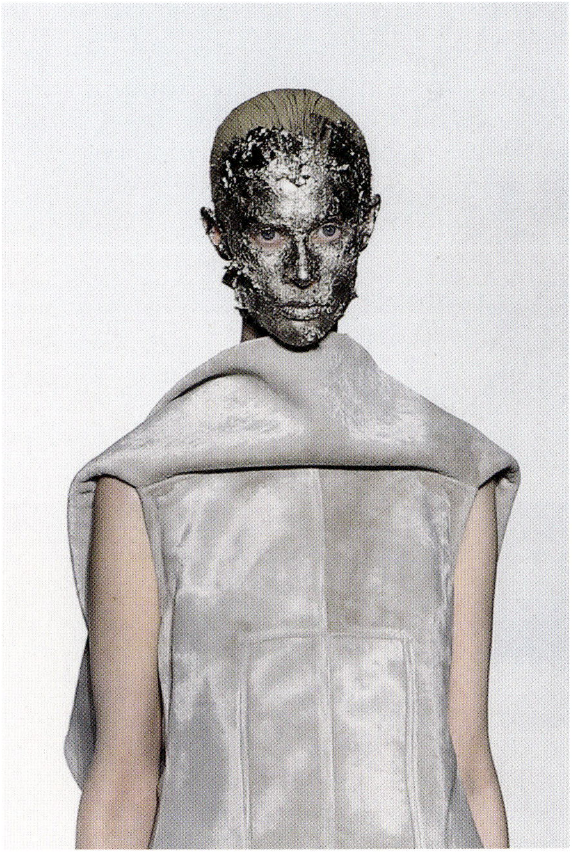

Damenmode von Rick Owens, Herbst/Winter-Kollektion 2015/16

Aluminium

Früher

Das matt glänzende, graue Metall zählt zu den weltweit meistgenutzten Werkstoffen. Obwohl es bereits seit Tausenden von Jahren verwendet wird, wurde reines Aluminium erst im späten 19. Jahrhundert industriell produziert. Sein geringes Gewicht ermöglichte es den Gebrüdern Wright zu Beginn des 20. Jahrhunderts, ihren Traum vom Fliegen zu verwirklichen. Später stellte die Adolph Coors Company aus Aluminium die heute allgegenwärtigen Getränkedosen her.

Da an Aluminium kein Mangel herrscht, es günstig herzustellen und relativ leicht zu verarbeiten ist, wurde das Metall schnell für viele Industriezweige unverzichtbar – so etwa für die Luftfahrt und den Automobilbau, aber auch für Architektur und Produktdesign. Es kann gegossen, geschnitten, gedreht, extrudiert, gerollt und zerknittert werden. Dank seines vielfältigen Einsatzes im Maschinenbau wird Aluminium auch gern genutzt, um einen zeitgemäßen Industrie-Look zu kreieren. Der Emeco 1006 Navy Chair wurde beispielsweise für die US-Marine gezielt so konstruiert, dass er bei rauer See zweckmäßigerweise am Boden fixiert werden kann. Später wurde der Stuhl zu einer Designikone moderner Inneneinrichtung.

Farbwerte
Hex Code: #adacab
RGB: 173, 172, 171
CMYK: 35, 27, 28, 6
HSL: 30, 1%, 68%

Häufige Assoziationen
- Industrie
- Kühlheit
- Schnittigkeit

Aluminium in Kunst, Design & Kultur
- Shaftesbury Memorial Fountain, Piccadilly Circus, London, von Sir Alfred Gilbert, **Gedenkbrunnen,** 1892–1893
- *Winged Figure* von Barbara Hepworth, **Skulptur,** 1963
- Daily-Paper-Flagship-Store, New York City, USA, von Heather Faulding, 4plus Design, **Architektur/Design,** 2020

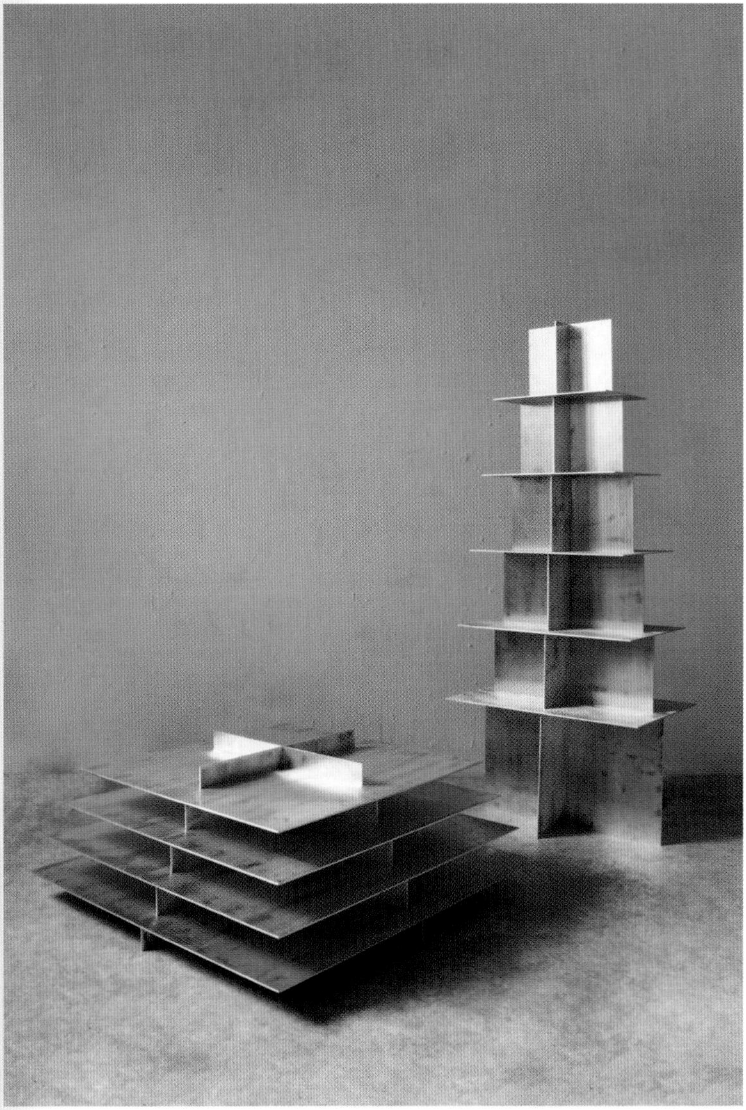

Pyramiden-Regale von Bram Vanderbeke und Wendy Andreu, 2019

Heute

In der Designwelt steht Aluminium für Massenprodukte, doch eine neue Generation von Designern und Unternehmen erfindet das Material gerade neu, indem sie es aus der Endproduktion wieder zurück in die Gießereien holen. Transparente Oberflächenbehandlungen, wie das einst beim Branding von Formel-1-Rennwagen bekannte Eloxieren, wurden inzwischen auch von Künstlern entdeckt. Mithilfe dieser Techniken erzeugen sie eine dezente Patina und bringen so die wahre Schönheit des Materials zum Vorschein.

Aluminium kann ohne Qualitätsverlust immer wieder recycelt werden, was es zu einem nachhaltigen Material für Produktdesign macht. So kündete die Firma Apple 2018 an, ihre neuen Modelle des MacBook Air aus 100 Prozent recyceltem Aluminium herzustellen.

Verwendung

Gepaart mit leuchtenden, satten Farben ist Aluminium die perfekte Wahl für einen ebenso modernen wie lebendigen Industrie-Look.

»Dank seines vielfältigen Einsatzes im Maschinenbau wird Aluminium auch gern benutzt, um einen zeitgemäßen Industrie-Look zu kreieren.«

MacBook Air aus Aluminium von Apple, 2018

Wolkengrau

Früher

Der ständige Wandel der Wolkenbilder inspiriert seit jeher Künstler und Dichter dazu, sie abzubilden. Der Maler William Turner fing nicht nur ihre lichte Zartheit bei Sonnenauf- und -untergängen meisterlich ein, sondern auch die Bedrohlichkeit von Sturmwolken, die auf dem Meer Schiffe zerschellen lassen.

Die japanische Sprache verfügt mit bildhaften Ausdrücken wie »Sardinen-Himmel« über ein umfangreiches Vokabular zur Beschreibung von Wolkenstimmungen. Einige davon sind spirituell inspiriert, wie etwa die »Mönchsnovizen-Wolken«: eine Cumulusform, die an die Tonsur der jungen buddhistischen Mönche erinnert. Wieder andere sind saisonal geprägt, wie etwa der Begriff »Herbst-Himmel«: eine hoch aufgetürmte, feine Wolkenschicht am blauen Himmel. Die fantastische Bandbreite der Wolkenkonstellationen zeigt Hokusais berühmte Bilderserie *36 Ansichten des Berges Fuji* (1830–1832). Sie verdeutlicht, wie sehr die Wolkenbildung – angefangen bei einem blauen Firmament mit Schäfchenwolken bis hin zu einem wolkenverhangenen Abendhimmel – die Stimmung eines Tages beeinflussen kann.

Heute

Wolkengraue Farbtöne zeichnen sich durch ihre besondere Transparenz und zarte Leuchtkraft aus. Die beinahe poetische Natur solcher Töne ist wunderbar eingefangen in den minimalistischen Haushaltsprodukten des japanischen Designstudios Nendo. Dessen Regal zaubert mit seinen verschiebbaren Glasscheiben sowohl in warmen als auch kühlen Grautönen faszinierende Farbeffekte.

Farbwerte
Hex Code: #a9abb1
RGB: 156, 165, 173
CMYK: 42, 28, 25, 6
HSL: 208, 10%, 68%

Häufige Assoziationen
- Flüchtigkeit
- Einsamkeit
- Sanftheit

Rechts: *Ejiri in der Provinz Suruga (Sunshū Ejiri)*, aus der Bilderserie *36 Ansichten des Berges Fuji (Fugaku sanjūrokkei)* von Katsushika Hokusai, ca. 1830–1832

Wolkengrau in Kunst, Design & Kultur

- *Seascape Study: Boat and Stormy Sky,* John Constable, **Gemälde,** 1828
- *Abstraktes Bild, Grau (880-3)* von Gerhard Richter, **Gemälde,** 2002
- Glasregal mit Schiebeelementen von Nendo für Lavvit, **Möbel,** 2013

Verwendung

Sanfte, an Wolken erinnernde Grautöne tragen dazu bei, Erholung und Entspannung zu finden. Die blassen Farben der Wolkenstimmungen, von zartem Lachsrot bis Blaugrau, lassen sich perfekt auf eine wohltuende Innenraumgestaltung übertragen.

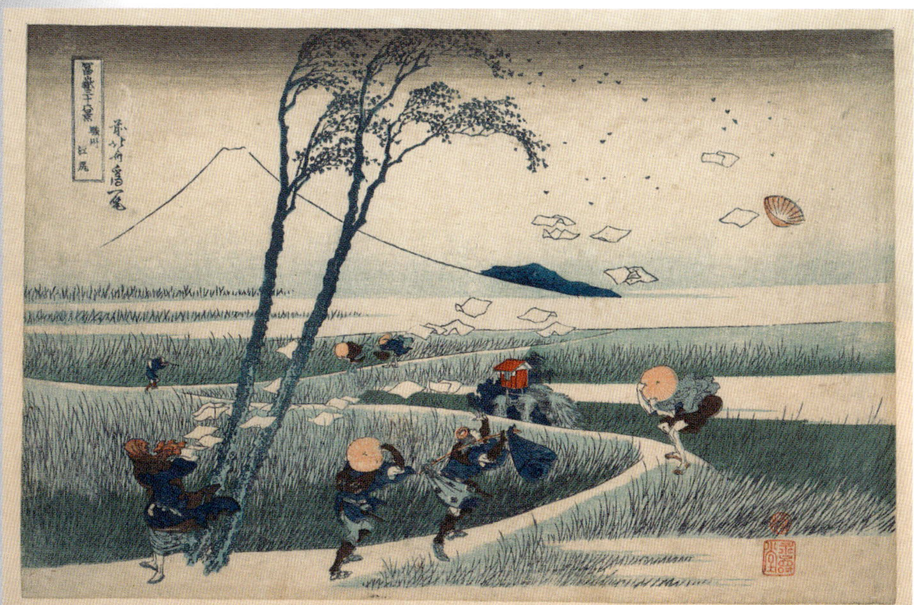

Betongrau

Farbwerte
Hex Code: #a6a2a0
RGB: 166, 162, 160
CMYK: 36, 30, 31, 9
HSL: 20, 4%, 65%

Häufige Assoziationen
- Robustheit
- Haptik
- Minimalismus

Früher

Ob man ihn mag oder nicht, Beton ist als Baustoff in unseren modernen Städten omnipräsent und nicht mehr wegzudenken. Das aus Zement, der im Wesentlichen aus Kalk und Ton besteht, sowie aus Sand und Wasser hergestellte, halb flüssige Material wird steinhart, sobald es getrocknet ist. Beton lässt sich gut formen und bietet vielfältige Möglichkeiten der Oberflächenbearbeitung. Man kann ihn polieren oder zermahlen, versiegeln oder ätzen, wie einen Kuchenteig in Formen gießen oder mit zermalmtem Terrazzo-Kies zu einer groben Textur vermischen.

Beton ist ein Sinnbild für die funktionale Architektur ab der Mitte des 20. Jahrhunderts. Doch bereits 1300 v. Chr. wurde im heutigen Jordanien ein auf Kalk basierender Zement verwendet. Mit ihm konstruierten die Nabatäer ihre Häuser sowie wasserdichte unterirdische Zisternen. Nicht zuletzt diese Errungenschaften ließen sie zu einem machtvollen Königreich aufsteigen, dessen Hauptstadt Petra, die mitten in der Wüste in den Fels geschlagen wurde, weltberühmt ist.

Heute

Heute ist Beton längst über seine reine Funktionalität hinaus zum Ausdruck eines modernen Lebensstils geworden – ob als Pflanzgefäß, als Arbeitsfläche und sogar als Name eines Duftes von Comme des Garçons. Architekten und Designer kreieren mit Fassaden aus Sichtbeton, poliertem Beton oder mit Betonobjekten eine neue, zeitgemäße Ästhetik des Luxus.

Das Material ist allerdings wenig umweltfreundlich, da die Herstellung große Mengen Kohlendioxid freisetzt. Außerdem sind viele Sandsorten, wie etwa Wüstensand, nicht zum Mischen von Beton geeignet.

Betongrau in Kunst, Design & Kultur

- The Hayward Gallery, London, von Higgs & Hill, **Architektur**, 1968
- Crowd-Kerzenhalter von David Taylor, **Haushaltswaren**, 2013
- *Concrete Puffy Brick* aus Zement von Soft Baroque, **Skulptur**, 2018
- Acne-Studios-Flagship-Store, Seoul, Südkorea, von Sophie Hicks Architecture, **Architektur**, 2019

Und schließlich belastet seine Entsorgung die Mülldeponien. Das britische Architekturkollektiv Assemble arbeitet an der Idee, nur vorübergehend benötigte Gebäude aus handgefärbten, direkt vor Ort auf der Baustelle gegossenen Betonsteinen zu errichten, die man bei Bedarf abbauen und woanders erneut verwenden kann.

Verwendung

Die blassen Farben des Betons lassen sich mit warmen und belebenden Erdtönen ausgleichen. Der schädlichen Auswirkungen des Materials auf die Umwelt sollte man sich jedoch bewusst sein.

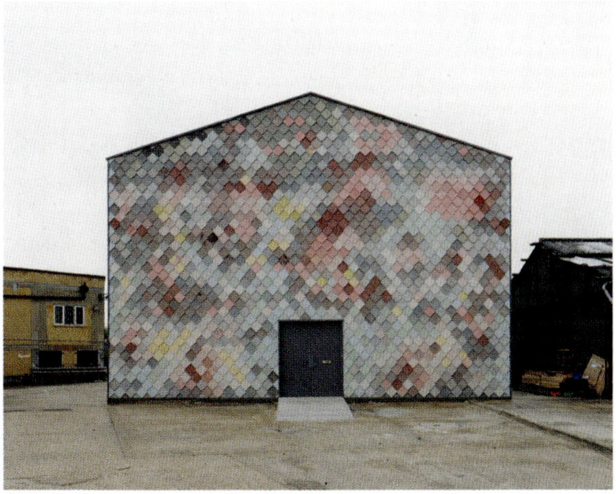

Yardhouse von Assemble Architects, London, 2014

Schlacke

Früher

Als Schlacke bezeichnet man den braungrauen, teilweise glänzenden Rückstand, der beim Schmelzen von Metallerzen übrig bleibt. Spuren davon fand man bereits in mesopotamischen Glasgefäßen, die aus fein gemahlener und erhitzter Schlacke hergestellt wurden. Die industrielle Revolution mit ihrem Aufschwung der Stahlindustrie führte dazu, dass im frühen 20. Jahrhundert mitten in der Landschaft riesige Schlackenhalden entstanden und einen Anblick boten, der nicht nur viele zeitgenössische Künstler beschäftigte. Die Gemälde der britischen Malerin Prunella Clough zeigen die rauen Halden inmitten einer pastoralen Idylle: ein verstörendes Bild der Umweltzerstörung, deren Spuren bis in die heutige Zeit reichen.

Heute

Mittlerweile wird Schlacke vor allem für die Herstellung von Zement genutzt, einem weiteren Material, das einem Grauton seinen Namen verlieh. Das Designstudio ThusThat kreiert mithilfe der Geopolymerisation aus Schlacke einen schwarzen Zementersatz, dessen Herstellung deutlich weniger Kohlendioxid freisetzt. Das Studio nutzt dieses neue Material auch zur Herstellung robuster Möbel.

Verwendung

Trotz der wenig glamourösen Herkunft des Materials ist sein warmes Grau ein wunderbar erdender Farbton, der gepaart mit Kohlschwarz und Hellblau eine moderne und ökologisch orientierte Farbpalette ergibt.

Farbwerte
Hex Code: #736f6c
RGB: 115, 111, 108
CMYK: 51, 43, 44, 29
HSL: 26, 6%, 45%

Häufige Assoziationen
- Schmutz
- Abfall
- Wiederverwertung

Schlacke in Kunst, Design & Kultur
- *Tipping the Slag* von Edwin Butler Bayliss, **Gemälde,** ca. 1940–1945
- *Slag Heap II* von Prunella Clough, **Gemälde,** 1959
- *Slag Studies* von Jamie North, **Skulptur,** 2019

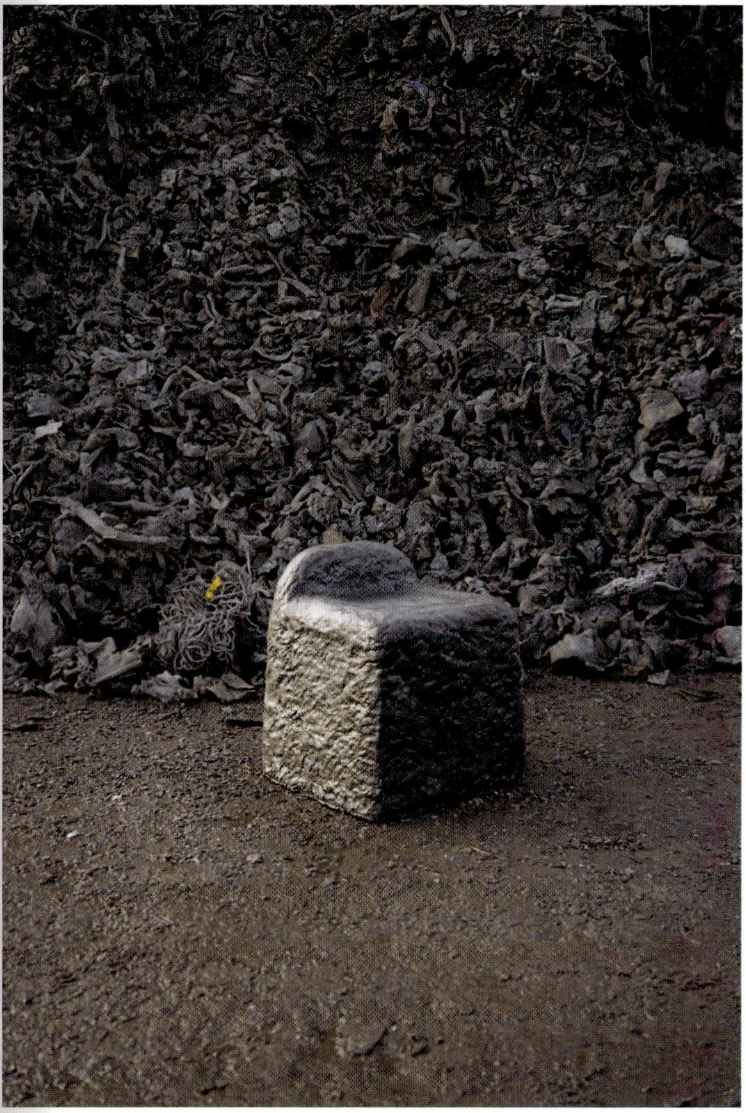

Aus der Kollektion »This is Copper« des Designstudios ThusThat, 2019

Kohlschwarz

Farbwerte
Hex Code: #2a271f
RGB: 42, 39, 31
CMYK: 61, 55, 63, 80
HSL: 43, 26%, 16%

Häufige Assoziationen
- Zeitlosigkeit
- Ursprünglichkeit
- Expressivität

Früher

Mit diesem natürlichen Pigment, das entsteht, wenn Holz unter nur geringer Sauerstoffzufuhr verbrennt, wurden die ersten Zeichnungen der Menschheitsgeschichte angefertigt. Bereits die alten Ägypter setzten Holzkohle zu medizinischen Zwecken ein, die Phönizier nutzten sie zur Wasserfiltration, und im 9. Jahrhundert n. Chr. vermischte sie ein chinesischer Alchemist mit Salpetersäure und Schwefel zu Schießpulver.

In der Kunst zeichnen sich Kohlestifte durch ihren weichen Strich und ihr sattes Schwarz aus. Edgar Degas zeichnete damit seine berühmten Frauendarstellungen. Im 20. Jahrhundert reduzierte der britische Maler David Bomberg seine Motive auf geometrische Kompositionen, denen er mit Schattierungen in Kohlschwarz Spannung und Energie verlieh.

Heute

Holzkohle genießt aufgrund ihrer Filtereigenschaften heute erneut Aufmerksamkeit, auch wenn dieses Merkmal seit Langem bekannt ist. In Japan wird Trinkwasser schon seit dem 17. Jahrhundert mit Holzkohle gereinigt, und in Amerika filtert man die Whiskeys von Jack Daniel's durch Holzkohle aus Ahornbäumen, um ihnen Klarheit und ein rauchiges Aroma zu verleihen.

Das Amsterdamer Modelabel senscommon entwickelte in Zusammenarbeit mit dem japanischen Textildesigner Uchino eine »selbstreinigende« Modelinie, die mithilfe von Aktivkohle Körpergerüche eliminiert und die Träger gleichzeitig vor Umweltverschmutzung schützt. Das italienische Designstudio Formafantasma mit Sitz in den Niederlanden setzt Holzkohle aufgrund

Kohlschwarz in Kunst, Design & Kultur

- *Pioniere bei der Arbeit: Canadian Tunnelling Company, R14, St Eloi* von David Bomberg, **Zeichnung,** 1918–1919
- *Night Sky #19* von Vija Celmins, **Zeichnung,** 1998
- »On Journey Wear«-Kollektion von sens-common mit Uchino, Japan, **Mode,** 2019

ihrer natürlichen Fähigkeiten in seiner Produktserie von Filtern, Schöpfkellen und Haushaltsgefäßen ins Rampenlicht.

Verwendung

Das tiefe, rauchige Schwarz ist mit seiner langen Historie ein erdender Ton, der sich mit weichen Schwarz- und Graunuancen zu einer gelassenen und ausdrucksstarken monochromen Palette zusammenstellen lässt.

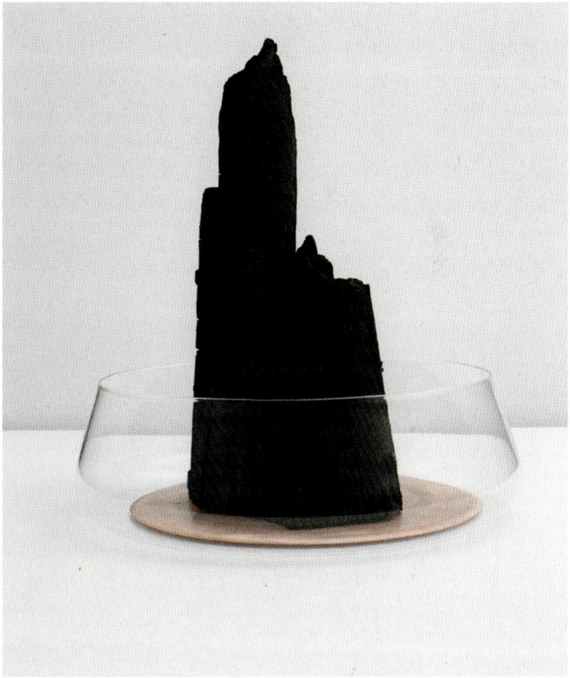

Aus dem Holzkohle-Projekt von Formafantasma für das Vitra Design Museum, 2012

Tintenschwarz

Farbwerte
Hex Code: #3b3e41
RGB: 59, 62, 65
CMYK: 70, 58, 52, 56
HSL: 210, 9%, 25%

Auch bekannt als
- Indische Tinte

Häufige Assoziationen
- Förmlichkeit
- Prestige
- Authentizität

Früher

Als erste Schreibtinte auf Kohlenstoffbasis wurde Rußtinte aus den Rückständen der Öl- oder Holzverbrennung gewonnen. Bereits 3200 v. Chr. praktizierten die alten Ägypter erste Formen von Typografie, indem sie den Haupttext in Schwarz schrieben, Überschriften oder Akzentuierungen jedoch in anderen Farben, vor allem einem auf Eisen basierenden Rot. Als Mitte des 15. Jahrhunderts in Europa die mechanische Druckpresse erfunden wurde, war Rußtinte immer noch die Farbe der Wahl.

Auch die frühen Kulturen Chinas, Japans und Südostasiens benutzten zum Schreiben einen Griffel mit scharfer Spitze und Tinte. Diese wurde zum Teil aus verbrannten Obstkernen oder gekochten Pflanzen und Baumrinden hergestellt, wobei jeder Farbton eine eigene symbolische Bedeutung hatte. Leonardo da Vinci wählte für seine berühmten Zeichnungen eine Tinte aus Eichengalle.

Heute ist die bekannteste Zeichentinte unter dem Namen »Indische Tinte« bekannt. Sie hat ein opakes, samtiges Schwarz und verdankt ihren Namen früheren Handelsverträgen. Aus fein gemahlenem Ruß und einem Bindemittel wie Schellack hergestellt, setzte sie sich als lichtechtes Schwarz in der Kunst und Kalligrafie durch.

Heute

Wegen der sehr persönlichen Wirkung, die mit digitalen Botschaften nicht zu erreichen ist, hat die Faszination, handgeschriebene Texte mit Tinte zu verfassen, nie nachgelassen. Ganz im Gegenteil: Die Kalligrafie gewinnt seit einigen Jahren sogar enormen Aufwind, und das jährliche Event Inktober ruft weltweit dazu auf, eigene Tintenzeichnungen über die sozialen Medien zu verbreiten. Die Kalligrafin Keiko Shimoda verwendet traditionsbewusst die gleiche Tinte wie schon einst ihre Großmutter.

Rechts: *Creation* von Keiko Shimoda

Tintenschwarz in Kunst, Design & Kultur

- DermalAbyss Project von MIT's Media Lab, **Tätowierung**, 2017
- *somebody-010* von Kim Joon, **Digitaldruck**, 2014
- Ichimura Kakyo als Shirataki Sakichi von Utagawa Toyokuni III (auch bekannt als Utagawa Kunisada), **japanischer Holzblockdruck**, 1861

Verwendung
Eine sanft belebende Farbpalette mit zarten Grün- und Rosatönen, gepaart mit Tintenschwarz und Gold, eignet sich bestens für die Gestaltung von Räumen, die die Kontemplation und das Lernen fördern sollen.

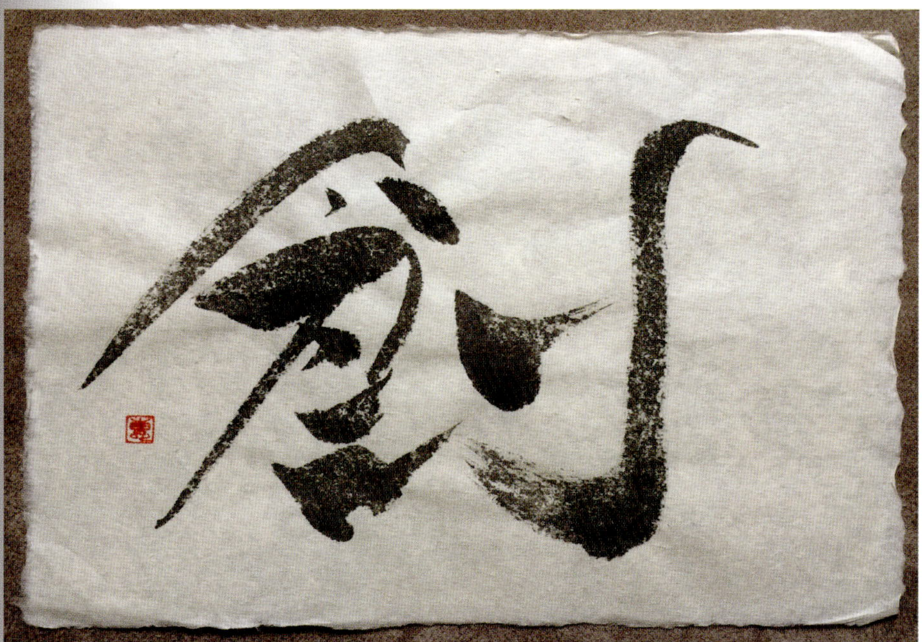

Paynesgrau

Früher

Das meditativ anmutende Paynesgrau wurde im frühen 19. Jahrhundert erfunden. Ursprünglich wurde der Ton aus Preußischblau, gelbem Ocker und Karminrot zu einer Farbe gemischt, die je nach Verdünnung mitternachtsgrau oder schiefergrau wirkte. Sein Erfinder, der Aquarellmaler William Payne, malte damit Schatten, Wolkenlandschaften und ferne Bergsilhouetten. Sparsam eingesetzt, verleiht der Farbton Landschaftsmotiven einen Hauch Melancholie.

Der Künstlerin Georgia O'Keeffe gelang es meisterhaft, mit dieser Farbe Emotionen einzufangen, wie ihr Gemälde *Storm Cloud, Lake George* (1923) beweist. Der rauchige Farbton verleiht der weit entfernten Bergkette Tiefe, während die dunklere Schattierung als Ausdruck der Ohnmacht gedeutet wird, die die Künstlerin während eines Aufenthalts in der Familie ihres Mannes empfand.

Heute

Dezente Farbtöne bleiben zumeist länger aktuell als leuchtend bunte. Die in den 2010er-Jahren aufgekommene Franchise-Welle der *Fifty Shades of Grey* übte einen erstaunlichen Effekt auf das Wohndesign aus und schürte auch das Interesse am stimmungsvollen Paynesgrau. Dieses wurde im Folgefilm *Fifty Shades Darker* zusammen mit weiteren kühlen und neutralen Grautönen während der Eingangsszene und im Interieur der Räume dazu genutzt, um eine dunkle und sinnliche Atmosphäre zu schaffen.

Verwendung

Unterschiedliche Schattierungen von Paynesgrau sowie hellere Naturtöne wie Pflanzengrün und Indigo empfehlen sich für die Zusammenstellung einer nuancierten Farbpalette.

Farbwerte
Hex Code: #395266
RGB: 57, 82, 102
CMYK: 76, 51, 33, 40
HSL: 207, 44%, 40%

Häufige Assoziationen
- Düsterkeit
- Nachdenklichkeit
- Genderneutralität

Paynesgrau in Kunst, Design & Kultur
- *Landschaft mit Eseln* von William Payne, **Gemälde,** 1798
- *Fifty Shades Darker*-Filmset von Nelson Coates, **Szenenbild,** 2017
- Prêt-à-porter-Kollektion von Hussein Chalayan, **Modedesign,** Frühjahr/Sommer-Kollektion 2018

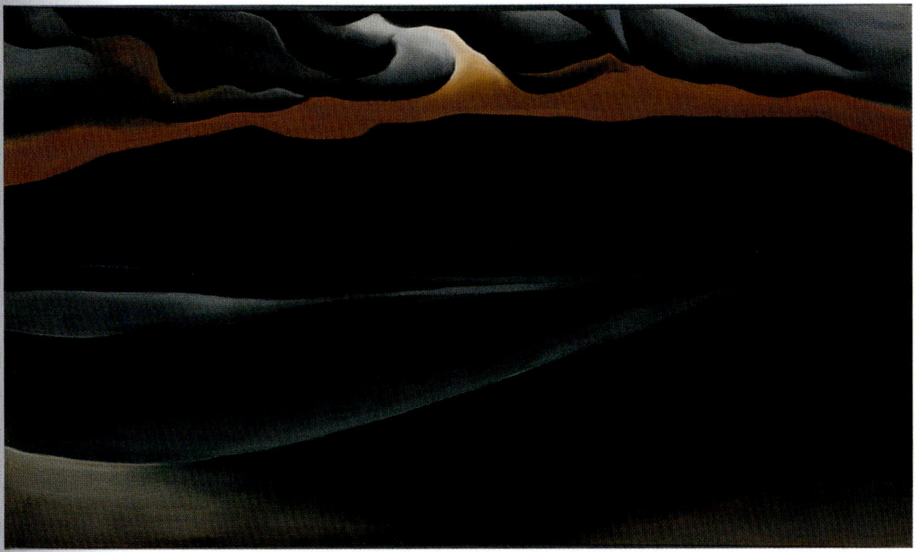

Storm Cloud, Lake George von Georgia O'Keeffe, 1923

Obsidian

Früher

Ein tiefes Schwarz mit blaugrünen Untertönen kennzeichnet das glasartige und scharfkantige vulkanische Gestein Obsidian. Schon in der Steinzeit wurde es als Schneidwerkzeug genutzt, und auch die Azteken arbeiteten seit dem 9. Jahrhundert in ihre keulenartigen Schwerter namens *macuahuitl* Klingen aus Obsidian ein. Zudem dienten Spiegel aus Obsidian der Ehrung des Aztekengottes Tezcatlipoca, dessen Name wörtlich übersetzt »rauchiger Spiegel« bedeutet.

Auch im 17. Jahrhundert schätzten Künstler wie der spanische Maler Bartolomé Esteban Murillo das Material, das er als Untergrund für seine Ölbilder einsetzte. Der natürliche Glanz des Obsidians unterstrich mit seinem Hell-Dunkel-Spiel das Mysterium von Murillos religiösen Motiven.

Heute

Innovative Unternehmen setzen in ihrer Produktwerbung häufig auf modernes Performance-Design. Mit seiner besonderen Eigenschaft, Licht einzufangen und fließende Formen zu akzentuieren, eignet sich Obsidianschwarz hierfür perfekt. So präsentierte Hyundai 2020 sein brandneues Concept Car namens »Prophecy« in einem seidig glänzenden Obsidianfinish. Doch auch seine Magie als Spiegel der Seele hat das schwarze Glasgestein bis heute bewahrt. Der koreanische Designer Seungjoon Song erinnert mit seinen Objekten an die Aztekenkultur, indem er Halbkugeln aus Obsidian auf einem Spiegel surreal zu kompletten Kugeln vervollständigen lässt, die dem Betrachter einen meditativen Zielpunkt bieten.

Verwendung

In glänzendem Obsidianschwarz gestaltete technische Objekte wirken rätselhaft und wecken Neugier. Akzente in Feuerrot signalisieren zusätzlich Kraft und Leistungsstärke.

Farbwerte
Hex: #011a22
RGB: 1, 26, 34
CMYK: 99, 66, 56, 70
HSL: 195, 94%, 7%

Häufige Assoziationen

- Mystik
- Verehrung
- Gestaltlosigkeit

Obsidianschwarz in Kunst, Design & Kultur

- *Der himmlische Amor besiegt den irdischen Amor* von Giovanni Baglione, **Gemälde,** 1602–1603
- *Die Geburt Christi* von Bartolomé Esteban Murillo, **Gemälde,** 1665–1670
- Hyundai Prophecy, Concept Car, **Elektroauto,** 2020

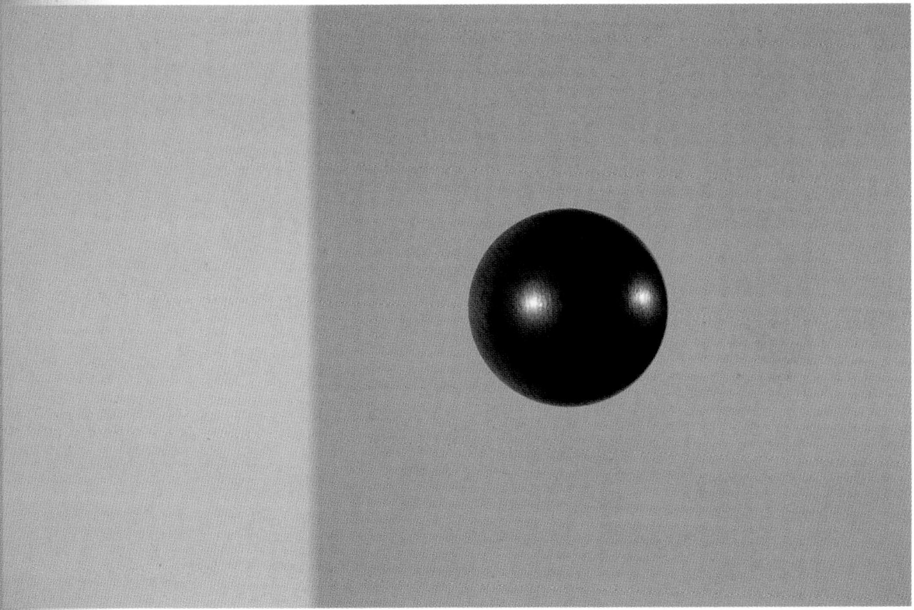

Obsidian von Seungjoon Song, 2020

Vantablack

Auch bekannt als
- Nanoschwarz

Häufige Assoziationen
- Futurismus
- Faszination
- Heimlichkeit

Früher
Keine Farbe versteht die Kunst der Magie besser als Vantablack. Es absorbiert 99,965 Prozent des Lichts, sodass es dem Auge buchstäblich unmöglich ist, die Konturen eines damit beschichteten Objekts auszumachen. Für diese Farbe gibt es keine Pantone-Nummer, und sie ist streng genommen auch gar keine Farbe, sondern vielmehr eine Substanz, die jegliche Farb- und Lichtreflexion unterbindet. Sie besteht aus senkrecht angeordneten, mikroskopisch kleinen Kohlenstoff-nanoröhren. Seit der Erfindung im Jahr 2014 durch die Firma Surrey NanoSystems wird Vantablack von der NASA für die optischen Systeme ihres Deep Space Network sowie für eine Reihe von Kunstprojekten eingesetzt. Diese stammen jedoch ausnahmslos von dem britisch-indischen Künstler Anish Kapoor, der sich die Exklusivrechte für den Einsatz von Vantablack sicherte, was in der Welt der Kunst für viel Unmut sorgte.

Heute
Erzürnt über Kapoors Monopol, kreierte der Künstler Stuart Semple 2019 Black 3.0, das er als »die kontrastärmste und matteste schwarze Acrylfarbe der Welt« beschrieb. Die Farbe, die 98 bis 99 Prozent des Lichts absorbiert, ist für jedermann online zu kaufen, allerdings nur unter der Bedingung, dass »sie nach bestem Wissen und Gewissen nicht in die Hände von Anish Kapoor gerät«.*

Unter anderem haben Forscher des MIT (Massachussetts Institute of Technology) seither weitere Nanoschwarz-Substanzen entwickelt. BMW brachte sein Modell X6 in Vantablack heraus, und der Architekt

Rechts: Hyundai-Pavillon, entworfen von Asif Khan für die Olympischen Winterspiele in Pjöngjang, Südkorea, 2018

*https://www.kickstarter.com/projects/culturehustle/the-blackest-black-paint-in-the-world-black-30

Vantablack in Kunst, Design & Kultur

- *Descent into Limbo* von Anish Kapoor, **Rauminstallation,** 1992
- *The Redemption of Vanity* von Diemut Strebe und Brian Wardle, **Installation,** 2019
- BMW X6 in »Vantablack«, **Automobil,** 2019

Asif Khan schuf für die Olympischen Winterspiele 2018 in Pjöngjang einen Pavillon in Vantablack, der wahrhaft eine Herausforderung für das räumliche Sehen des Betrachters darstellt.

Verwendung

Als Beschichtung für Objekte oder Details schaffen die Nanoschwarztöne eindrucksvolle ästhetische Illusionen, die auch Kunstinstallationen etwas Besonderes verleihen. Die thermischen Eigenschaften der Farbe machen sie zudem für Oberflächen geeignet, die Temperaturen unter dem Gefrierpunkt ausgesetzt sind. Und längst sind noch nicht alle technischen Einsatzmöglichkeiten erforscht.

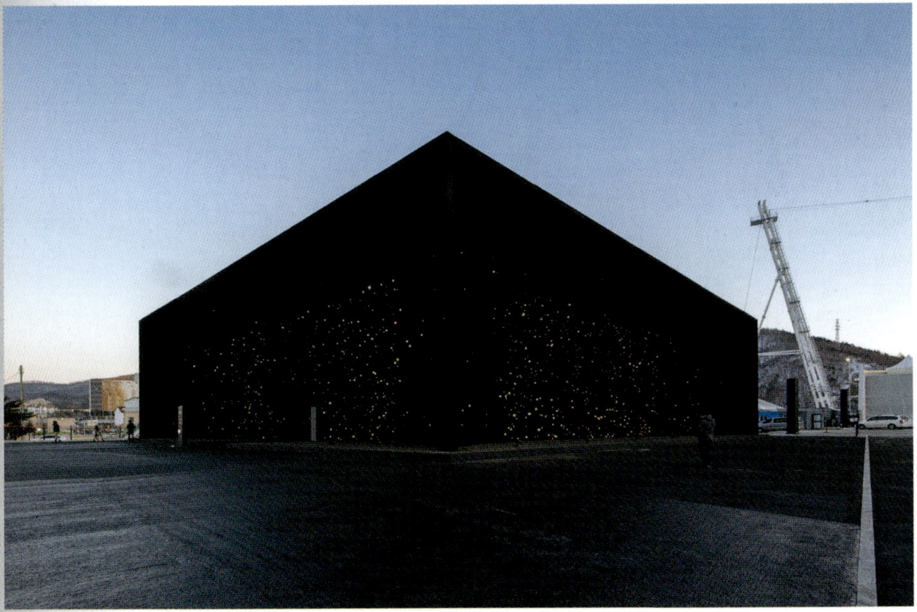

Braun

Braun ist eine im wahrsten Sinne des Wortes geerdete Farbe, die ausgleichend und so regenerativ wirkt wie ein nährstoffreicher und lebensspendender Boden. Schon für die prähistorischen Höhlenmalereien von Altamira und Lascaux wurden Erdpigmente verwendet, die bis heute überdauert haben. Und Tontafeln sowie Keramik dienten bereits in den frühesten Kulturen auf der ganzen Welt als Mittel der Kommunikation und als dekorative Kunstobjekte. Die derzeitige Wiederentdeckung der Töpfereikunst und des Arbeitens mit natürlicher Tonerde dokumentiert eine neue Wertschätzung für traditionelles Handwerk (siehe auch Tenmoku, Seite 296).

Im Lauf der Geschichte trugen Arme zumeist braun eingefärbte Textilien, da leuchtende Farbtöne für sie unerschwinglich waren. Mit ihren braunen Kutten setzten die Franziskanermönche ein Zeichen der Demut und demonstrierten Bedürfnislosigkeit. Auf Lateinisch wurde das einfache Volk als *pullati* bezeichnet, was »dunkel bekleidet« bedeutet. Unterschiedliche Farben waren häufig Kennzeichen für unterschiedliche Gesellschaftsschichten.

In der Farbenlehre ist Braun nicht als eigene Farbe, sondern als dunkler Gelb- oder Orangeton definiert. Die Farbwirkung entsteht durch die schwache Intensität der Lichtwellen. In Kunst und Design ist Braun als Gestaltungsmittel unverzichtbar. Ohne das intensive Siena und die urwüchsige Umbra würden in der Malerei die ausdrucksstarken Hell-Dunkel-Kontraste der Chiaroscuro-Technik und braune Farbabstufungen ihrer Wirkung beraubt. Den Werken großer Künstler von van Dyck bis Rothko verleiht Braun erst ihre unvergleichliche Tiefe.

Heute steht schlichtes, unverfälschtes Braun für gelebtes Umweltbewusstsein. Ob dunkles Brot, braune Papiertüten oder Verpackungskartons – all dies repräsentiert Nachhaltigkeit, womit Unternehmen sich gern brüsten (ohne dieses Versprechen auch immer tatsächlich einzulösen). Mit ihrer natürlichen, gedeckten Anmutung haben wir die Erdfarben wiederentdeckt, damit sie uns in unserer hektischen Zeit Ruhe und Bodenhaftung verschaffen.

Farben in diesem Kapitel:

Sepia

Früher

Sepia ist der Name eines aus dem Tintenbeutel von Sepien (Tintenfischen) gewonnenen dunkelbraunen Farbpigments. Dieser natürliche Farbstoff wird seit Jahrtausenden als Tinte und Aquarellfarbe benutzt. Im 18. und 19. Jahrhundert verwendeten ihn Expeditionsillustratoren häufig bei der Darstellung anthropologischer Funde. Kunstmaler setzten Sepia mit Vorliebe für die Gestaltung eines dezenten Bildhintergrunds ein, so auch William Morris bei seinen Entwürfen für Textil- und Tapetenmuster.

Berühmt ist die Farbe jedoch vor allem durch den Einsatz in der frühen Fotografie geworden. Im 19. Jahrhundert entdeckte man, dass das Eintauchen von Cyanotypie-Fotos in Sepia die Bilder lichtecht machte, wodurch sie allerdings die für alte Fotos typische Brauntönung erhielten.

Heute

Obwohl die Gewinnung aus Tintenfischen selten geworden ist, hat Sepia als natürliches Farbpigment bis heute seine Bedeutung nicht verloren. Dank des aktuell großen Interesses an historischen Fotografien und an nostalgischem Design ist das Färben mit Sepia immer noch beliebt – ob als Farbfilter für Instagram-Bilder oder in der Dunkelkammer.

Verwendung

Zartes Sepia und verwaschenes Indigoblau: Mit diesen beiden gedämpften Komplementärtönen lässt sich ein reizvolles natürliches Farbschema kreieren. Die beiden Töne bilden einen ebenso unaufdringlichen wie interessanten Kontrast. Grafische Akzente in dunklerem Nussbraun lenken den Blick des Betrachters auf wichtige Details.

Farbwerte
Hex Code: #bf9f64
RGB: 191, 159, 100
CMYK: 24, 33, 64, 10
HSL: 39, 48%, 75%

Häufige Assoziationen
- Nostalgie
- Zartheit
- Unverfälschtheit

Sepia in Kunst, Design & Kultur
- *Crystal Palace Transept* von Benjamin Brecknell Turner, **Fotografie,** ca. 1852
- *Riesensepia (Sepia apama)* von John James Wild, **Lithografie,** ca. 1889–1890

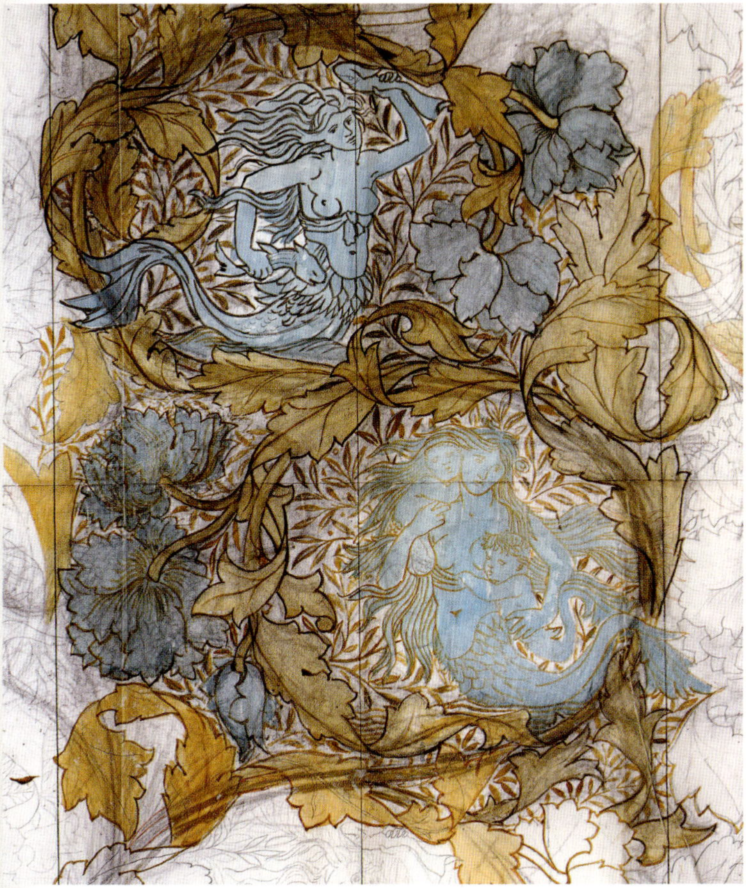

»Mermaid«, Entwurf von Edward Burne-Jones, Textilkunst, ca. 1880

Van-Dyck-Braun

Früher

In einem der Regale von L. Cornelissen & Son, des berühmten Londoner Geschäfts für Künstlerbedarf, findet sich auch eine Flasche mit Van-Dyck-Braun. Sie trägt den Vermerk: »Instabil, schlecht trocknend in Öl, kann grau werden.« Nicht gerade schmeichelhafte Attribute für eine Farbe, mit der einige der wirkungsvollsten Schattendarstellungen in der Geschichte der Malerei auf die Leinwand gebracht wurden.

Das dunkle Erdpigment ist irgendwo zwischen Rußschwarz und Torfbraun angesiedelt. Der flämische Barockmaler Anthonis van Dyck vermengte für seine teerähnliche Farbe Trägeröle mit frischer Erde, Braunkohle und anderen erdigen Ockerpigmenten wie Kasslerbraun. In seinen berühmten Gemälden, vor allem den Porträts König Karls I., erschuf er damit meisterlich eine düster-dramatische Atmosphäre. Heute wissen wir, dass diese zum Teil der Flüchtigkeit der Farbe zu verdanken ist.

Heute

Wie alle Erdpigmente ist auch Van-Dyck-Braun nicht lichtecht und ergraut nach und nach. Dennoch hat das geheimnisvolle Braun – mit veränderter Rezeptur – noch heute seinen Platz in der Malerei und erinnert uns daran, dass der Erdboden eine Vielfalt an Farbtönen für uns bereithält.

Verwendung

Van-Dyck-Braun lädt dazu ein, sich eine Farbpalette aus Erdtönen der eigenen Region zusammenzustellen. Die rustikalen Nuancen harmonieren perfekt mit authentischen Farbakzenten wie Roterde und Lehmbraun.

Farbwerte
Hex Code: #28171a
RGB: 40, 23, 46
CMYK: 63, 75, 57, 82
HSL: 349, 43%, 16%

Auch bekannt als
- Kasslerbraun
- Kölnerbraun

Häufige Assoziationen
- Tiefsinnigkeit
- Konservatismus
- Authentizität

Van-Dyck-Braun in Kunst, Design & Kultur
- *Bildnis der Marchesa Geronima Spinola* von Anthonis van Dyck, **Gemälde,** ca. 1624
- »De StraatMakers – Colours of the City«, Projekt von Atelier NL, **Forschungsprojekt,** 2019

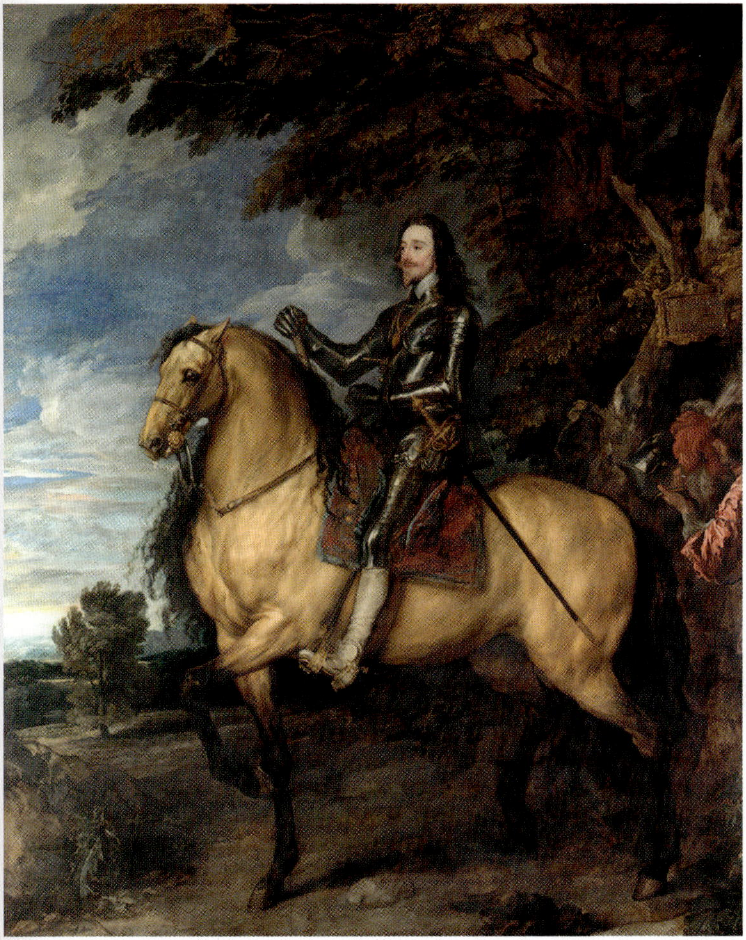

Porträt Karl I. zu Pferd von Anthonis van Dyck, 1637–1638

Umbra

Früher

Umbra zählt zu den frühesten von Menschen genutzten Pigmenten. Aufgrund ihres hohen Mangan- und Eisenoxidgehalts ist sie so beständig, dass die paläolithischen Höhlenzeichnungen im spanischen Altamira bis heute erhalten geblieben sind. Im 17. Jahrhundert mischte Rembrandt bei seiner Impasto-Technik Umbra- und Ockerlasuren mit Ruß und kreierte so eindrucksvolle Brauntöne.

Mit ihrem gelbbraunen Unterton wird Umbra als warmer, chromatischer und dunkler Farbton beschrieben. In seinem Bild *Statisch-Dynamische Steigerung* aus dem Jahr 1923 beschäftigte sich der Bauhaus-Künstler Paul Klee mit dem Verhältnis von Farben. Er lenkte die Augen des Betrachters in das Bildzentrum, indem er die dunkleren äußeren Farbfelder in satter Umbra zur Bildmitte hin in kontrastierende Felder mit kühlem Blau und warmem Orange übergehen lässt.

Heute

Als neutraler und verstärkender Farbton bringt Umbra andere kräftigere Töne zum Leuchten, was sie in der Malerei sehr beliebt macht – von den spannungsreichen Bildern Rothkos bis zu den melancholischen Werken des zeitgenössischen Künstlers Peter Doig. Mark Rothko erbat sich 1970 bei der Hängung seiner Bilder in dem nach ihm benannten Saal in der Tate Modern, die Wände in einer Mischung aus »gedecktem Weiß mit Umbra und etwas wärmendem Rot« zu streichen.*

Verwendung

Die Farbexperimente Paul Klees machen Lust, mit warmen chromatischen Farbtönen zu spielen, um den Blick bewusst zu lenken. Als Kontrast oder Highlight machen sich dazu Akzente in einem sanften, kühlen Blau gut.

Farbwerte
Hex Code: #534024
RGB: 83, 64, 36
CMYK: 49, 57, 80, 59
HSL: 36, 56%, 33%

Häufige Assoziationen
- Zeitlosigkeit
- Düsternis
- Unterstützung

Umbra in Kunst, Design & Kultur
- *Die Nachtwache* von Rembrandt van Rijn, **Gemälde,** 1642
- *Untitled (Umber, Blue, Umber, Brown)* von Mark Rothko, **Gemälde,** 1962
- *Moruga* von Peter Doig, **Gemälde,** 2002–2008

*Zitiert in Banville, John, »Temple of Mysteries: Mark Rothko«, *Tate Etc.*, Ausgabe 7, 1. Mai 2006

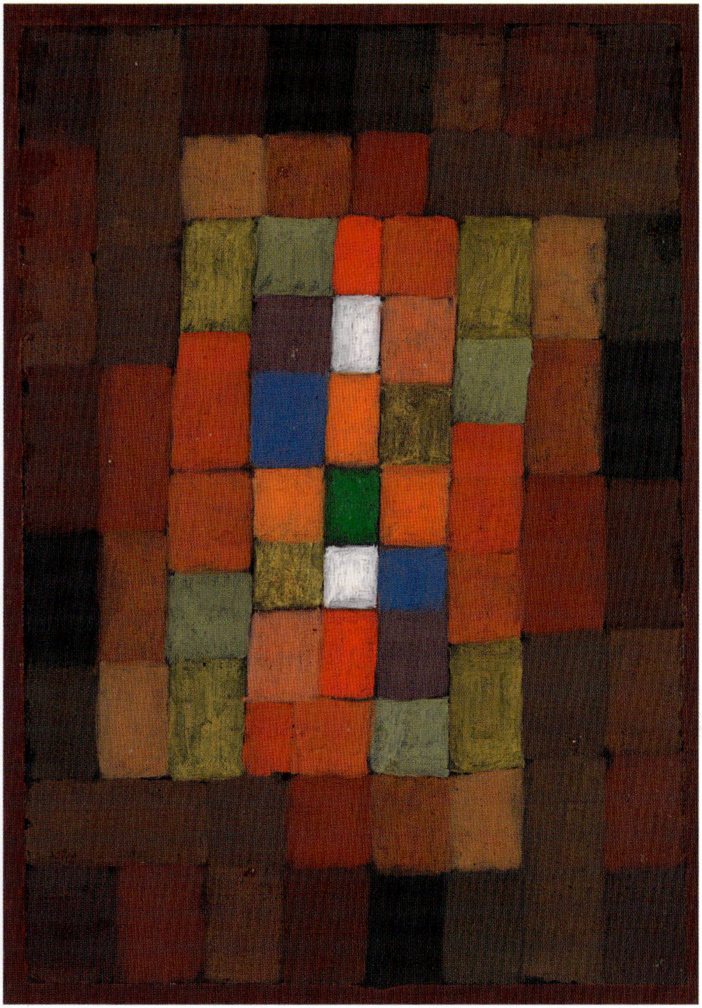

Statisch-Dynamische Steigerung von Paul Klee, 1923

Tenmoku

Früher

Die Tenmoku-Keramik wurde zunächst in den buddhistischen Tempeln im chinesischen Tianmu-Gebirge (in Japan als Tenmoku-Gebirge bezeichnet) hergestellt. Die Teeschalen wurden mit einer dunklen, eisenhaltigen Glasur aus der Asche verbrannter Pflanzen oder Pottasche und Eisenoxid lasiert. Japanische Zen-Mönche pilgerten in das Gebirge, um die rituellen Teezeremonien kennenzulernen, und brachten ihr Wissen mit zurück nach Japan. Das intensive, warme Schwarz der Tenmoku-Schalen weist typischerweise feine rostrote Haarrisse und Punkte auf, was sie als kunsthandwerkliche Unikate ausweist.

Heute

Die Tenmoku-Keramik wird heute wieder neu entdeckt, doch inzwischen beherrschen nur noch sehr wenige Keramiker die Originalherstellung. Einer der wenigen ist der Japaner Kyōsuke Hayashi, dessen Objekte weltweit in Galerien ausgestellt werden und die zeitlose Faszination dieser uralten Handwerkskunst demonstrieren.

Verwendung

In Anlehnung an die traditionelle Tenmoku-Glasur lässt sich eine attraktive Farbpalette von mittelbraunem Burnt Bark bis zu warmem Schokoladenbraun für eine wohltuend entspannende Raumgestaltung zusammenstellen.

Farbwerte
Hex Code: #341601
RGB: 52, 22, 1
CMYK: 54, 76, 78, 80
HSL: 25, 98%, 20%

Auch bekannt als
- Hasenfellglasur

Häufige Assoziationen
- Einzigartigkeit
- Zeitlosigkeit
- Seltenheit

Tenmoku in Kunst, Design & Kultur
- »Flat-Sided Bottle« von Bernard Leach, **Keramik**, 1957
- »Yōhen Tenmoku Chawan« von Kyōsuke Hayashi, **Keramik**, 2001
- »Galaxy« von Kondō Takahiro, **Keramik**, 2004

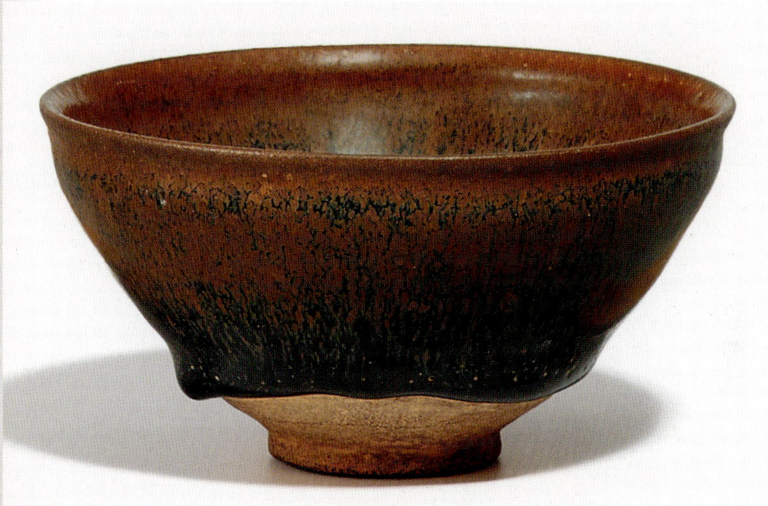

Tenmoku-Teeschale, China, Song-Dynastie, 10.–13. Jahrhundert

Siena gebrannt

Früher

Siena gehört zu den natürlichen Ocker- oder Erdtönen. Bei der Variante Siena gebrannt handelt es sich um einen warmen, rotbraunen Farbton, der durch Erhitzen des natürlichen gelblichen Ockers entsteht, wodurch ein Teil der Eisenoxide zu Hämatit umgewandelt wird. Die Bezeichnung geht auf die toskanische Stadt Siena zurück, wo das Pigment in der Renaissance in großen Mengen produziert wurde. Europäische Maler wie Caravaggio und Rembrandt brachten die Schönheit der Farbe zur Wirkung, indem sie sie verdünnten und damit Untertöne in gedämpften Rosaschattierungen sowie chromatische Brauntöne schufen. Auch im 20. Jahrhundert verwendeten Künstler wie Pierre Soulages und Howard Hodgkin in ihren kraftvollen, abstrakten Bildern Siena gebrannt. Hodgkin setzte der urwüchsigen Erdigkeit der Farbe leuchtende Töne wie synthetisches Chromgrün entgegen.

Heute

Da zum Ende des 20. Jahrhunderts die toskanischen Ockerminen fast ausgeschöpft waren, verwendete man vermehrt synthetische Eisenoxide. Heute kehren jedoch viele zeitgenössische Künstler wieder zur natürlichen Farbherstellung zurück. So verwendet die kolumbianische Designerin Laura Daza für ihre gelblichen bis rotbraunen Sienatöne regionale Erde.

Verwendung

Das satte, natürliche Rotbraun passt gut zu Produkten und Unternehmen, die für Naturnähe stehen. Gelbliche Ockertöne, gepaart mit Akzenten in Blattgrün, schaffen eine Farbharmonie voller natürlicher Wärme und lassen an wunderschöne Naturlandschaften denken.

Farbwerte
Hex Code: #8d3715
RGB: 141, 55, 21
CMYK: 29, 83, 99, 32
HSL: 17, 85%, 55%

Häufige Assoziationen
- Urwüchsigkeit
- Natürlichkeit
- Verwandlung

Siena gebrannt in Kunst, Design & Kultur
- *Opferung Isaaks* von Caravaggio, **Gemälde**, 1602
- *36* von Pierre Soulages, **Gemälde**, 1965
- *Two Figures Lying on a Bed with Attendants* von Francis Bacon, **Gemälde**, 1968

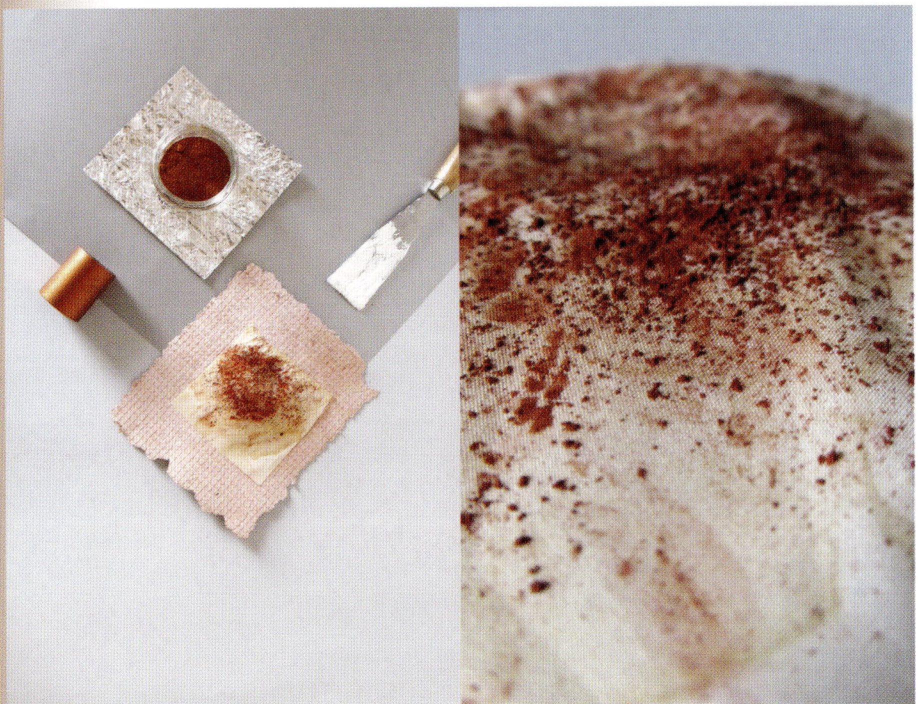

Aus der »Burnt Sienna«-Kollektion von Studio Laura Daza, 2015

Taupe

Früher

Diese nicht einfach zu beschreibende Farbe verdankt ihren Namen dem französischen Wort für »Maulwurf«. Meist wird sie als eine Art warmes Mausgrau mit gedeckten Lilaanklängen oder rötlich braunen Untertönen definiert. Zu Beginn des 20. Jahrhunderts waren Taupetöne wegen ihrer dezenten Eleganz in der Mode wie in der Wohnraumgestaltung gleichermaßen beliebt. Beeinflusst von der britischen Arts-and-Crafts-Bewegung, umfasste die Farbpalette dieser Periode gedämpfte Blau- und Grüntöne, Taupe und gedecktes Weiß. In den 1970er-Jahren erlebte Taupe ein Comeback. Es fand sich, kombiniert mit dunklen Orangetönen und goldenem Weizengelb, als allseits beliebtes Farbschema wieder – ob für Küchenmöbel oder im Spritzgussverfahren hergestellte Plastikstühle.

Heute

Gedeckte Taupetöne gewinnen seit dem Jahrtausendwechsel sowohl in der Mode als auch für die Raumgestaltung wieder an Bedeutung, wenn es darauf ankommt, ein zurückhaltendes, angenehmes Farbschema zu schaffen. Die Farbpsychologie attestiert dem Farbton eine erdende, neutrale Qualität, die Auge und Seele gleichermaßen beruhigt.

Verwendung

Taupe lässt sich mit Erdbraun, Sand- und Lehmtönen sowie zartem Avocadogrün perfekt zu einer neutralen, natürlichen und harmonischen Farbpalette kombinieren.

Farbwerte
Hex Code: #A59089
RGB: 165, 144, 137
CMYK: 35, 39, 39, 12
HSL: 16, 17%, 65%

Häufige Assoziationen
- Zurückhaltung
- Entspannung
- Fürsorglichkeit

Taupe in Kunst, Design & Kultur
- Frederick C. Robie House von Frank Lloyd Wright, **Architektur,** 1909–1910
- *Stillleben* von Giorgio Morandi, **Gemälde,** 1960
- Herrenkollektion von Rick Owens, **Mode,** Frühjahr/Sommer-Kollektion 2017

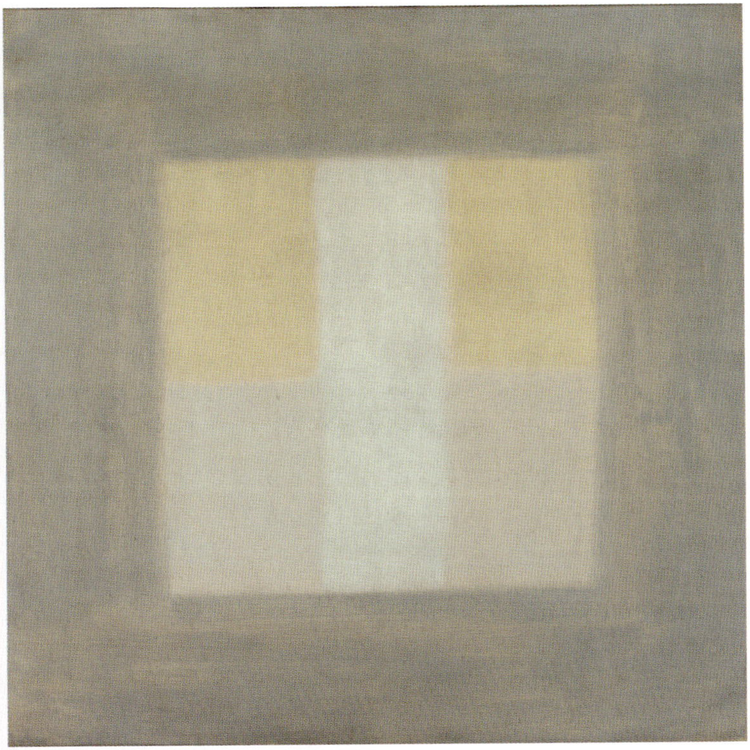

Desert Rain von Agnes Martin, 1957

Khaki

Farbwerte
Hex Code: #857856
RGB: 133, 120, 86
CMYK: 43, 40, 64, 27
HSL: 43, 35%, 52%

Häufige Assoziationen
- Nützlichkeit
- Geborgenheit
- Rebellion

Khaki in Kunst, Design & Kultur
- *The Arrival of a Leave Train, Victoria Station* von Bernard Meninsky, **Gemälde,** 1918
- Survival Jacket von Franco Moschino, **Mode,** Frühjahr/Sommer-Kollektion 1991

Früher

Die Bezeichnung Khaki ist dem Urdu, der Nationalsprache Pakistans, entlehnt und dient dort als Bezeichnung für die Farbe von Erde, Asche oder Staub. Im 19. Jahrhundert wählte Generalleutnant Sir Harry Burnett Lumsden dieses Wort als Benennung für den gelblich braunen Baumwollstoff, aus dem die Camouflage-Uniformen der britischen Soldaten an der nordwestlichen Grenze Indiens gefertigt waren. Das Färbepigment Katechu, gewonnen aus der Rinde der Gerberakazien, wurde in Indien bereits seit Urzeiten zum Färben von Kattun verwendet.

Der hohe Bedarf an Uniformen im Ersten Weltkrieg ließ die Produktion rapide ansteigen. Durch sich verändernde Färbebäder entwickelte sich das Khaki von einem Sandton in ein Olivgrün. Bis 1917 wurden rund 45 Millionen Khaki-Uniformteile aus den Schützengräben geborgen, gehäckselt, neu gewebt, genäht und wieder ausgeliefert.

Heute

Im 20. Jahrhundert avancierte Khaki zum Symbol praktischer und legerer Bekleidung, aber auch zu einem rebellischen Modetrend einzelner Subkulturen wie der Skinheads, die Khaki-Armeehosen trugen. Bei Stella McCartneys Präsentation ihrer Abschlusskollektion am Central Saint Martins College im Jahr 1995 hatte Kate Moss einen viel beachteten Auftritt in einem grünen Kamisol, pinkfarbenen Seidenstrümpfen und einem Armeehut in Khaki. Sie erhob damit den Militärfarbton zum absoluten Fashion Statement.

Verwendung

Praktische und schicke Outdoormode für sportliche Aktivitäten in der Natur verlangt geradezu nach Khaki in Kombination mit warmen und kühlen Neutraltönen.

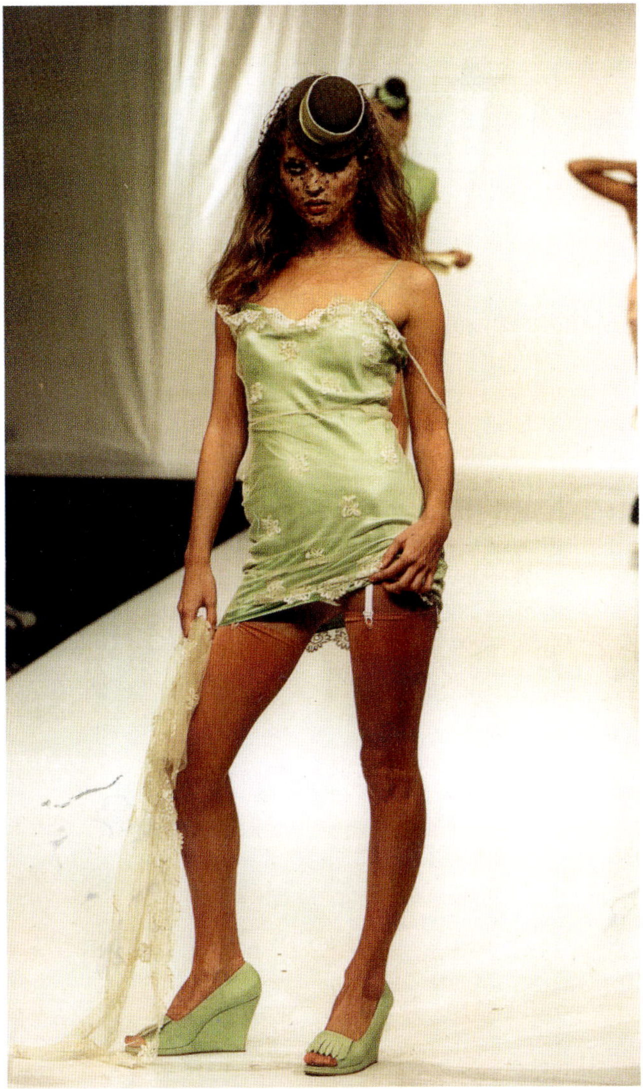

Kate Moss bei der Präsentation von Stella McCartneys Abschlusskollektion, 1995

Kartonbraun

Farbwerte
Hex Code: #d7a77c
RGB: 215, 167, 124
CMYK: 15, 37, 53, 4
HSL: 28, 42%, 84%

Häufige Assoziationen
- Schlichtheit
- Neutralität
- Sparsamkeit

Kartonbraun in Kunst, Design & Kultur
- *Bild mit Raumgewächsen – Bild mit 2 kleinen Hunden* von Kurt Schwitters, **Collage**, 1920–1939
- *Cake Lift* von Michael Johansson, **Skulptur**, 2009
- Cardboard Stool von Luisa Kahlfeldt, **Möbel**, 2016

Früher

Das gelblich warme Kartonbraun ähnelt Tönen wie Orangebraun oder Braunbeige. Im Unterschied zu diesen verweist die Bezeichnung jedoch nicht nur auf eine Farbe, sondern auch auf ein weltweit genutztes Material. Industriell produzierter Karton wird aus Holzschliff, Zellstoff und Altpapier hergestellt. Er repräsentiert Natürlichkeit und Umweltverträglichkeit.

Der günstige Preis des Kartons hat ihn zudem für die Kunst der Moderne zu einem beliebten Material gemacht. Der deutsche Künstler Kurt Schwitters wurde in den 1920er-Jahren für seine Collagen berühmt, die er unter dem Kunstmotto Merz – einem in dadaistischer Manier von Kommerz abgeleiteten Nonsenswort – aus allerlei Fundstücken und Kartonschnipseln zusammensetzte. Ein halbes Jahrhundert später ließ sich der kanadisch-amerikanische Architekt und Designer Frank Gehry von Karton zu Möbelentwürfen wie dem berühmten Wiggle Side Chair inspirieren. Er schuf damit eine leichte und preisgünstigere Alternative zu den traditionellen Möbeln der 1960er-Jahre.

Heute

Als Marketingtool steht Kartonbraun heute vor allem für Umweltbewusstsein. Als schlichtes Verpackungsmaterial signalisieren Pappkartons auf den ersten Blick Nachhaltigkeit. Die Realität jedoch sieht anders aus: Allein in den USA werden pro Jahr über 850 Millionen Tonnen Karton und Papier weggeworfen – was etwa einer Milliarde gefällter Bäume entspricht.

Verwendung

Die schlichte und ungeschönte Natürlichkeit des Kartonbrauns ist zugleich seine Stärke. Zum Bedrucken und Kombinieren eignen sich als auffällige Kontrastfarben Ockergelb und ein dunkles Türkis, neben denen der Naturton des Kartons dennoch seine Wirkung entfalten kann.

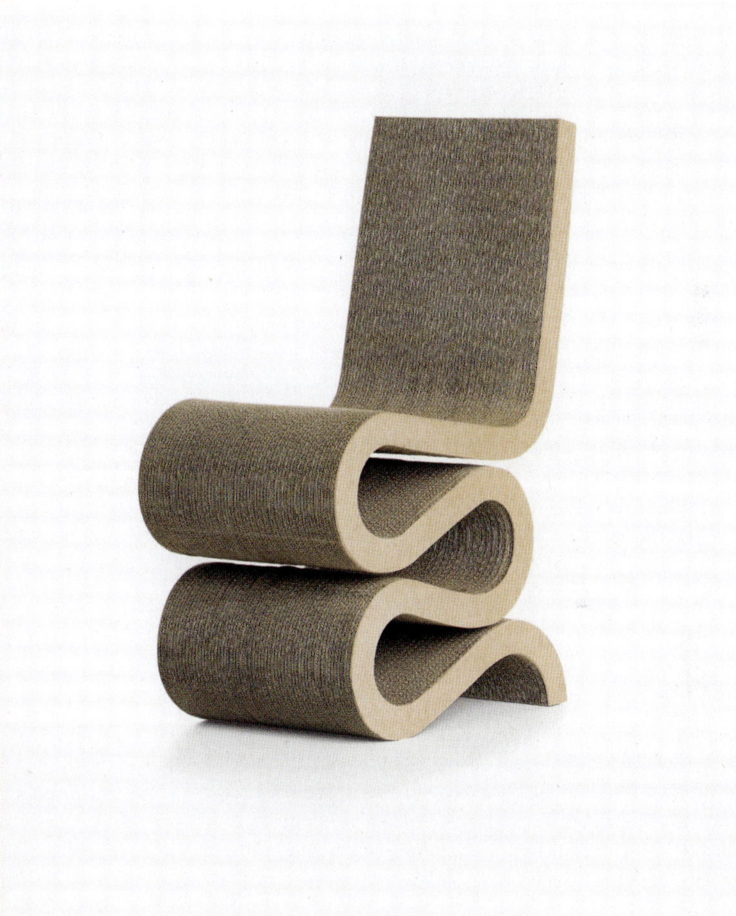

Wiggle Side Chair, entworfen von Frank Gehry, ca. 1970,
Vitra Edition, 1998 (Wellpappe, Karton & Holz)

Melanin

Früher

Melanin ist eines der ältesten und zugleich bedeutendsten Farbpigmente der Welt – es wurde bereits in den frühesten Fossilienfunden von Dinosauriern nachgewiesen. Das Pigment ist für das riesige Farbspektrum in Tierfellen, Vogelgefieder und der menschlichen Haut verantwortlich. So ist jede Sommersprosse die Folge einer lokal erhöhten Melaninproduktion unserer Haut als Schutz gegen die UV-Strahlen.

Man geht heute davon aus, dass die Haut unserer noch behaarten frühesten Urahnen sehr hell war. Der frühe Homo sapiens entwickelte jedoch Strategien, um die Körpertemperatur zu steuern, wodurch die Körperbehaarung zurückging. Dadurch wurde die Haut dunkler und hatte einen höheren Melaninspiegel, um sie vor der intensiven äquatorialen Sonnenbestrahlung zu schützen. In Regionen mit weniger ausgeprägter Sonneneinwirkung war die Haut heller, da sie ausreichend UV-Strahlung aufnehmen musste, um das für die Gesundheit und die Stabilität der Knochen wichtige Vitamin D produzieren zu können.

Heute

Das Forschungsteam der Mediated Matter Group am MIT (Massachussetts Institute of Technology) untersucht die Einsatzmöglichkeiten von Melanin in Architektur und Design. Es gelang dem Team, das Pigment aus Vogelfedern zu extrahieren und mittels modernster Labortechnologie synthetisch herzustellen. Auf diese Weise lässt es sich in ausreichenden Mengen produzieren, um es als umweltbewusste Technologie in Gebäuden einzusetzen: Mit Melanin versehene Glasflächen schützen vor Erwärmung durch übermäßige Sonneneinstrahlung, indem sie sich abdunkeln.

Farbwerte
Hex Code: #996e43
RGB: 153, 110, 67
CMYK: 30, 50, 73, 27
HSL: 30, 56%, 60%

Häufige Assoziationen
- Natürlichkeit
- Evolution
- Leistungsfähigkeit

Rechts: »Totems« von Neri Oxman und der Mediated Matter Group, 2019

Verwendung
Das Potenzial responsiven Melanins eröffnet ungeahnte Möglichkeiten im Bereich des Designs. Natürliche Farbpigmente, darunter auch Chlorophyll, sind weit mehr als nur ästhetisch ansprechende und zugleich symbolbehaftete Farbstoffe – sie gelten als Türöffner in eine Welt neuer innovativer Anwendungsmöglichkeiten.

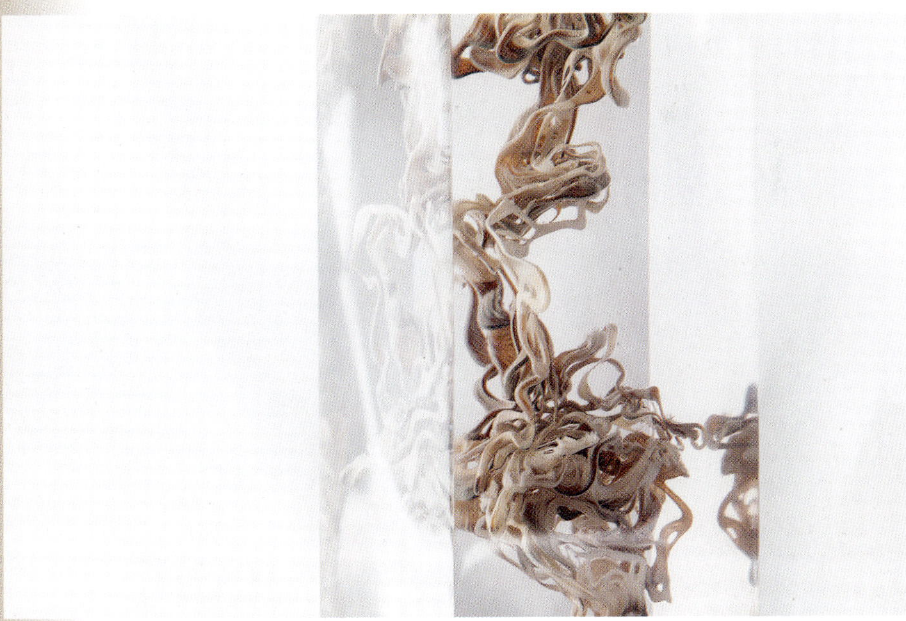

Ausgewählte Literatur

Einführung

Albers, Josef *The Interaction of Color: 50th Anniversary Edition*, New Haven and London: Yale University Press, 2013 (1963)

Cheung, Vien, Mahyar, Forough, Westland, Stephen, »Complementary Colour Harmony in Different Colour Spaces«, *International Colour Association (AIC) Conference,* Juli 2013 *https://www.researchgate.net/publication/263334546* (aufgerufen im Oktober 2020)

Chu, Alice, und Rahman, Osmud, »What Color is Sustainable? Examining the Eco-friendliness of Color«, *International Foundation of Fashion Technology Institutes Conference*, März 2010 *https://www.researchgate.net/publication/332401739_What_color_is_sustainable_Examining_the_eco-friendliness_of_color* (aufgerufen im Oktober 2020)

Eastlake, Charles L., *The Theory of Colours by Johann Wolfgang von Goethe,* erstveröffentlicht 1810

Franklin, Anna, »Origins of Color Preference – Prof. Anna Franklin, Ph.D.«, *Internationalen Konferenz Farbe im Kopf, Universität Tübingen*, September 2016 *https://www.youtube.com/watch?v=XM3eZDg6xwg* (aufgerufen im Januar 2021)

Haller, Karen, *The Little Book of Colour*, London: Penguin, 2019

Harrison, Sara, »A New Study About Color Tries to Decode The Brain's Pantone«, *Wired*, 24. November 2020 *https://www.wired.com/story/a-new-study-about-color-tries-to-decode-the-brains-pantone* (aufgerufen am 10. Dezember 2020)

Itten, Johannes, *The Art of Color: The Subjective Experience and Objective Rationale of Color*, New York: John Wiley & Sons, 2001 (1961)

Jongerius, Hella, *I Don't Have a Favourite Colour*, Berlin: Gestalten, 2006

Loske, Alexandra, *Die Geschichte der Farben*, München, London, New York: Prestel, 2019

Klee, Paul, »On Modern Art«, Kunstverein, Jena, 26. Januar 1924, übers. Paul Findlay in *Paul Klee: On Modern Art*, London: Faber & Faber, 1948

Street, Ben, *Art Unfolded: A History of Art in Four Colours*, London: Ilex, 2018

Wohlfarth, Harry, und Sam, Catherine, »The Effect of Color Psychodynamic Environmental Modification upon Psychophysiological and Behavioral Reactions of Severely Handicapped children«, *The International Journal of Biosocial Research*, Bd. 3, Nr. 1, 1982

Wright, Angela, *Beginner's guide to Colour Psychology*, London: Colour Affects, 1998

Rot

Amar, Zohar, Gottlieb, Hugo, Iluz, David, und Varshavsky, Lucy, »The Scarlet Dye of the Holy Land«, *BioScience*, Bd. 55, H. 12, Dezember 2005 *https://academic.oup.com/bioscience/article/55/12/1080/407161* (aufgerufen im Juli 2020)

Coles, David, *Farbpigmente: 50 Farben und ihre Geschichte*, Bern: Haupt, 2019

Geeraert, Amélie, »Traditional Meanings of Colors in Japanese Culture«, *Kokoro*, 15. Juni 2020 *https://kokoro-jp.com/culture/298* (aufgerufen am 1. August 2020)

»In Search of Forgotten Colours: Sachio Yoshioka and the Art of Natural Dyeing«, Victoria and Albert Museum, 6. Juni 2018 *https://www.youtube.com/watch?v=7OiG-WjbCQA* (aufgerufen im August 2020)

Isehan Honten, »Beni: A Special Red Color Extracted from Safflower« *https://www.isehanhonten.co.jp/*en/*about* (aufgerufen im Oktober 2020)

Kaukas-Havenhand, Lucinda, *Mid-Century Modern Interiors: The Ideas that Shaped Interior Design in America*, London: Bloomsbury, 2019

Larking, Matthew, »Genta Ishizuka: Beneath and On the Surface«, *Japan Times*, 13. August 2019 *https://www.japantimes.co.jp/culture/2019/08/13/arts/genta-ishizuka-beneath-surface* (aufgerufen im August 2020)

Liles, J. N., *The Art and Craft of Natural Dyeing*, Knoxville: University of Tennessee Press, 1990

Nelson, Kate Megan, »A Brief History of the Stoplight«, *Smithsonian*, Mai 2018 *https://www.smithsonianmag.com/innovation/brief-history-stoplight-180968734* (aufgerufen im September 2020)

Oxford Psychology Team, »Seeing Red at the Olympics«, *Oxford Education Blog,* 1. September 2016 *https://educationblog.oup.com/secondary/psychology/seeing-red-at-the-olympics* (aufgerufen im August 2020)

Pastoureau, Michel, *Red: The History of a Color*, Princeton: Princeton University Press, 2016

Phipps, Elena, *Cochineal Red: The Art History of a Color*, New York: Metropolitan Museum of Art/Yale University Press, 2010

Spindler, Ellen, »The Story of Cinnabar and Vermilion (HgS) at The Met«, *Met Museum*, 28. Februar 2018 *https://www.metmuseum.org/blogs/collection-insights/2018/cinnabar-vermilion* (aufgerufen im Juli 2020)

Travis, Anthony S., »Madder Red: A Revolutionary Colour«, *Chemistry & Industry*, via Colorant History, 3. Januar 1994 *http://www.colorantshistory.org/MadderRed.html* (aufgerufen im November 2020)

Viegas, Jen, »Why is the Colour Red so Powerful«, *Seeker*, 2015 *https://www.seeker.com/why-is-the-color-red-so-powerful-photos-1769836764.html* (aufgerufen im August 2020)

Wininger, Aaron, »China's Supreme Court Rules in Favor of Christian Louboutin's Red Sole Trademark«, *The National Law Review,* 18. Februar 2020 *https://www.natlawreview.com/article/china-s-supreme-court-rules-favor-christian-louboutin-s-red-sole-trademark* (aufgerufen im Januar 2021)

Orange

Atelier Éditions (Hg.), *An Atlas of Rare and Familiar Colour: The Harvard Art Museums' Forbes Pigment Collection*, Los Angeles: Atelier Éditions, 2019

Baker, Logan, »Manipulating the Audience's Emotions with Color«, *Premium Beat*, 2. August 2016 *https://www.premiumbeat.com/blog/manipulate-emotions-with-color-in-film* (aufgerufen im Oktober 2020)

Blumberg, Jess, »A Brief History of the Amber Room«, *Smithsonian*, 31. Juli 2007 *https://www.smithsonianmag.com/history/a-brief-history-of-the-amber-room-160940121* (aufgerufen im Oktober 2020)

Chapman, John, und Gaydarska, Bisserka, »The Aesthetics of Colour and Brilliance«, *Geoarchaeology and Archaeomineralogy Conference*, 2008 *http://citeseerx.ist.psu.edu/viewdoc/download?doi=10.1.1.548.8669&rep=rep1&type=pdf* (aufgerufen im Oktober 2020)

Coles, David, *Farbpigmente: 50 Farben und ihre Geschichte*, Bern: Haupt, 2019

»Conservators Struggle to Preserve True Original Colors of China's Terracotta Warriors«, *Southern Weekly – Global Times*, 10. Oktober 2017 *https://www.globaltimes.cn/content/1069632.shtml* (aufgerufen im Oktober 2020)

»Japanese Traditional Colors«, Kidoraku Japan *http://kidorakujapan.com/know/others_color.html* (aufgerufen im Oktober 2020)

Maerz, Aloys John, und M. Rea, *A Dictionary of Color,* New York: McGraw-Hill, 1930

»Orange Light Helps Thinking«, *Science Learning Hub*, 10. März 2014 *https://www.sciencelearn.org.nz/resources/2290-orange-light-helps-thinking* (aufgerufen im Oktober 2020)

Salamone, Lorenzo, »The History of the Most Iconic Color of Luxury«, *NSS Magazine*, 7. Juni 2020 *https://www.nssmag.com/en/fashion/22580/hermes-packaging-orange* (aufgerufen im Oktober 2020)

Schüler, C. J., *Along the Amber Route: From St. Petersburg to Venice,* Inverness: Sandstone Press, 2020

Yates, Julian, »Orange« in *Prismatic Ecology: Ecotheory Beyond Green* (Hg.), Jeffery Jerome Cohen, Minneapolis: University of Minnesota Press, 2013

Gelb

Atelier Éditions (Hg.), *An Atlas of Rare and Familiar Colour: The Harvard Art Museums' Forbes Pigment Collection*, Los Angeles: Atelier Éditions, 2019

Ball, Philip, *Bright Earth*, Kindle Edition: Vintage Digital, August 2012

Chatterjee, Meeta, »Khadi: The Fabric of the Nation in Raja Rao's Kanthapura«, *New Literatures Review*, H. 36, Juni 2000

Griffith, Ralph T. H. (übers.), *The Rig Veda*, Santa Cruz: Evinity Publishing, März 2009

Han, Jing, »Imperial Yellow: A Costume Colour at the Top of the Social Hierarchy«, *The Asia Dialogue,* 22 Juli 2015 *https://theasiadialogue.com/2015/07/22/imperial-yellow-a-costume-colour-at-the-top-of-the-social-hierarchy* (aufgerufen im September 2020)

Harley, Rosamond D., *Artists' Pigments c.1600–1835*, London: Butterworth & Co., 1970

Hulsey, John, und Trusty, Ann, »Turner's Mysterious Yellow«, *Artists Network* *https://www.artistsnetwork.com/art-subjects/plein-air/turners-mysterious-yellow* (aufgerufen im September 2020)

»Indian Yellow«, *Bulletin of Miscellaneous Information (Royal Botanic Gardens, Kew)*, Nr. 39, 1890 *www.jstor.org/stable/4111404* (aufgerufen im September 2020)

Maerz, Aloys John, und M. Rea, *A Dictionary of Color,* New York: McGraw-Hill, 1930

Potts, Lauren, und Rimmer, Monica, »The Canary Girls: The Workers the War Turned Yellow«, *BBC News*, 20. Mai 2017 *https://www.bbc.co.uk/news/uk-england-39434504* (aufgerufen im September 2020)

Prance, Ghillean T., und Nesbitt, Mark, *The Cultural History of Plants*, New York: Routledge, 2005

Ravenscroft, Tom, »Grey Brick and Yellow Polycarbonate Contrast to Create Striking Peckham Primary School«, *Dezeen*, 27. Juli 2020 *https://www.dezeen.com/2020/07/27/bellenden-primary-school-peckham-cottrell-vermeulen-architecture* (aufgerufen im September 2020)

St. Clair, Kassia, *Die Welt der Farben,* Hamburg: Atlantik, 2019

Thorpe, Harriet, »This Year's Dulwich Pavilion is Inspired by Nigerian Fabric Markets«, *Wallpaper,* 3. Juni 2019 *https://www.wallpaper.com/architecture/dulwich-pavilion-2019-pricegore-yinka-ilori-london* (aufgerufen im September 2020)

Welbourne, Lauren, »Human Colour Perception Changes Between Seasons«, *Current Biology*, Bd. 25, H. 15, 3. August 2015 *https://www.cell.com/current-biology/fulltext/S0960-9822(15)00724-1* (aufgerufen im September 2020)

Whybrow, Kayleigh, »Influencing Learning with the Psychology of Colour«, *Building 4 Education*, 26. August 2017 *https://b4ed.com/Article/influencing-learning-with-the-psychology-of-colour* (aufgerufen im September 2020)

Wilkinson, Tom, »Gilt Complex: Buildings that Glitter«, *Architectural Review*, 3. September 2019 *https://www.architectural-review.com/essays/gilt-complex-buildings-that-glitter* (aufgerufen im Oktober 2020)

Grün

Ball, Philip, *Bright Earth*, Kindle Edition: Vintage Digital, August 2012

Barton, Chris, *The Day-Glo Brothers*, Watertown: Charlesbridge Publishing, 2009

Becker, Doreen, *Color Trends and Selection for Product Design*, Norwich: William Andrew, 2016

Berry, Jennifer, »What Are the Benefits of Chlorophyll?«, *Medical News Today,* 4. Juli 2018 *https://www.medicalnewstoday.com/articles/322361* (aufgerufen im September 2020)

Coles, David, *Farbpigmente: 50 Farben und ihre Geschichte*, Bern: Haupt, 2019

Ferro, Shaunacy, »This Is the Most Visible Color in the World«, *Mental Floss*, 10. Mai 2017 *https://www.mentalfloss.com/article/500751/most-visible-color-world* (aufgerufen im Juli 2020)

Finlay, Victoria, *Color: A Natural History of the Palette*, New York: Ballantine, 2002

Gerritsen, Anne, und Riello, Giorgio, *The Global Lives of Things: The Material Culture of Connections in the Early Modern World*, New York: Routledge, 2015

Higham, James P., »All the Colors That Human Vision Neglects«, *The Atlantic*, 7. Februar 2018 *https://www.theatlantic.com/science/archive/2018/02/seeing-red/552473* (aufgerufen im September 2020)

Lee, David, *Nature's Palette: The Science of Plant Color*, Chicago: University of Chicago Press, 2010

»Life Seacolors: Demonstration of New Natural Dyes from Algae as Substitution of Synthetic Dyes Actually Used by Textile Industries«, *European Union Life Projects*, 3. Newsletter, 1. Juli 2016 *https://ec.europa.eu/environment/life/project/Projects/index.cfm?fuseaction=search.dspPage&n_proj_id=5017* (aufgerufen im Sept. 2020)

Maerz, Aloys John, und M. Rea, *A Dictionary of Color,* New York: McGraw-Hill, 1930

Nierenberg, Cari, »A Green Scene Sparks our Creativity«, *NBC News*, 28. März 2012 *https://www.nbcnews.com/health/body-odd/green-scene-sparks-our-creativity-flna578364* (aufgerufen im Juli 2020)

Oakley, Howard, »Pigment: The unusual green of Malachite«, *The Eclectic Light Company*, 1. Juni 2018 *https://eclecticlight.co/2018/06/01/pigment-the-unusual-green-of-malachite* (aufgerufen im Juli 2020)

Pastoureau, Michel, *Red: The History of a Color*, Princeton: Princeton University Press, 2016

Pritchard, Emma-Louise, »The Real Reason Wine and Beer Bottles are Only Ever Brown or Green«, *Country Living*, 9. März 2017 *https://www.countryliving.com/uk/create/food-and-drink/news/a1465/reason-wine-beer-bottles-brown-green* (aufgerufen im Juli 2020)

»Textile Produced from Algae«, *Sustainable Fashion*, 2. April 2020 *https://www.sustainablefashion.earth/type/recycling/textile-produced-from-algae* (aufgerufen im September 2020)

»Urban Algae Folly«, *ecoLogic Studio at Expo Milan* 2015, 23. Mai 2015 *https://www.youtube.com/watch?v=os2ZznTTIYA* (aufgerufen im September 2020)

Ziegler, Chris, »Toyota's Weird, Bright Green Prius Uses Science to Stay Cooler in the Sun«, *The Verge*, 12. Februar 2016 *https://www.theverge.com/2016/2/12/10979166/toyota-thermo-tect-lime-green-prius-sun-heat* (aufgerufen im August 2020)

Blau

Ball, Philip, »*Bright Earth*«, Kindle Edition: Vintage Digital, August 2012

»Blue Light Has a Dark Side«, *Harvard Health Publishing*, Mai 2012; aktualisiert 7. Juli 2020 *https://www.health.harvard.edu/staying-healthy/blue-light-has-a-dark-side* (aufger. im August 2020)

Brown, D., Barton, J., und Gladwell, V., »Viewing Nature Scenes Positively Affects Recovery of Autonomic Function Following Acute-Mental Stress«, *Environmental Science & Technology*, 4. Juni 2013 *https://www.ncbi.nlm.nih.gov/pmc/articles/PMC3699874* (aufgerufen im Februar und Juni 2020)

Cascone, Sarah, »The Chemist Who Discovered the World's Newest Blue Explains Its Miraculous Properties«, *Artnetnews*, 20. Juni 2016 *https://news.artnet.com/art-world/yinmn-blue-to-be-sold-commercially-520433* (aufger. im Februar 2020)

Cifuentes, Beatriz, und Vignelli, Massimo, *Design: Vignelli: Graphics, Packaging, Architecture, Interiors, Furniture, Products*, New York: Rizzoli International Publications, 2018

Coles, David, *Farbpigmente: 50 Farben und ihre Geschichte*, Bern: Haupt, 2019

Geldof, Muriel, und Steyn, Lise, »Van Gogh's Cobalt Blue: Van Gogh's Studio Practice«, *Mercatorfonds*, Juli 2013 *https://www.researchgate.net/publication/304626297_Van_Gogh's_Cobalt_Blue* (aufger. im Juli 2020)

Koddenberg, Matthias, *Yves Klein: In/Out Studio*, Dortmund: Verlag Kettler, 2016

Loske, Alexandra, *Die Geschichte der Farben*, München, London, New York: Prestel, 2019

Maerz, Aloys John, und M. Rea, *A Dictionary of Color*, New York: McGraw-Hill, 1930

McCouat, Philip, »Prussian Blue and Its Partner in Crime«, *Journal of Art in Society*, 2014 *http://www.artinsociety.com/prussian-blue-and-its-partner-in-crime.html* (aufgerufen im Juli 2020)

McKinley, Catherine, *Indigo*, London: Bloomsbury, 2011

Meier, Allison, »Lapis Lazuli: A Blue More Precious than Gold«, *Hyperallergic*, 5. August 2016 *https://hyperallergic.com/315564/lapis-lazuli-a-blue-more-precious-than-gold* (aufgerufen im Februar 2020)

Morris, William, *The Collected Letters of William Morris, Vol. I: 1848–1880*, Hg. Norman Kelvin, Princeton: Princeton University Press, 2014

Pappas, Stephanie, »Oldest Indigo-Dyed Fabric Ever Is Discovered in Peru«, *Live Science*, 14. Sept. 2016 *https://www.livescience.com/56099-oldest-indigo-dyed-fabric-discovered- peru.html* (aufgerufen im März 2020)

Penrose, Nancy L., »Curious Blue«, *Hand and Eye Magazine*, 19. September 2012 *http://handeyemagazine.com/content/curious-blue* (aufgerufen im Februar 2020)

Roy, Ashok, »Monet's Palette in the Twentieth Century: ›Water-Lilies‹ and ›Irises‹«, *The National Gallery Technical Bulletin*, Bd. 28, 2007 *https://www.nationalgallery.org.uk/upload/pdf/roy2007.pdf* (aufgerufen im März 2020)

St. Clair, Kassia, *Die Welt der Farben*, Hamburg: Atlantik, 2019

Street, Ben, *Art Unfolded: A History of Art in Four Colours*, London: Ilex, 2018

Taggart, Emma, »The History of the Color Blue: From Ancient Egypt to the Latest Scientific Discoveries«, *My Modern Met*, 12. Februar 2018 *https://mymodernmet.com/shades-of-blue-color-history* (aufgerufen am 22. Februar 2020)

Rosa & Violett

Atkinson, Diane, *The Purple, White & Green: Suffragettes in London 1906–14*, London: Museum of London, 1992

Becker, Doreen, *Color Trends and Selection for Product Design*, Norwich: William Andrew, 2016

»Colour Coded«, *Faber Futures*, 2018 *https://faberfutures.com/projects/project-coelicolor/colour-coded* (aufgerufen am 12. Februar 2020)

Garfield, Simon, *Mauve: How One Man Invented a Colour that Changed the World*, London: W. W. Norton & Company, 2002

Gilliam, James E., und Unruh, David, »The Effects of Baker-Miller Pink on Biological, Physical and Cognitive Behaviour«, *Journal of Orthomolecular Medicine,* Bd. 3, Nr 4, 1988 *http://www.orthomolecular.org/library/jom/1988/pdf/1988-v03n04-p202.pdf* (aufgerufen im Februar 2020)

Hofmeister, Sandra, »What Colour Was the Bauhaus?« *Kvadrat Interwoven* *http://kvadratinterwoven.com/colours-at-bauhaus* (aufgerufen im März 2020)

Jongerius, Hella, *I Don't Have a Favourite Colour*, Berlin: Gestalten, 2006

Kandinsky, Nina, *Kandinsky und Ich*, Kindle-Version: München, 1976

Liffreing, Ilyse, »Millennial Pink: A Timeline for the Color that Refuses to Fade«, *DigiDay*, 31. Juli 2017 *https://digiday.com/marketing/millennial-pink-timeline-color-refuses-fade* (aufgerufen im Februar 2020)

Maerz, Aloys John, und M. Rea, *A Dictionary of Color,* New York: McGraw-Hill, 1930

Rizzo, Alice, »Coronavirus: The Posters Spreading Kindness Across London«, *BBC News*, 17. April 2020 *https://www.bbc.co.uk/news/uk-england-london-52315966* (aufgerufen im Juni 2020)

Schauss, A. G., »Tranquilising Effect of Colour Reduces Aggressive Behaviour and Potential Violence, in Orthomolecular Psychiartry«, *International Journal of Biosocial and Medical Research*, Bd. 8, Nr. 4, 25. Mai 1985 *https://www.researchgate.net/publication/242777200_Tranquilizing_Effect_of_Color_Reduces_Aggressive_Behavior_and_Potential_Violence* (aufgerufen im Februar 2020)

St. Clair, Kassia, *Die Welt der Farben,* Hamburg: Atlantik, 2019

Stavely-Wadham, Rose, »Beetroot, Barley and Brilliantine: Historic Makeup Tips and Tricks from the British Newspaper Archive«, *British Newspaper Archive,* 7. September 2020 *https://blog.britishnewspaperarchive.co.uk/2020/09/07/historic-makeup-tips-and-tricks* (aufgerufen im September 2020)

Steele, Valerie (Hg.), *Pink: The History of a Punk, Pretty, Powerful Color*, London: Thames & Hudson, 2018

Thavapalan, Shiyanthi, und Warburton, David A. (Hg.), *The Value of Colour: Material and Economic Aspects in the Ancient World*, Berlin: Edition Topoi, 2020

Uffindell, Andrew, »Austro-Sardinian War: Battle of Magenta«, *Military History*, Juni 1996 *https://www.historynet.com/austro-sardinian-war-battle-of-magenta.htm* (aufgerufen im Februar 2020)

»UNESCO World Heritage Bauhaus Houses with Balcony Access in Dessau«, *Bauhaus Dessau* *https://www.bauhaus-dessau.de/en/talks/houses-with-balcony-access.html* (aufgerufen im Juni 2020)

Weiß & Weißtöne

Atelier Éditions (Hg.), *An Atlas of Rare and Familiar Colour: The Harvard Art Museums' Forbes Pigment Collection*, Los Angeles: Atelier Éditions, 2019

Buckley-Jones, Kiera, »All Your Questions about Eco-Friendly Paints Answered«, *Elle Decoration*, 10. Juni 2020 *https://www.elledecoration.co.uk/decorating/a32767488/all-your-questions-about-eco-friendly-paints-answered* (aufgerufen im September 2020)

Cleaver, Emily, »Against All Odds, England's Massive Chalk Horse Has Survived 3,000 Years«, *Smithsonian*, 6. Juli 2017 *https://www.smithsonianmag.com/history/3000-year-old-uffington-horse-looms-over-english-countryside-180963968* (aufgerufen im September 2020)

Coles, David, *Farbpigmente: 50 Farben und ihre Geschichte*, Bern: Haupt, 2019

Eisler, Maryam, und Pawson, John, »At Home with the Master of Minimalism: John Pawson«, *Lux Magazine*, 2018 *https://www.lux-mag.com/john-pawson* (aufgerufen im September 2020)

Hara, Kenya, *Weiß*, Baden: Lars Müller, 2010

Hutchings, Freya, »Next Generation: Elissa Brunato's Bio Iridescent Sequin Shimmers with Nature«, *Next Nature*, 29. Januar 2020 *https://nextnature.net/2020/01/interview-elissa-brunato* (aufgerufen im September 2020)

Kinoshita, Shuichi, und Yoshioka, Shinya, *Structural Colors in Biological Systems*, Osaka: Osaka University Press, 2005

Logan, Jason, *Make Ink: Ein Leitfaden zur Herstellung natürlicher Tinte*, Berlin: Haffmans & Tolkemitt, 2019

McGrath, Katherine, »These Are the Best-Selling Sherwin-Williams Paint Colors«, *Architectural Digest*, 6. Juli 2017 *https://www.architecturaldigest.com/story/best-sherwin-williams-paint-colors* (aufgerufen im Oktober 2020)

McKie, Robin, »Earth has Lost 28 Trillion Tonnes of Ice in Less Than 30 Years«, *The Guardian*, 23. August 2020 *https://www.theguardian.com/environment/2020/aug/23/earth-lost-28-trillion-tonnes-ice-30-years-global-warming* (aufgerufen im September 2020)

Nansen, Fridtjof, *In Nacht und Eis: die norwegische Polarexpedition*, Wiesbaden: Edition Erdmann, 2020 (1897)

Pawson, John, »White on White«, *John Pawson Journal*, Januar 2016 *http://www.johnpawson.com/journal/white-on-white* (aufgerufen im September 2020)

Saftig, Steven, »Lunar White Move: A Conversation with Sonos's Design Director of Color, Material, Finish«, Sonos, 2020 *https://blog.sonos.com/en-gb/move-lunar-white* (aufger. im Nov. 2020)

Grau & Schwarz

Atelier Éditions (Hg.), *An Atlas of Rare and Familiar Colour: The Harvard Art Museums' Forbes Pigment Collection*, Los Angeles: Atelier Éditions, 2019

Brill, Robert H., »The Chemical Interpretation of the Texts«, *Glass and Glassmaking in Ancient Mesopotamia*, Hg. Leo Oppenheimer, via The Corning Museum of Glass, 1970 *https://www.cmog.org/sites/default/files/collections/EE/EECF0FB5-8390-48EA-8B17-0050D4AADB3F.pdf* (aufgerufen im Juli 2020)

Coles, David, *Farbpigmente: 50 Farben und ihre Geschichte*, Bern: Haupt, 2019

Hitti, Natashah, »Hyundai Unveils Electric Vehicle Concept that Looks like a ›Perfectly Weathered Stone‹«, *Dezeen*, 5. März 2020 *https://www.dezeen.com/2020/03/05/hyundai-prophecy-electric-vehicle-concept* (aufgerufen im Sept. 2020)

Imbabi, Mohammed S., Carrigan, Collette, und McKenna, Sean, »Trends and Developments in Green Cement and Concrete Technology«, *International Journal of Sustainable Built Environment*, Bd. 1, H. 2, Dezember 2012 *https://www.sciencedirect.com/science/article/pii/S2212609013000071* (aufgerufen im Juli 2020)

Katona, Brian G., Siegel, Earl G., und Cluxton, Robert J. Jr, »The New Black Magic: Activated Charcoal and New Therapeutic Uses«, *The Journal of Emergency Medicine*, Bd. 5, H. 1, 1987 *https://www.sciencedirect.com/science/article/abs/pii/0736467987900047* (aufgerufen im Oktober 2020)

Logan, Jason, *Make Ink: Ein Leitfaden zur Herstellung natürlicher Tinte*, Berlin: Haffmans & Tolkemitt, 2019

Maerz, Aloys John, und M. Rea, *A Dictionary of Color*, New York: McGraw-Hill, 1930

»›Modern Nature‹ Exhibit Explores Georgia O'Keeffe's Love Affair With The Adirondacks«, *HuffPost*, (aktual.) 6. Dez. 2017 *https://www.huffpost.com/entry/modern-nature-georgia-oke_n_4044942* (aufgerufen im Januar 2021)

Saunders, Nicholas J., »A Dark Light: Reflections on Obsidian in Mesoamerica«, *World Archaeology Bd. 33*, New York: Routledge, 2001 *https://www.academia.edu/2424264/A_Dark_Light_Reflections_on_Obsidian_in_Mesoamerica* (aufgerufen am 17. September)

Sharma, Nisha, Agarwal, Anuja, Negi, Y. S., Bhardwaj, Hemant, und Jaiswal, Jatin, »History and Chemistry of Ink: A Review«, *World Journal of Pharmaceutical Research*, Bd. 3, H. 4, 2014 *https://wjpr.net/admin/assets/article_issue/1404208081.pdf* (aufgerufen im September 2020)

Stathaki, Ellie, »Step Inside Asif Khan's Dark Pavilion for the Winter Olympics«, *Wallpaper*, 7. Februar 2018 *https://www.wallpaper.com/architecture/asif-khan-pavilion-winter-olympics-south-korea-2018* (aufgerufen im September 2020)

Stengel, Jim, »Jack Daniel's Secret: The History of the World's Most Famous Whiskey«, *The Atlantic*, 9. Januar 2012 *https://www.theatlantic.com/business/archive/2012/01/jack-daniels-secret-the-history-of-the-worlds-most-famous-whiskey/250966* (aufgerufen im September 2020)

Webb, Marcus, »Shifting Sands«, *Delayed Gratification*, H. 36, 2019

Winston, Anna, »Young Designers Are Making Aluminium ›More Desirable‹ for Collectors«, *Dezeen*, 16. Mai 2019 *https://www.dezeen.com/2019/05/16/aluminium-furniture-design-collectors* (aufgerufen im Juli 2020)

Braun

Atelier Éditions (Hg.), *An Atlas of Rare and Familiar Colour: The Harvard Art Museums' Forbes Pigment Collection*, Los Angeles: Atelier Éditions, 2019

Ball, Philip, *Bright Earth*, Kindle Edition: Vintage Digital, August 2012

Becker, Doreen, *Color Trends and Selection for Product Design*, Norwich: William Andrew, 2016

»Benjamin Brecknell Turner – Working Methods«, Victoria & Albert Museum *https://www.vam.ac.uk/articles/benjamin-brecknell-turner-working-methods* (aufgerufen im Oktober 2020)

Coles, David, *Farbpigmente: 50 Farben und ihre Geschichte*, Bern: Haupt, 2019

Dejoie, C., Sciau, P., Li, W. *et al.*, »Learning from the Past: Rare ε-Fe_2O_3 in the Ancient, Black-Glazed Jian (*Tenmoku*) Wares«, *Nature Briefing, Scientific Reports*, Bd. 4, 13. Mai 2014 *https://www.nature.com/articles/srep04941* (aufgerufen im Oktober 2020)

Grovier, Kelly »Umber: The Colour of Debauchery«, *BBC News*, 19. September 2018 *https://www.bbc.com/culture/article/20180919-umber-the-colour-of-debauchery* (aufgerufen im Oktober 2020)

Karagiannidou, Evrykleia G., »Colors in the Prehistoric and Archaic Era«, *Chemical Chronica/Association of Greek Chemists* (EEX) via *Chemistry Views*, 6. März 2018 *https://www.chemistryviews.org/details/ezine/10872110/Colors_in_the_Prehistoric_and_Archaic_Era.html* (aufgerufen im Oktober 2020)

Klee, Paul, *The Thinking Eye*, Notebooks Bd. 1, London: Percy Lund, Humphries & Co., Ltd, 1961

Loske, Alexandra, *Die Geschichte der Farben*, München, London, New York: Prestel, 2019

Moriarty, Catherine, »Dust to Dust: A Particular History of Khaki«, *Textile The Journal of Cloth and Culture*, November 2010 *https://www.researchgate.net/publication/233680235_Dust_to_Dust_A_Particular_History_of_Khaki* (aufgerufen im Oktober 2020)

Plank, Melanie, »How Sustainable Is Paper And Cardboard Packaging?«, *Common Objective*, Januar 2020 *https://www.commonobjective.co/article/how-sustainable-is-paper-and-cardboard-packaging* (aufgerufen im Oktober 2020)

St. Clair, Kassia, *Die Welt der Farben*, Hamburg: Atlantik, 2019

West FitzHugh, Elisabeth (Hg.), *Artists' Pigments: A Handbook of Their History and Characteristics*, Bd. 3, Washington: National Gallery of Art, 199

Zitate

8
Eastlake, Charles L., *Goethe's Theory of Colours*, London: John Murray, 1840

12
Jongerius, Hella, *I Don't Have a Favourite Colour*, Berlin: Gestalten, 2006

29
Albers, Josef, *The Interaction of Color: 50th Anniversary Edition*, New Haven and London: Yale University Press, 2013 (1963)

34
Kerouac, Jack, *Unterwegs*, Reinbek/Hamburg: Rowohlt TB, 41. Aufl. 2006, S. 98 f.

41
Itten, Johannes, *The Art of Color: The Subjective Experience and Objective Rationale of Color*, New York: John Wiley & Sons, 2001 (1961)

76–77
Stein, Gertrude, *Picasso*, New York: Dover Publications, 2000 (1938)

194–195
Koddenberg, Matthias, *Yves Klein: In/Out Studio*, Dortmund: Verlag Kettler, 2016

212–213
Ball, Philip, *Bright Earth*, Kindle Edition: Vintage Digital, August 2012

222
Schiaparelli, Elsa, *Shocking Life: The Autobiography of Elsa Schiaparelli*, London: V&A, 2007

Register

Bildnachweis

Der Verlag möchte sich bei folgenden Personen für die Bereitstellung von Bildern zur Verwendung in diesem Buch bedanken:

13 m. frd. Genehm. Galerie kreo. Foto © Sylvie Chan-Liat; 16 Studio Olafur Eliasson Boros Collection, Deutschland. Foto: María del Pilar García Ayensa; 18 Karl Gaff/Science Photo Library; 27 © The Josef and Anni Albers Foundation/DACS 2021. Image: Yale University Press; 31 Mint Images Ltd/Alamy Stock Photo; 43 Wikimedia/Creative Commons Attribution-Share Alike 3.0 © 2007 Jacob Rus, 2007; 45 Mika Baumeister/Unsplash; 55 m. frd. Genehm. Agnė Kučerenkaitė; 56 Foto: Cyrille Wiener; 59 Library of Congress, Department of Prints and Drawings; 61 album/Alamy Stock Photo; 63 Illustration m. frd. Genehm. von Shepard Fairey/Obeygiant.com; 65 Metropolitan Museum of Art, New York, Geschenk von George D. Pratt, 1930; 67 akg-images; 69 m. frd. Genehm. von ARTCOURT Gallery. Foto: Takeru Koroda; 71 Robert Harding/Alamy Stock Photo; 73 © Banco de México Diego Rivera Frida Kahlo Museums Trust, Mexico, D.F./DACS 2021. Foto: Archivart/Alamy Stock Photo; 75 Victoria and Albert Museum, London; 79 m. frd. Genehm. Ward Wijnant. Foto: Ronald Smits; 81 Beatie Wolfe; 83 m. frd. Genehm. Marco Menghi und Mandalaki; 87 © The Barnett Newman Foundation, New York/DACS, London 2021. Foto: World History Archive/akg-images; 89 Ashmolean Museum, Oxford/Bridgeman Images; 91 Russ Images/Alamy Stock Foto; 93 Brionvega ist eine Marke von BV2 srl Mailand: the Brionvega Art Products Company, www.brionvega.it. Foto: Giorgio Serinelli; 95 Robert Morris/Alamy Stock Photo; 97 Artokoloro/Alamy Stock Photo; 99 Galit Seligmann/Alamy Stock Photo; 101 Jimlop Collection/Alamy Stock Photo; 103 © Keith Haring Foundation; 105 Victor Virgile/Gamma-Rapho via Getty Images; 109 Metropolitan Museum of Art, New York, Cynthia Hazen Polsky and Leon B. Polsky Fund, 2006; 111 von Joanna Fowles gefärbtes Gewebe. Stylist: Megan Morton, Foto: Pablo Viega; 113 © Succession H. Matisse/DACS 2021. Foto: Museum of Fine Arts, Houston. Museumsankauf finanziert von Audrey Jones Beck/Bridgeman Images; 115 Foto: Anthony Coleman; 116 Nathaniel Noir/Alamy Stock Photo: 119 incamerastock/Alamy Stock Photo; 121 Metropolitan Museum of Art, New York, Rogers Fund, 1949; 123 Pascal Le Segretain/Getty Images; 125 PAINTING/Alamy Stock Photo; 127 Marco Montalti/Alamy Stock Photo; 129 m. frd. Genehm. Studio RENS. Foto Ronald Smits; 131 Merrill Images/Getty Image; 132 Giacomo Pasqua/ Shutterstock; 137 Matteo Omied/Alamy Stock Photo; 139 Styling von Yenchen & Yawen Studio. Foto: Anna Pors (annaslichter.com); 141 m. frd. Genehm. von Fornasetti; 143 Foto © Christie's Images/Bridgeman Images; 145 National Gallery of Art, Washington, Chester Dale Collection; 147 m. frd. Genehm. Ptolemy Mann; 149 Vitra UK © Studio Bouroullec; 151 m. frd. Genehm. Parley for the Oceans; 153 Little Greene; 155 Illustration von Oleksandr Khoma/Dreamstime.com; 156 Rob Kim/Getty Images; 159 Virgile/Gamma-Rapho via Getty Images; 161 Timothy A Clary/Getty Images; 163 m. frd. Genehm. Delft School of Microbiology Archives an der Delft University of Technology, Niederlande; 165 Marion Carniel/Alamy Stock Photo; 169 IItajime Airvase, entworfen von Torafu Architects, hergesellt von Fukunaga Print Co. Foto Kyoko Nishimoto/Buaisou; 171 incamerastock/Alamy Stock Photo; 173 Francois Guillot/AFP via Getty Images; 175 Heritage Image Partnership Ltd/Alamy Stock Photo; 177 Foto © Christie's Images/Bridgeman Images; 179 © Succession Picasso/DACS, London 2021. Foto National Galleries of Scotland, Edinburgh/Bridgeman Images; 181 Metropolitan Museum of Art, New York, Rogers Fund, 1926; 183 © Estate of William Scott 2021. Foto © Tate; 185 Alfredo Dagli Orti/Shutterstock; 187 m. frd. Genehm. Dulux; 189 © Olivetti SpA. Foto Bahadir Yeniceri/Dreamstime.com; 191 © MTA. Verwendet mit Genehmigung; 193 © Succession Yves Klein c/o ADAGP, Paris und DACS, London 2021. Foto © Phillips Auctioneers Ltd; 197 Foto: Mercedes-Benz AG; 199 m. frd. Genehm. Kremer Pigmente; 203 Raffaello Bencini/Bridgeman Images; 205 Victor Boyko/Getty Images; 207 Archives Charmet/Bridgeman Images; 209 © Jeff Koons. Foto © 2017 Fredrik Nilsen. m. frd. Genehm. Gagosian; 211 Neil Juggins/Stockimo/Alamy Stock Photo; 215 Peter White/Getty Images; 217 WBC Art/Alamy Stock Photo; 218 m. frd. Genehm. JACK ARTS; 221 Philadelphia Museum of Art. Geschenk von Frau Elsa Schiaparelli, 1969/Bridgeman Images; 223 Robert van Hoenderdaal/Alamy Stock Photo; 225 m. frd. Genehm. Vollebak. Foto Andy Lo Po; 227 © Stephen Flavin/Artists Rights Society (ARS), New York 2021. Foto: Bridgeman Images; 229 Foto © Thomas Rusch; 231 Victor Boyko/Getty Images; 233 Arcaid Images/Alamy Stock Photo; 235 m. frd. Genehm. Mutina. Foto Gerhardt Kellermann; 237 © 2020 Nicole Stjernswärd, Kaiku Living Color; 239 Wim Van Egmond/Science Photo Library; 241 m. frd. Genehm. Puma; 245 Foto von Carol Beckwith und Angela Fisher. m. frd. Genehm. THK Gallery; 247 Rijksmuseum, Amsterdam. Leihgabe der Stadt Amsterdam (A. van der Hoop Bequest); 249 Metropolitan Museum of Art, New York, Geschenk von Alexander Götz, zu Ehren von Samuel Eilenberg, 1996; 251 © Yesenia Thibault-Picazo; 253 Pixelformula/SIPA/Shutterstock; 255 m. frd. Genehm. Sonos; 257 © Andy Goldsworthy. m. frd. Genehm. Galerie Lelong & Co; 259 © Tonkin Liu; 261 © British Library Board. Alle Rechte vorbehalten/Bridgeman Images; 263 © Elissa Brunato; 267 Richard Bord/WireImage/Getty Images; 269 m. frd. Genehm. Wendy Andreu & Bram Vanderbeke; 271 Patrik Slezak/ Shutterstock; 273 Metropolitan Museum of Art, New York, The Howard Mansfield Collection, Kauf, Rogers Fund, 1936; 275 © Assemble; 277 m. frd. Genehm. Studio ThusThat; 279 Foto: Luisa Zanzani, Formafantasma; 281 m. frd. Genehm. Keiko Shimoda, www.kcalligraphy.com; 283 © Georgia O'Keeffe Museum/DACS 2021. Foto: Art Resource/Scala, Florenz; 285 m. frd. Genehm. Seungjoon Song; 287 Luke Hayes/Asif Khan via Getty Images; 291 William Morris Gallery, London Borough of Waltham Forest; 293 Niday Picture Library/Alamy Stock Photo; 295 agefotostock/Alamy Stock Photo; 297 Saša Fuis/Van Ham, Cologne/akg images; 299 Foto: Studio Laura Daza; 301 © Agnes Martin Foundation, New York/DACS 2021. Foto © Christie's Images/Bridgeman Images; 303 Mike Floyd/Daily Mail/Shutterstock; 305 m. frd. Genehm. Vitra; 307 m. frd. Genehm. Neri Oxman und Mediated Matter Group. Hergestellt von Stratasys Ltd.

Dank

Ich danke allen Designern und Farbenherstellern, die ihre individuellen Erfahrungen und Erlebnisse mit Farben mit mir teilten. Gerade in der Zeit des Lockdowns waren diese grundlegenden Informationen sehr wertvoll für mich. Ein besonderer Dank geht an Laura Lutchman und Ilfa Siebenhaar vom Living Colour Collective sowie an Agne Kucerenkaite, die mir eine Welt faszinierender und innovativer Farbnuancen eröffneten. Mein Dank geht auch an Ellie Corbett, die mir ermöglichte, diese enorme Bandbreite an Farben darzustellen, sowie an das Redaktions-, Bild- und Designteam mit Rachel Silverlight, Ben Gardiner und dem Koordinationsgenie Giulia Hetherington. Ein großes Dankeschön sage ich der Autorin und guten Freundin Sarah Conway, die mir viel Zeit schenkte, um mit mir geduldig die schier endlosen Möglichkeiten der Gestaltung mit Farben, aber auch die Fallstricke der Sprache zu diskutieren. Ein großer Dank geht auch an Laura Salter, die mir bei der Recherche immer im rechten Moment zur Seite stand.

Ganz besonders möchte ich mich bei meinem Ehemann Daniel bedanken, der mich während der gesamten Projektzeit unterstützte, meine Texte las, sie inspirierend kommentierte und mir nicht zuletzt zum Arbeiten ein wunderbares Gartenstudio baute. Ich widme dieses Buch auch meiner Großmutter Kitty, deren größte Freude es war, über einem Buch die Zeit zu vergessen.